Christoph Gusy

Grundrechte und Verfassungsschutz

Studien zur Inneren Sicherheit
Band 13

Herausgegeben von
Hans-Jürgen Lange

Die Ziele

In der Reihe „Studien zur Inneren Sicherheit" wechseln sich Monografien und strukturierte Sammelbände ab. Die Studien werden verfasst von Autoren des „Interdisziplinären Arbeitskreises Innere Sicherheit" (AKIS). Der AKIS vereint Wissenschaftler aus verschiedenen Disziplinen, insbesondere der Politikwissenschaft, der Soziologie, der Kriminologie, der Rechtswissenschaft und der Historischen Polizeiforschung.
Die Studien zur Inneren Sicherheit umfassen grundlagentheoretische und problemorientierte Arbeiten. Sie sind einer interdisziplinären und sozialwissenschaftlichen Diskussion verpflichtet. Forschung zur Inneren Sicherheit und Polizeiforschung bilden hierbei keine gegensätzlichen Perspektiven, sondern sich ergänzende Bestandteile eines Forschungsfeldes. Die Studien zur Inneren Sicherheit arbeiten die unterschiedlichen Facetten des Wandels von Sicherheit auf. Sie stellen diese Veränderungen in den Zusammenhang mit dem Wandel von Staat und Gesellschaft insgesamt, wie er sich national, europäisch, international und global vollzieht.
Die Analyse der Akteure, Institutionen und Strukturen, die die Sicherheitsproduktion von Staat und Gesellschaft prägen; die Prozesse und Handlungsorientierungen, unter denen Entscheidungen und Normen sowie ihre Kontrolle zustande kommen; die Programme zur Inneren Sicherheit (Kriminalpolitik, Polizeipolitik u. a.), die dabei mit der Zielsetzung entstehen, bestimmte Wirkungen zu erzielen; die Art und Weise der Umsetzung und die Einwirkung der Sicherheitsproduzenten auf die Gesellschaft (Polizieren); die Definitionen, Konstruktionen, Verlaufsformen und Sanktionierungen abweichenden Verhaltens und sozialer Kontrolle (Kriminalsoziologie), die vorgenommen werden; die historische Rekonstruktion dieser Zusammenhänge; die Diskussion theoretischer Ansätze und Methodologien, um die interdisziplinäre Arbeit integrativ weiter zu entwickeln – all dies sind Perspektiven der Forschung zur Inneren Sicherheit, wie sie der Reihe zugrunde liegen.

Christoph Gusy

Grundrechte und Verfassungsschutz

VS VERLAG

Bibliografische Information Der Deutschen Nationalbibliothek
Die Deutsche Nationalbibliothek verzeichnet diese Publikation in der
Deutschen Nationalbibliografie; detaillierte bibliografische Daten sind im Internet über
<http://dnb.d-nb.de> abrufbar.

1. Auflage 2011

Alle Rechte vorbehalten
© VS Verlag fur Sozialwissenschaften | Springer Fachmedien Wiesbaden GmbH 2011

Lektorat: Frank Schindler | Verena Metzger

VS Verlag fur Sozialwissenschaften ist eine Marke von Springer Fachmedien.
Springer Fachmedien ist Teil der Fachverlagsgruppe Springer Science+Business Media.
www.vs-verlag.de

Umschlaggestaltung: KünkelLopka Medienentwicklung, Heidelberg
Gedruckt auf säurefreiem und chlorfrei gebleichtem Papier
Printed in Germany

ISBN 978-3-531-18180-6

Inhalt

Vorwort

Das Verfassungsschutzrecht der Bundesrepublik ist in der wissenschaftlichen Diskussion nahezu so wenig sichtbar wie sein Gegenstand, der Verfassungsschutz. Dabei hat es in den letzten 30 Jahren eine stürmische Entwicklung genommen.[1] Am Anfang standen zwei Grundfragen. Sind die Verfassungsschutzbehörden an Verfassung und Gesetze gebunden? Diese Frage wird inzwischen einhellig bejaht.[2] Und wie lässt sich diese Gesetzesbindung kontrollieren und im Streitfall durchsetzen? Diese Frage ist nach wie vor wenig geklärt. Ihr ist der vorliegende Band gewidmet. Er geht von der These aus: *Nachrichtendienste sind kontrollierbar und müssen es auch sein.*[3]

Rechtsnormen, welche ein Verhalten binden, sind so viel wert wie diejenigen Mechanismen, welche die Einhaltung dieser Rechtsbindung sichern. Zu deren Einhaltung und Durchsetzung kennt das Grundgesetz zahlreiche Kontroll- und Korrekturinstrumente. Sie basieren auf der Einsicht, dass Rechtsbindung sich weder von selbst durchsetzt noch allein von den gebundenen Instanzen selbst gewährleistet werden kann. Daher ist im Grundgesetz die Gewaltenteilung statuiert. Sie begründet Rechtsdurchsetzung durch Kontrolle als Selbst- und Fremdkontrolle. Dabei lassen sich mehrere Arten von Kontrollmechanismen unterscheiden. Zu ihnen zählen interne und externe bürokratische Kontrollen, die Rechnungsprüfung, die *gerichtliche* und die *parlamentarische* Kontrolle. Hier stehen im Vordergrund die zuletzt genannten Mechanismen. Sie sind strikt voneinander abzugrenzen. Denn sie prüfen an ganz unterschiedlichen Maßstäben. Parlamentarische Kontrolle fragt zentral danach, ob die aus dem Demokratieprinzip stammenden Bindungen an Gesetze und politische Weisungen der Regierung eingehalten sind. Demgegenüber prüfen Gerichte, ob die Rechte der von staatlicher Tätigkeit betroffenen Bürger gewahrt sind. Abgekürzt lässt sich formulieren: *Das Parlament überwacht die Belange der politischen Mehrheit; die Gerichte die Wahrnehmung der Belange der betroffenen Minderheiten.* Schon wegen dieser unterschiedlichen

---

[1] Aus jüngster Zeit: BundesG v. 17.7.2009, BGBl I, S. 1977 (zur Einführung des Art. 45 d GG); BundesG v. 20.7.2003, BGBl I S. 2346 zur Änderung der parlamentarischen Kontrollrechte gegenüber den Nachrichtendiensten; Art. 4 BundesG v. 30.7.2009, BGBl I S. 2437 mit redaktionellen Änderungen von nachrichtendienstbezogenen Gesetzen; BundesG v. 31.7.2009, BGBl I S. 2499, mit Änderungen des G-10-Gesetzes und des BND-Gesetzes.

[2] Zum Meinungsstand früher *Gusy*, Die Stellung des Verfassungsschutzes im Rahmen der Rechtsordnung der Bundesrepublik Deutschland, in: BMI (Hg.), Aufgaben und Kontrolle des Verfassungsschutzes, 1990, S. 25; aus neuerer Zeit *Droste*, Handbuch des Verfassungsschutzrechts, 2007.

[3] Grundlegend *Bull*, DÖV 2008, 751 („Sind Nachrichtendienste unkontrollierbar?").

Kontrollperspektiven und -maßstäbe dürfen beide Mechanismen nicht gegenseitig aufgerechnet werden.

Das allgemeine Thema „Kontrolle der Nachrichtendienste" ist in Deutschland vielfach untersucht und dargestellt. Dabei besteht Konsens in der Diagnose: *Im internationalen Vergleich sind Kontrollinstanzen und -instrumente in Deutschland zahlreich und gut ausgebaut.* Ihre Zahl und ihre Aufträge reichen weiter als in nahezu allen anderen Verfassungsstaaten.

Hier geht es wesentlich, aber nicht nur um *Kontrolle als Grundrechtsschutz.* Einerseits hat dazu das Bundesverfassungsgericht stets festgestellt: Die *Rechtsweggarantie des Grundgesetzes gilt auch für Maßnahmen des Verfassungsschutzes.* Dieser ist weder wegen seiner besonderen Aufgaben noch wegen der besonderen Art ihrer Erfüllung aus dem Anwendungsbereich des Gerichtsschutzes ausgenommen. Ausnahmen gelten vielmehr nur, soweit das Grundgesetz diese ausdrücklich zulässt.[4] Andererseits ist das Gefühl verbreitet: Gegen Maßnahmen der Nachrichtendienste ist kein gerichtliches Kraut gewachsen. Die klassische Diagnose lautet so: *Den Gerichten fehlen sowohl die hinreichende eigene Kenntnis der zu überprüfenden Sachverhalte als auch die zur Ausübung wirksamen Rechtsschutzes erforderlichen hinreichend klaren rechtlichen Maßstäbe.*[5] Die hier aufgeworfenen Fragen verdienten und verdienen es, ernst genommen zu werden.

Ein wesentliches Hindernis auf dem Rechtsweg gegen Maßnahmen des Verfassungsschutzes ist der seltene, aber immerhin auftretende gesetzliche Ausschluss des Rechtsweges. Explizit findet sich eine solche Klausel allein in § 13 G-10 für Eingriffe der Nachrichtendienste in das Post- und Fernmeldegeheimnis.[6] Die Regelung stellt eine Beschränkung der grundgesetzlichen Rechtsweggarantie (Art. 19 Abs. 4 S. 1 GG) dar. Sie ist vom Bundesverfassungsgericht nur unter restriktiven Bedingungen für zulässig gehalten worden. Dazu sei erforderlich, dass „das Gesetz eine Nachprüfung (vorsieht), die materiell und verfahrensmäßig der gerichtlichen Kontrolle gleichwertig, insbesondere mindestens ebenso wirkungsvoll ist".[7] An diese Gleichwertigkeit stellte es zu Recht hohe Anforderungen. Grundsätzlich erfülle das G-10 jene Anforderungen und sei daher verfassungsgemäß. In der Folgezeit traten allerdings zahlreiche neue Fragen auf. Zunächst zeigten sich kontrollfreie Räume: Einerseits waren die Kommissionen in Bund und Ländern praktisch ausschließlich zur Überprüfung der Informationserhebung, also des Lesens der Post bzw. des Abhörens von Telekommunikation, zuständig. Andererseits war der Rechtsweg gegen sämtliche Grundrechtseingriffe aus dem G-10, welches

---

[4] Grundlegend BVerfGE 30, 1, 23, zu Art. 10 Abs. 2 S.2 GG iVm Art. 19 Abs. 4 S. 3 GG.
[5] *Rupp*, Rechtsschutz und Verfassungsschutz, in: BMI (Hg.), Verfassungsschutz und Rechtsstaat, 1981, S. 157 ff.
[6] Einzelfall einer Überprüfung: VG Berlin, B. v. vom 8.7.2009, VG 1 A 10.08.
[7] BVerfGE 30, 1, 23. Zuletzt EGMR, NJW 2007, 1433.

auch Maßnahmen der Speicherung, Verarbeitung, Weitergabe und Löschung umfasste, ausgeschlossen. Hier entstand eine Kontrolllücke, die erst später entdeckt und aufgrund nachträglicher Beanstandung durch das Bundesverfassungsgericht[8] geschlossen wurde. Nun aber traten neue Fragen auf: Sind die ganz überwiegend neben- oder ehrenamtlich arbeitenden Kommissionen, welche in regelmäßigem Turnus zu Sitzungen zusammentreten, dort beraten und bei Bedarf durch Beschluss entscheiden, überhaupt in der Lage, die permanent auftretenden Kontrollbedürfnisse ausreichend wahrzunehmen? Und welche Kontrollrechte stehen ihnen hierzu überhaupt zu? Diese außerordentlich umstrittenen Fragen wurden erst in jüngerer Zeit thematisiert und zum Gegenstand von Diskussionen, die aber kaum je das Forum der Fachöffentlichkeit bzw. der Gerichte erreichten. Ihnen ist ein wesentlicher Teil des vorliegenden Bandes gewidmet.[9]

Ist der Rechtsweg gesetzlich nicht ausgeschlossen, so ist er doch für Betroffene vielfach unerreichbar. Dafür maßgeblich sind allein tatsächliche Umstände. Die Arbeit des Verfassungsschutzes vollzieht sich für Betroffene vielfach geheim oder verdeckt. Bei *geheimen Maßnahmen* bemerken sie gar nicht, dass Informationen über sie erhoben werden; bei *verdeckten Eingriffen* bemerken sie jedenfalls nicht, dass es staatliche Stellen sind, die ihnen gegenüber tätig werden: Wird das alte, angeblich schadhafte Telefon gegen ein neues ausgetauscht, welches unerkannt mit einer Abhöranlage verwanzt ist, so nimmt der Betroffene die Abhörmaßnahme und damit das behördliche Handeln gar nicht wahr. Seit anerkannt ist, dass auch Informationserhebung und -verarbeitung durch Behörden Grundrechtseingriffe darstellen können,[10] läuft die Rechtsweggarantie insoweit faktisch leer. Dies gilt umso mehr, als Beschränkungen den Betroffenen nur selten bekannt gegeben werden müssen[11] und ihnen Auskunftsansprüche nur in höchst eingeschränktem Maße zustehen.[12] *Geheimdienste sind eben notwendig geheim*; ein transparenter Geheimdienst wäre ein Widerspruch in sich. Wer aber von Maßnahmen gegen ihn nichts weiß und auch nichts in Erfahrung bringen kann, kann auch nicht klagen. Im Ergebnis bedeutet dies: Die *rechtliche Anerkennung heimlicher Grundrechtseingriffe ist nicht ohne die Konsequenz möglich, dass es faktisch Eingriffsmaßnahmen ohne Rechtsschutzmöglichkeiten gibt.* Wenn hier die Instrumente grundgesetzlich angeordneter Fremdkontrolle zur Wahrung des Grundrechtsschutzes leerlaufen, stellt sich im Lichte der zitierten Rechtsprechung die Frage nach möglichen Kontrollsurrogaten. Ihnen ist ein weiterer Abschnitt dieses Bandes gewidmet.[13]

---

[8] BVerfGE 100, 313, 361 f.
[9] S. u. Kap. 2, 3.
[10] Zusammenfassend, aber keineswegs erstmalig BVerfGE 65, 1, 41 ff.
[11] Dazu aus jüngerer Zeit BVerwG, NJW 2008, 2135.
[12] Zum BND noch BVerwG, NVwZ 2008, 580.
[13] S. u. Kap. 4.

In jüngerer Zeit finden sich mehrere obergerichtliche Entscheidungen zur Kontrolle nachrichtendienstlicher Maßnahmen. Sie beziehen sich etwa auf den Verfassungsschutzbericht,[14] auf dienstrechtliche Entscheidungen[15] bzw. die Verweigerung von Auskünften gegenüber parlamentarischen Gremien.[16] Dagegen finden sich nur vereinzelt Entscheidungen zur regelmäßig nicht öffentlichen Informationserhebung der Dienste.[17] Die Praxis zeigt: Dass auch der Verfassungsschutz gerichtlicher Kontrolle unterliegt, ist allseits anerkannt. Und dennoch ist sie ein seltener Ausnahmefall geblieben. Dies ist Anlass genug, die angedeuteten *Zugangsgrenzen und Kontrolldefizite in den Blick zu nehmen* und alternative Kontrollmechanismen im Hinblick auf ihre Tauglichkeit wie ihre Grenzen zu diskutieren.

Dem ist der vorliegende Band gewidmet. Er ist nicht monografisch angelegt, sondern enthält eine Sammlung von Einzelstudien zu aktuellen und umstrittenen Themen. Sie sind in den letzten Jahren aus unterschiedlichen Anlässen entstanden und hier zusammengeführt. Zwei von ihnen sind erstmals, einer in der hier vorgelegten Form erstmals veröffentlicht. Die beiden anderen waren als Vorträge konzipiert und sind nur in – z. T. vergriffenen – Tagungsprotokollen enthalten.[18]

Am Anfang (Kapitel 1) steht eine Problembeschreibung zur Legitimation von Grundrechteingriffen durch Rechtsschutz- und Kontrollmöglichkeiten, ihrer Anwendbarkeit auf Verfassungsschutzbehörden und deren rechtliche und tatsächliche Besonderheiten. Sodann folgen zwei Untersuchungen (Kapitel 2, 3) zu der Spezialmaterie der Abhörgesetze, die alte und neue Rechtsfragen schufen, welche auch der Fachöffentlichkeit kaum bekannt und erst recht in der Vergangenheit nicht diskutiert worden sind. Die weitere Abhandlung (Kapitel 4) nimmt sich der zentralen Rechtsschutzfragen bei Maßnahmen des Verfassungsschutzes an und kommt zu dem Ergebnis, dass hier neben zahlreichen Verbesserungen der letzten Jahre weiterhin einige Lücken klaffen. Die gegenwärtig viel diskutierte *parlamentarische Kontrolle der Nachrichtendienste* dient – wie gesehen – primär anderen Zwecken als dem Grundrechtsschutz. Hier soll zum Schluss (Kapitel 5) der Diskussionsstand kurz aufgezeigt werden, um die verfassungsrechtlichen Grundsätze und Anforderungen sichtbar zu machen. Ob das jüngst verabschiedete Gesetz zur parlamentarischen Kontrolle der Nachrichtendienste[19] diesen Anforderun-

---

[14] Dazu BVerfGE 113, 63; dazu *Murswiek*, NVwZ 2004, 769; *Doll*, NVwZ 2005, 658; s. weiter etwa BVerwG, DÖV 2008, 916; VGH Kassel, NVwZ 2003, 1000.

[15] Etwa BVerfG, Zeitschrift für Beamtenrecht 2008, 164.

[16] S. BVerfG, NVwZ 2009, 1353; s. schon früher *Beck/Schlikker*, NVwZ 2006, 912.

[17] Z. B. OVG Münster, B. v. 13.2. 2009, 16 A 845/08 (Bodo Ramelow); schon früher BVerwG, DVBl 2000, 279 (politische Parteien); s. a. OVG Münster, B. v. 12.2.2008, 5 A 130/05 (Scientology).

[18] Ein detailliertes Verzeichnis findet sich am Schluss des Buches.

[19] Gesetz über die Kontrolle nachrichtendienstlicher Tätigkeit des Bundes (Kontrollgremiumgesetz) v. 29.7.2009 (BGBl I S. 2346). Dazu näher *Huber*, NVwZ 2009, 1321.

gen gerecht werden kann, war im Vorbereitungsstadium unter den beteiligten Sachverständigen umstritten.[20] Angesichts zahlreicher offener Formulierungen und einzelner Gesetzeslücken wird erst die Anwendung des Gesetzes zeigen, ob es ein Kontrollplacebo darstellt oder aber dazu beitragen kann, die zuständigen Parlamentsorgane sehend zu machen und mit den erforderlichen Instrumenten auszustatten.[21]

Ein weiteres Mal zeigt sich: Wissenschaftliche Befassung mit selten untersuchten und umstrittenen Fragen kann oft mehr Probleme als Lösungen aufzeigen. Das gilt gewiss auch für diese Publikation. Doch ist nicht zuletzt dies ihr zentrales Anliegen. Die Materie bringt es mit sich, dass nicht nur die Antworten, sondern oft schon die Fragen kaum erkennbar sind. Sie transparenter und damit diskutierbarer zu machen ist deshalb eine unentbehrliche Voraussetzung möglicher Erkenntnisfortschritte.

Die Untersuchungen wären nicht möglich gewesen ohne die Unterstützung zahlreicher Experten, Insider und Mitarbeiter. Ihnen sei an dieser Stelle sehr herzlich gedankt. Dies gilt zunächst für die Zustimmung zur Veröffentlichung der einzelnen Abhandlungen. Deren Entstehung verdanke ich Anfragen und Anregungen aus Politik, Praxis und Rechtsprechung. Manche Ideen entstanden in Diskussionen, bei denen im Nachhinein nicht mehr rekonstruierbar ist, wer sie als Erster ausgesprochen hat. Da in solchen Fällen ein Zitat nicht möglich ist, verdienten die Gesprächspartner, wenigstens hier genannt zu werden. Doch bringt die hier abgehandelte Thematik mit sich, dass die meisten von ihnen den Wunsch äußerten, nicht namentlich genannt zu werden. Doch mindert dieser Umstand Dankesschuld und Dankbarkeit in keiner Weise. Bei der Veröffentlichung haben mich die Mitarbeiter des Lehrstuhls für Öffentliches Recht, Staatslehre und Verfassungsgeschichte an der Universität Bielefeld tatkräftig unterstützt. Herr wiss. Mit. *T. Heidbrede* hat die Last von Korrekturen und Aktualisierungen fast allein getragen. Frau *A. Röder* hat ein weiteres Mal die Last der Herstellung und technischen Betreuung übernommen. Ohne beider Hilfen hätte die Veröffentlichung nicht entstehen können.

Gewidmet ist der Band dem Andenken an meinen langjährigen Gesprächspartner, Weggefährten und Freund Prof. Dr. *Joachim Schulz* (1945–2006). Ihm verdanken alle Teile wohl das Meiste und das Beste.

Christoph Gusy

---

[20] Deutscher Bundestag, Innenausschuss, Prot. (Wortprotokoll) Nr. 16/97.
[21] Zur alten Rechtslage noch *Gusy*, in: BMI (Hg.) a. a. O., S. 46: Die parlamentarischen Kontrollorgane „sind nicht nur blinde Wächter, sie sind auch Wächter ohne Schwert."

1. Kapitel:
Geheimdienstliche Aufklärung und Grundrechtsschutz

Die tragischen Ereignisse des 11. September 2001 haben zwar möglicherweise nicht alles, wohl aber Sicherheitsdiskurse und Sicherheitsrecht erheblich verändert. Statt der Alltagsfragen von „zero tolerance" erscheinen die Ausnahmeereignisse des internationalen Terrorismus als neue Paradigmata der Diskussion. Damit stellt sich auch der Rechtswissenschaft und den Juristen das ewige Thema der Zuordnung von Freiheit und Sicherheit ein weiteres Mal unter neuen Vorzeichen.

I. Freiheit und Sicherheit als Staatszwecke

1. Die Fragestellung

Rechtsschutz und Rechtsgüterschutz sind essentielle Legitimationsgrundlagen und Aufgaben des Staates. So unbestritten dieser Befund von den ältesten bis zu den modernsten Staatstheorien ist, so hat er doch nur ganz vereinzelt Aufnahme in Verfassungsdokumente gefunden. Hingegen hat die Freiheit seit der Befriedung der „alten" Bürgerkriege als weiterer Staatszweck ihren Platz nicht nur in zahlreichen Staatstheorien, sondern auch in den meisten Verfassungen erlangt. Auf diese Weise nehmen beide Ziele einen je verschiedenen Status ein: „Sicherheit" ist Verfassungsvoraussetzung, „Freiheit" ist Verfassungsinhalt. Doch sind Freiheits- und Schutzauftrag unterschiedlich und vielfach gegenläufig. Sicherheit ist die Abwesenheit von Risiken; Freiheit hingegen verursacht und steigert Risiken. Und die „Staatsaufgabe Freiheit" individualisiert Entscheidungszuständigkeiten; die „Staatsaufgabe Sicherheit" kollektiviert Entscheidungszuständigkeiten. Hier kann und soll diese allgemeine Diskussion nicht ein weiteres Mal geführt werden. Doch kann immerhin festgehalten werden: Die staatsphilosophischen und sozialwissenschaftlichen Erörterungen haben das Argumentationsniveau erheblich gesteigert. Doch haben sie nicht zu politisch oder juristisch unmittelbar operationalisierbaren Ansätzen geführt, welche gesetzlich oder gerichtlich in konkrete Entscheidungen umgegossen werden können. Das gilt erst recht unter den Bedingungen des modernen, demokratisch und rechtsstaatlich konzipierten Verfassungsstaates. So ist nach wie vor das Element der Entscheidung unabweisbar. Hier sollen die rechtlichen Rahmenbedingungen solcher Entscheidungen dargestellt und diskutiert werden.[1]

Eine Vorfrage soll hier kurz angeschnitten werden: Wofür brauchen wir eigentlich Nachrichtendienste? Einerseits ist festzuhalten, dass es in nahezu allen Staaten der Welt vergleichbare Behörden gibt, die mehr oder weniger von der Polizei abgesondert sind. Andererseits ist aber auch festzustellen, dass das spezifisch deutsche System strikt getrennter Polizei- und Nachrichtendienste in Europa nirgends in annähernd vergleichbarer Form besteht. Warum diese Besonderheiten? Historisch sind die Entstehungsbedingungen eindeutig: Besatzungsmächte und Verfassungsväter wollten keine Zusammenballung von Sicherheitsaufgaben und -befugnissen bei einzelnen Behörden. Zu sehr erinnerte sie dies an die unselige nationalsozialistische Vergangenheit. Gegenwärtig dominieren andere Antworten: Es geht um Zweckmäßigkeitsfragen, Aufgabenabgrenzung und Ermittlungsbefugnisse. Die Polizei ist in ihren Aufgaben begrenzt: Sie darf nur tatsächlichen Anhaltspunkten für konkrete Gefahren bzw. dem Verdacht einer konkreten Straftat nachgehen. Sie ist also auf rechtswidrige Handlungen beschränkt und darf dabei nur in bestimmten Situationen ermitteln. Anders die Nachrichtendienste: Sie ermitteln im In- und Ausland über das In- und Ausland, über rechtmäßige und rechtswidrige Handlungen und über Bestrebungen oder Organisationen, die weit im tatsächlichen Vorfeld konkreter Beeinträchtigungen der verfassungsmäßigen Ordnung liegen. Die deutsche Besonderheit liegt in einer strikten Zuordnung von Aufgaben und Befugnissen: Weil die Polizei vergleichsweise enge Ermittlungsspielräume hat, darf sie sehr weitgehende Mittel einsetzen. Weil hingegen die deutschen Nachrichtendienste sehr weitgehende Ermittlungsspielräume haben, sind ihnen „polizeiliche Befugnisse" gerade versagt. Sehr pointiert formuliert lässt sich festhalten: Die Polizei darf weniger wissen und daher ihr Wissen auch zu sehr eingreifenden Maßnahmen gegen die Bürger verwenden. Die Nachrichtendienste dürfen mehr wissen und dieses Wissen daher weniger zu Lasten der Bürger

---

[1] *Calliess*, Gewährleistung von Freiheit und Sicherheit im Lichte unterschiedlicher Staats- und Verfassungsverständnisse, in: Deutsches Verwaltungsblatt 2003, S. 1096; *Denninger*, Der Schutz der Verfassung, in: Benda/Maihofer/Vogel, Handbuch des Verfassungsrechts der Bundesrepublik, 1983, S. 1293; *Gusy*, Die Gewährleistung von Freiheit und Sicherheit, in: Veröffentlichungen der Vereinigung der Deutschen Staatsrechtslehrer, Band 63, 2004, S. 151; *Gusy*, Geheimdienstliche Aufklärung und Grundrechtsschutz, in: Aus Politik und Zeitgeschichte B 44/2004, S. 14; *Gusy*, Rechtsgüterschutz als Staatsaufgabe, in: Die Öffentliche Verwaltung 1996, S. 573; *Gusy*, Vom Polizeirecht zum Sicherheitsrecht, in: Staatswissenschaft und Staatspraxis 1994, S. 187; *Gusy*, Die „freiheitliche demokratische Grundordnung" in der Rechtsprechung des Bundesverfassungsgerichts, in: Archiv des öffentlichen Rechts 1980, S. 279; *Münkler* (Hg.), Kommentierte Bibliographie zum Internationalen Terrorismus, 2002; *Roggan/Kutscha* (Hg.), Handbuch zum Recht der Inneren Sicherheit, 2. Auflage, 2006; *Volkmann*, Sicherheit und Risiko als Probleme des Rechtsstaats, in: Juristenzeitung 2004, S. 696.

einsetzen. Wer (fast) alles weiß, soll nicht alles dürfen; und wer (fast) alles darf, soll nicht alles wissen.

2. Die Aufgaben des Rechts

Die Zuordnung von Freiheit und Sicherheit ist demnach primär eine Aufgabe des Rechts. Vorbildlich ist sie im EU-Vertrag und im Verfassungsentwurf der EU als „Aufbau eines Raumes der Freiheit, der Sicherheit und des Rechts" beschrieben. Alle drei Ziele sind aufeinander bezogen und prägen einander sowohl inhaltlich als auch instrumentell. Jene anspruchsvolle Synthese gerät allerdings aus der Balance, wenn die Kommission beginnt, jenen einheitlichen Raum in drei unterschiedliche, nebeneinander stehende Räume aufzuteilen und so die einzelnen Ziele voneinander zu isolieren. Eine solche Dogmatik würde die Idee des Vertrages nicht konkretisieren, sondern beschädigen. Das Grundgesetz differenziert die Aufgabe der Zuordnung von Freiheit und Sicherheit durch Recht weiter aus. Doch lassen sich ihm nur einzelne Vorgaben eines differenzierten staatlichen Risikomanagements entnehmen. Es begründet einige spezielle Staatsaufgaben auf dem Gebiet der Sicherheit und lässt andere zu. Deren Sammelbezeichnung als „Staatsaufgabe Sicherheit" kann allein klassifikatorisch verstanden werden: Ihr Ganzes ist also die Summe seiner Teile – und nicht mehr. Hingegen besteht eine Staatsaufgabe zur „umfassenden Risikosteuerung" verfassungsrechtlich nicht – oder aber sie läuft leer.

a)   Staatlicher Rechtsgüterschutz zwischen „Gewaltmonopol"
       und Ressourcenknappheit

Neo-etatistische Ansätze suchen Antworten bei der Lehre vom staatlichen Gewaltmonopol. Diese ursprünglich soziologische Idee nahm zunächst einen allein deskriptiven Status ein und sollte die Herausbildung organisierter Staatlichkeit im Verhältnis zu anderen Herrschaftsverbänden beschreiben. Aus jener Perspektive sei „legitime Gewaltsamkeit" Mittel, nicht Zweck des Staates. Aus ihr folgte also keine Staatsaufgabe – und erst recht kein Monopolanspruch im Verhältnis zu den Bürgern. Seinen Anforderungen ist Genüge getan, wenn der Staat berechtigt ist, über Legitimität bzw. Illegitimität von Gewalt zu entscheiden, wenn er in diesem Rahmen den Umfang legitimer Gewalt bestimmen und illegitime Gewalt mit eigenen Mitteln – notfalls mit Gewalt – verhindern kann. Auch das viel diskutierte „Grundrecht auf Sicherheit" soll dem Staatsziel des Rechtsgüterschutzes einen Platz im Grundgesetz zuweisen. Die ungeschriebene Garantie wird partiell aus einer Gesamtschau grundrechtlicher Schutzpflichten, partiell aus objektiven

Verfassungsprinzipien hergeleitet. Seine postulierten Rechtsfolgen sind überaus vielschichtig. Da ist zunächst die Begründung der „Staatsaufgabe Sicherheit" mit Verfassungsrang als gesetzlich unaufgebbare Kompetenz der öffentlichen Hand. Dies könne das Recht und ggf. die Pflicht der Staatsorgane begründen, Grundrechte einzuschränken. Der subjektiv-rechtliche Gehalt der neuen Garantie binde zudem im Einzelfall das Behördenermessen und könne einen Anspruch auf polizeilichen Schutz begründen. Jene Anliegen mögen auf den ersten Blick geradezu als optimale Synthese von Freiheit und Sicherheit erscheinen. Sie scheint die Dichotomie aufzulösen, wonach Freiheit in den Grundrechten und bei den Einzelnen, Sicherheit bei den Staatsaufgaben und der öffentlichen Hand zu verorten sei. Doch darin erschöpft sich ihre Leistungsfähigkeit. Die neuen Anliegen sind nämlich wenig geeignet, Inhalt eines neuen Grundrechts zu werden. Sicherheit ist relativ und nicht einfach vorhanden oder nicht vorhanden. Schon theoretisch können daher die grundrechtlichen Sicherheitsansprüche nie „erfüllt" werden. Aus diesem Grund kann ein Grundrecht auf Sicherheit nichts anderes begründen als den subjektiv-rechtlich formulierten Appell an die Grundrechtsadressaten, Rechtsgüterschutz bei der Erfüllung der eigenen Aufgaben zu berücksichtigen. Aber selbst dann geraten die neuen Verpflichtungen rasch an ihre Grenzen. Was für vergleichsweise einfach strukturierte Grundrechte wie das Recht auf Leben noch begründbar sein mag, wird für die meisten Freiheitsrechte paradox. Es ist widersinnig, einerseits für die Bürger immer neue Modalitäten der Freiheitsausübung und damit der Begründung von Risiken zu postulieren und andererseits die Verpflichtung zur Bewältigung dieser Risiken ausschließlich dem Staat anzulasten. Dadurch würde die Grundrechtsausübung unter den Möglichkeitsvorbehalt des staatlichen Risikomanagements gestellt.

Hat der Staat demnach kein verfassungsrechtlich anerkanntes Monopol der Rechtsdurchsetzung, so eröffnet dies die Möglichkeit einer Einbeziehung von Privaten und Unternehmen in jene Aufgaben. Dieser Befund schafft Freiräume zur Berücksichtigung einer weiteren Determinante, der Ressourcenfrage. Kostenlos zur Verfügung gestellte öffentliche Sicherheit ist als öffentliches Gut tendenziell knapp. Umso größerer Bedarf besteht nach optimaler Ressourcenallokation und Ressourcennutzung.

b)   Freiheit als Regel – Sicherheit durch Freiheitsbeschränkung als begründungsbedürftige Ausnahme

Diese Perspektive lenkt den Blick auf die Instrumente staatlicher Sicherheitsgewährleistung. Sicherheit erfordert unterschiedliche Eingriffe in die Freiheit. Am Anfang steht die Risikoaufklärung: Ein Zentralproblem des Risikomanagements besteht darin, zu erforschen, wo überhaupt welche Risiken sind. Die Erhebung und Verarbeitung derartiger – auch personenbezogener – Informationen bezieht sich längst nicht mehr nur auf (potentielle) Störer. Neuere Maßnahmen finden nicht selten im „Vorfeld" oder gänzlich anlassunabhängig statt; sie richten sich auch gegen Außenstehende, etwa Kontakt- oder Begleitpersonen, gegen jedermann – wie etwa durch Kontrollstellen oder offene Videoüberwachung – und damit auch gegen diejenigen, die durch die Eingriffe geschützt werden sollen. Dies gilt gerade für die Geheimdienste. Ihnen sind Aufgabenfelder eröffnet, welche weit vor der Entstehung konkreter Gefahren liegen können. Dazu zählen allgemeine Aufklärungsaufgaben unabhängig von Gefahrszenarien wie die anlassunabhängige Telefonüberwachung nach § 5 G-10 ebenso wie die fortgesetzte Beobachtung legaler Aktivitäten von Parteien oder Religionsgemeinschaften im Hinblick auf mögliche, aber im vorhinein noch gar nicht absehbare Gefährdungen für die „freiheitliche demokratische Grundordnung". Hier zeigt sich das Paradox von Freiheit und Sicherheit besonders eindringlich: Einerseits ist dem Bürger die freie Betätigung in Parteien (Art. 21 GG) und Religionsgemeinschaften (Art. 4 GG) – und zwar grundsätzlich auch frei von administrativer Beobachtungs- oder Ermittlungstätigkeit – gewährleistet. Andererseits ist der Staat berechtigt und ggf. sogar verpflichtet, daraus entstehende Risiken für die demokratischen Freiheiten und die freie Demokratie zu erkennen und ggf. zu steuern.

Hier findet sich nicht selten ein argumentativer Kurzschluss durch Verschiebung der politischen Argumentationslast im Sicherheitsdiskurs. Dem Staatsziel „Risikominimierung" ist Freiheit wegen ihrer generellen Tendenz zur Risikoerhöhung regelmäßig abträglich. Soll dennoch beides – Freiheit und Sicherheit – verwirklicht werden, muss in jedem Einzelfall geprüft werden, ob eine konkrete Variante der Freiheitsausübung ausnahmsweise risikoneutral sein kann oder nicht. Die Begründungslast trägt dann regelmäßig, wer sich auf die Freiheit beruft. Ist dies die Antwort des Grundgesetzes? Oder wenigstens eine zulässige Antwort?

II. Rechtsstaatliche Demokratie: Neue Herausforderungen

Das liberal-rechtsstaatliche Denken hat ursprünglich die Grundlagen unseres Polizei- und Ordnungsrechts geprägt. Es geht von der Idee tendenziell unbegrenzter individueller Freiheit bei gleichzeitiger Begrenztheit des Staates, seiner Aufgaben und seiner Mittel aus. Danach bedarf jede Einschränkung der Freiheit ihrer Rechtfertigung durch einen vorrangigen öffentlichen Zweck. Deren Zwischenschritte sind

- Bestimmtheitsgebote,
- Skalierbarkeit rechtlich geschützter Belange,
- das Übermaßverbot als Abwägungsmaxime und
- die Möglichkeit gerichtlicher Nachprüfung.

So wichtig jene Gebote nach wie vor sind, so sind doch Bedingungen und Grenzen ihrer Erfüllbarkeit in der Diskussion.

1. Rechtsstaat in der Krise?

Die Begrenzung der Staatszwecke kollidiert mit anderen Staatszielbestimmungen. Staatsaufgaben werden nicht mehr allein rechtsstaatlich, sondern auch demokratisch bestimmt. Sicherheitsbedürfnisse und -ansprüche der Menschen können im demokratischen Wettbewerb von Ideen und Parteien kaum ignoriert werden. Das gilt umso mehr, seit sich Normen und Institutionen sozialer Selbstregulierung in Auflösung befinden und die Legitimation für Freiheitsbeschränkungen nahezu ausschließlich durch Recht, Rechtsdurchsetzung und damit den Staat vermittelt werden kann. Das gilt insbesondere, wenn „die Sicherheit" als Staatszweck bestimmt wird. Hier folgt nicht mehr die Sicherheitsgewährleistung den Staatsaufgaben; vielmehr folgen die Staatsaufgaben der tendenziell unbegrenzt expansiven Logik von Risiko- und Sicherheitsdenken. Der rechtsstaatliche Ausgangspunkt ist damit verlassen.

Wo – wie in mancher neueren Sicherheitsdiskussion – jede Beeinträchtigung von Rechtsgütern Dritter zugleich als Angriff auf „die Sicherheit" und damit die Rechtsordnung insgesamt verstanden wird, gerät die individuelle Handlungsfreiheit bei der Abwägung notwendig in das Hintertreffen. Denn die Integrität der Rechtsordnung ist Voraussetzung der Wirksamkeit der Verfassung und damit auch der in ihr enthaltenen Grundrechte. Wer Rechtsgüter Dritter gefährdet, beeinträchtigt in jener Logik zugleich die Grundlage der eigenen Rechtsposition und handelt so geradezu selbstwidersprüchlich. Ein solches Verhalten muss bei jeder Abwägung zurücktreten. Der Grundrechtsschutz wird so vollständig relativierbar. Dies illustriert im Extrem die jüngere deutsche Diskussion über die ausnahmsweise Zulässigkeit der Folter und damit die Relativierung der Art. 1 Abs. 1 S. 1; 104 Abs. 1 S. 2 GG; Art. 3 EMRK. Die überwiegend rechtsphilosophisch angeleitete Konstruktion von Fällen, in welchen Folter zulässig sein soll, wenn eindeutig feststehe, dass nur der Betroffene bestimmte Informationen zum Schutz überragender Verfassungswerte preisgeben könne, hat für die Praxis keinerlei Orientierungswert. Polizeiliche Ermittlungshandlungen sind Handlungen unter relativer Unwissenheit über Tatsachen bei gleichzeitig notwendigem Wissen über die rechtlichen Grenzen der eigenen Befugnisse. Die Jahrtausende Jahre alte Geschichte der Folter ist nahezu ausschließlich eine Geschichte erfolgreicher Versuche der Vorverlagerung jener Grenzen. Hier gibt es kein Halten – außer am Anfang.

Die Idee grundrechtlicher Schutzpflichten basierte auf der Idee der Horizontalwirkung der Freiheit: Der Staat sollte berechtigt und ggf. sogar verpflichtet sein, durch Eingriffe in die Rechte eines Menschen die Rechte anderer zu schützen. Es geht um den Ausgleich der Rechte des potentiellen Täters mit denjenigen des potentiellen Opfers. Jenes Modell wird durch die neuen Jedermanneingriffe verlassen, wenn an Kontrollstellen, bei der offenen Videoüberwachung oder der Rasterfahndung Eingriffe gegenüber Betroffenen stattfinden, um ihre eigenen Rechte zu schützen. Die überwältigende Mehrheit der Adressaten solcher Eingriffe sind Geschützte, nicht potentielle Störer. Sie werden um ihrer eigenen Sicherheit willen in ihren Freiheitsrechten beschränkt. Ihre Grundrechte fordern Freiheit und Einschränkung zugleich und müssen daher mit sich selbst abgewogen werden. Wo hier die Anfänge und wo die Grenzen liegen können, bleibt allerdings völlig offen.

Die jüngere Terrorismusdiskussion hat eine neue Anwendbarkeitsgrenze tradierter rechtsstaatlicher Grundsätze gezeigt. Dieses Gebot der Rationalisierung staatlichen Agierens kann seine Wirkung nur entfalten, wenn es prognostizierbare Zusammenhänge zwischen der behördlichen Maßnahme und dem Verhalten der Betroffenen gibt. Solche Zusammenhänge sind um so stabiler, je rationaler beide Seiten handeln. Umgekehrt gilt: Gegen einen völlig irrational handelnden, den eigenen Tod in Kauf nehmenden Terroristen versagen die tradierten Grundsätze des mildesten Mittels und der Angemessenheit.

Die zunehmend polizeiliche und nachrichtendienstliche Orientierung der Sicherheitsproduktion hat das Gefüge der Gewaltenteilung zwischen Exekutive und Justiz verändert. Die Ahndung von Straftaten ist eine originäre Aufgabe der Justiz, die in jedem Fall beteiligt ist. Hingegen fällt die Prävention in die Zuständigkeit der Exekutive. Die Justiz kann dagegen nur im Einzelfall auf Antrag Betroffener tätig werden. Deren Möglichkeiten zur Erlangung gerichtlichen Rechtsschutzes sind ohnehin begrenzt. Ein Antrag ist wenig wahrscheinlich, wenn die Maßnahme – wie bei nachrichtendienstlicher Informationserhebung in der Regel – verdeckt stattfand und daher für die Betroffenen gar nicht bemerkbar war. Rechtsschutz ist gleichfalls wenig effektiv, wenn der Eingriff schon beendet ist und daher keine unmittelbaren Folgewirkungen mehr hat: Haben die Ermittler die Wohnung wieder verlassen oder das Abhören des Telefons eingestellt, so können die Gerichte die Betroffenen nicht mehr wirksam schützen: Warum also sollte man sie noch einschalten? Und im Verfahren ist nicht selten der Zugang des Gerichts zu relevanten Informationen eingeschränkt. Die Architektur der Gewaltenbalance wird durch diese Entwicklung erheblich modifiziert.

Dies bedeutet nicht, dass sämtliche tradierten rechtsstaatlichen Prinzipien funktionslos geworden wären. Doch ist die Diskussion um den Rechtsstaat im Sicherheitsrecht voll von Larmoyanz. Wichtig erscheinen zwei Folgerungen: Zunächst besteht die Notwendigkeit, die rechtsstaatlichen Anforderungen zu aktualisieren und in die neuen Rahmenbedingungen einzubringen. Sodann entsteht die Aufgabe, neue Instrumente und Verfahren zu entwickeln, wo die alten ihre verfassungsrechtlich notwendigen Funktionen nicht mehr erfüllen können.

2. *Der demokratische Rechtsstaat: Neue Fragen und neue Antworten*

Freiheit setzt stets ein gewisses Maß an Unsicherheit voraus. Diese ist Chance und Preis der Freiheit zugleich. Die maßgebliche Frage ist stets neu, welchen Preis die Träger der Freiheit für diese Chance zu zahlen bereit sind.[2]

a)   Anforderungen an demokratische Verfahren

Das Schlüsselwort zahlreicher Risikodiskurse ist das Wort „Entscheidung". Die Verrechtlichung des Verhältnisses von Freiheit und Sicherheit macht die Zuordnung beider Ziele von Entscheidungen abhängig. Dabei geht es nicht (allein) um die Wahrheit von Argumenten, sondern um die Legitimation des Rechts. Je intensiver das Recht als Mittel politischer Steuerung und sozialer Gestaltung in Anspruch genommen wird, umso größer ist die Bürde, welche die demokratische Legitimation der Staatsgewalt tragen muss. Darin liegt weniger eine Überwindung als vielmehr eine Ergänzung rechtsstaatlicher Prinzipien: Die Menschen- und Bürgerrechte legitimieren sowohl den Rechtsstaat als auch das auf Aktivierung, Partizipation, Selbstregulierung und Minderheitenschutz angelegte Demokratieprinzip. Die maßgebliche grundgesetzliche Argumentationsregel für die Zuordnung von Freiheit und Sicherheit enthalten die Freiheitsrechte. Die meisten staatlichen Maßnahmen zur Herstellung von Sicherheit bewirken Freiheitseingriffe. Daraus folgt zugleich die Verteilung der Argumentationslast: Begründungsbedürftig ist nicht die Freiheit, sondern der Eingriff. Soweit staatliche Maßnahmen zur Garantie von Sicherheit in die Freiheitsrechte eingreifen, sind sie legitimationsbedürftig – und nicht der Freiheitsanspruch der Bürger. Die Eingriffsvorbehalte des Grundgesetzes weisen diese Aufgabe ganz wesentlich dem Gesetzgeber und seiner maßgeblichen Legitimationsquelle, dem demokratischen Verfahren, zu. Auch wenn man nicht jeder Einzelheit einer vernunftrechtlich orientierten Diskurstheorie des Rechts oder auch nur des Gesetzgebungsverfahrens zustimmen möchte, so gilt doch: Offenheit und Transparenz namentlich des parlamentarischen Verfahrens sind zentrale Quellen von Artikulations-, Partizipations- und Akzeptanzchancen des Rechts. Zu deren Einlösung bedarf es der Formulierung belastbarer (Mindest-)Standards einer Beteiligung des Parlaments und der demokratischen Öffentlichkeit an den Prozessen der Entscheidungsfindung und -kontrolle. Hier ist der Ort, die erforderlichen

---

[2] Ein wichtiges Fundament der Demokratie ist ein hinreichendes Sicherheitsgefühl der Menschen. Dessen Pflege ist keine eigenständige Staatsaufgabe, sondern als Folge ansonsten zulässiger und rechtmäßiger Staatstätigkeit zu begreifen. Hierzu zählen auch die allgemeinen Eingriffsbefugnisse. Hingegen ist der Schutz des Sicherheitsgefühls nicht geeignet, eigenständige Befugnisse zu Eingriffen in Rechte Dritter zu begründen. Dazu *Schewe*, Das Sicherheitsgefühl und die Polizei, 2009.

Begründungsleistungen zu erbringen und die notwendigen Entscheidungen zu treffen. Es gibt eben keine Demokratie ohne ein ausreichendes Maß an Sicherheit. Und es gibt erst recht keine Demokratie ohne ein ausreichendes Maß an Freiheit.

Im Gesetzgebungsverfahren müssen also Freiheits- und Sicherheitsbedürfnisse stets neu artikuliert und abgewogen werden. Diese Aufgabe verträgt sich schwerlich mit einer Gesetzgebungstechnik, welche eine Vielzahl von Schubladenentwürfen in umfangreichen „Sicherheitspaketen" zusammenfasst und bei gegebenen Anlässen in das Parlament einbringt, um sie sodann unter größtem Zeitdruck durch Ausschüsse, Sachverständigenanhörungen und Plenum zu „peitschen". Durch eine solche Gesetzgebungstechnik wird das Legitimationspotential parlamentarischer Verfahren eher beschädigt als genutzt.

Die erwähnte Begründungsbedürftigkeit von Grundrechtseingriffen bedarf auch der verfahrensrechtlichen Einlösung. Der Hinweis auf erwartete oder vermutete Zugewinne an Sicherheit reicht dafür allein umso weniger aus, als die Abschätzung zukünftiger Risikolagen ebenso wie der Versuch ihrer Steuerung selbst notwendig risikobehaftet ist. Umso eher bietet sich hier eine angemessene Befristung von Gesetzen und ihre ausreichende Evaluation vor der Entscheidung über eine mögliche Verlängerung an. Doch ist auch festzuhalten: Geeignete Kriterien für eine solche Evaluation stehen im Sicherheitsbereich aber noch ebenso aus wie ein bereichsspezifisches Evaluationsverfahren.

b) Trennungs- und Differenzierungsgebote

Ist der Gesetzgeber aufgefordert, das Verhältnis von Freiheit und Sicherheit im Verfahren auszutarieren, so unterliegt er dabei dem Gebot inhaltlicher Differenzierung. Es gibt nicht „die" Zuordnung von Freiheit und Sicherheit. Vielmehr bedarf es der je konkreten, bereichsspezifischen Zuordnung beider Ziele. Maßgeblich dafür sind die erkennbare Risikobelastung einerseits und die Eingriffstiefe in die betroffene Freiheit andererseits. Hier kann es erhebliche Unterschiede ausmachen, ob etwa legale oder illegale Handlungen kontrolliert oder reguliert werden; ob Privat-, Betriebs- oder Geschäfts- oder aber Öffentlichkeitssphäre betroffen sind; ob es um vergleichsweise nahe liegende Gefahren oder um ferner liegende Risiken in Vorsorgebereichen geht; ob die zu steuernden Risiken von Handlungen, Anlagen oder Produkten mehr oder weniger prognostizierbar sind; ob eine erkennbare Ge- oder Missbrauchsgefahr für kriminelle Handlungen besteht oder nicht. Hier werden im Gentechnik-, im Arzneimittel- oder im Atomrecht andere Maßstäbe gelten als im „einfachen" Polizeirechtsfall. Das gesetzliche Risikomanagement hat demnach bereichsspezifisch zu differenzieren und Eingriffsverfahren, -tiefe und mögliche Sanktionen an dem Ergebnis dieser konkreten Abwägung auszurichten.

Sind so unterschiedliche Aufgaben mit unterschiedlichen Mitteln und Befugnissen wahrzunehmen, so rechtfertigt dies auch das Gebot organisatorischer Differenzierung und Spezialisierung innerhalb des Staates. Aus guten Gründen enthält das Grundgesetz keine Zuweisung der „inneren Sicherheit" an einzelne Körperschaften oder gar Behörden. Maßgeblich für solche Trennungsgebote-Ideen sind weniger Vorbehalte der Alliierten bei der Genehmigung des Grundgesetzes als vielmehr grundrechtliche, datenschutzrechtliche und rechtsstaatliche Gesichtspunkte. Wenn Behörden unterschiedliche Aufgaben mit unterschiedlichen Instrumenten und unterschiedlichen Befugnissen erfüllen, so spricht mehr dafür, zu trennen, als dafür, sie zusammenzufassen. Die Idee einheitlicher Megabehörden ist ohnehin ein Leitbild, das der Vergangenheit angehört. Grundgesetz und Gesetze gehen zu Recht von den Gedanken funktioneller und befugnismäßiger Differenzierung, organisatorischer Verselbstständigung und bereichsspezifischer Kooperation aus.

Dies ist jedenfalls die eine Seite der viel diskutierten Trennungsgebote. Gegenwärtig stehen allerdings eher zwei andere Fragen im Vordergrund der Debatte. Da ist zunächst das Problem der Vielzahl unterschiedlicher Sicherheitsbehörden: Ist es wirklich sinnvoll, neben einem Bundesnachrichtendienst und einem Amt für den Militärischen Abschirmdienst ein Bundesamt für Verfassungsschutz sowie 16 Landesämter zu unterhalten – selbstverständlich neben einer Bundespolizei, einem Zollkriminalamt, einem Bundeskriminalamt und 16 Länderpolizeien? Diese Vielfalt, die vielleicht in Zukunft noch durch europäische Instanzen zu ergänzen sein wird, kann allerdings nicht einfach durch den Gedanken der Zentralisierung hinwegrationalisiert werden. Vielmehr ist sie im Einzelfall auf ihre Sinnhaftigkeit zu befragen: Wo ist es sinnvoll, orts- und problemnah Aufklärungsarbeit zu betreiben? Und wo gelangt diese Fähigkeit an ihre Grenze? Insbesondere dort, wo Behörden derart klein werden, dass sie ihre Aufgaben nicht mehr wirksam erfüllen können, ist eine Untergrenze erkennbar. Das gilt insbesondere für die kleineren Landesämter für Verfassungsschutz, welche deutlich unterdimensioniert sind, wenn das Bundesamt allzu klein oder im Verhältnis zur Bevölkerung an Fläche allzu groß ist. Hier wird Behördentrennung zur Plage.

Eine andere, nach wie vor schwer zu lösende Frage ist diejenige nach den Folgen des Trennungsgebots: Behördentrennung setzt Zusammenarbeit voraus und bedingt sie zugleich. Hier allerdings finden sich gerade im Sicherheitsbereich nach wie vor erhebliche Defizite: Das gilt z. T. sogar schon innerhalb einzelner Behörden, wenn unterschiedliche Abteilungen oder Zweigstellen Informationen für sich behalten, um so ihre eigene Unentbehrlichkeit zu demonstrieren oder ihre eigenen Erkenntnismöglichkeiten auszubauen. Das gilt erst recht zwischen unterschiedlichen Sicherheitsbehörden, wenn diese einzelne Teilaspekte von Risiko- oder Gefahrenlagen bearbeiten, ohne sich ausreichend über die Zusammenhänge auszutauschen. Hier hat nicht zuletzt die amerikanische Diskussion über die Ursachen des 11. September wichtiges Material beigesteuert. In Europa potenzieren sich die Probleme noch, weil jedes nationale System zwar in sich stimmig arbeitet, die grenzüberschreitende Kooperation aber defizitär bleibt. Die Erfahrungen der Vergangenheit haben gezeigt: Hier genügen nicht bloße Verpflichtungen zur Zusammenarbeit. Sie muss behördenübergreifend organisatorisch und institutionell abgesichert werden.

c) Legitimation durch Kontrolle

Das so verabschiedete Recht muss, um seine Legitimationswirkung zu erhalten, für die Exekutive als Verhaltens- und für die Justiz als Kontrollnorm wirken können. Wenn der Gesetzgeber das Wesentliche des Wesentlichen selbst regeln muss, kommt dem Bestimmtheitsgebot gerade im Bereich weit reichender Grundrechtseingriffe eine hohe Bedeutung zu. Insbesondere sind defizitäre materiell-rechtliche Regelungen nicht einfach durch Verfahrensregelungen surrogierbar: Auch Behördenleiter oder Richter müssen bei der Ausübung von Behördenleiter- oder Richtervorbehalten aus dem Gesetz erkennen können, unter welchen Voraussetzungen sie einen Eingriff vornehmen oder nicht vornehmen dürfen. Im Einzelfall bedürfen Grundrechtseingriffe namentlich dann einer besonderen Kontrolle, wenn der Rechtsschutz seine Wirkungen aus tatsächlichen Gründen nicht ausreichend erfüllen kann. Diesem Anliegen kann allerdings durch die routinemäßige Mitwirkung von – oft außenstehenden, überlasteten und bisweilen nicht hinreichend fachkundigen – Richtern allein nicht ausreichend Rechnung getragen werden.

Zu erwägen ist deren Ergänzung durch objektive Kontrollverfahren, etwa Beauftragte, Ombudspersonen oder politische Gremien. Hinzutreten sollten Berichtspflichten, wie sie etwa in Art. 13 Abs. 6 GG ansatzweise, wenn auch noch auf zu hoher Ebene und damit zu hohem Allgemeinheitsgrad, vorgesehen sind. Solche Instrumente neuerer Art werden namentlich im Sicherheitsrecht erst unzureichend genutzt. Sie könnten die Einsicht wach halten, dass Legitimation und Kontrolle der Sicherheitspolitik untrennbar zusammengehören. Hierzu zählt etwa, dass die Kontrolle nicht nur im individuellen Interesse Betroffener und auf deren Veranlassung hin notwendig ist. Vielmehr liegt sie zugleich im öffentlichen Interesse und hat permanent und von Amts wegen stattzufinden. So kann dann auch sichergestellt werden, dass die demokratisch zu leistende und zu verantwortende Abwägung zwischen Freiheit und Sicherheit nicht bloß auf dem Papier des Gesetzblatts steht, sondern gerade dort Wirksamkeit erlangt, wo das Machtgefälle zwischen Handelnden und Betroffenen am größten ist: bei der Steuerung verdeckter oder imperativer Handlungen von Sicherheitsbehörden.

So differenziert die Diskussion gegenwärtig verläuft, so nachdrücklich stellt sich doch die Frage: Wer kontrolliert eigentlich die Nachrichtendienste? Hier lässt sich primär festhalten: Der Vielzahl der Behörden korrespondiert eine Vielzahl von Kontrollinstanzen. Neben den Mechanismen administrativer Binnenkontrolle durch Fach- und Rechtsaufsicht sowie ggf. die politische Verantwortung der Minister stehen unabhängige Kontrolleure der Exekutive (Beauftragte für den Datenschutz, Rechnungshöfe usw.), der Parlamente (Parlamentarische Kontrollkommission, G-10-Kommissionen und -Gremien) sowie der Justiz in den unterschiedlichsten Gerichtszweigen. Und dennoch stellt sich immer wieder der Eindruck: Den vielfältigen Instanzen fehlt es an Koordination und Effektivität. Sie sind allein auf Informationen der von ihnen kontrollierten Exekutiven angewiesen und erfahren so in Problemfällen aus den Medien mehr als auf den „offiziellen" Wegen. Das gilt erst recht, wenn die Nachrichtendienste berechtigt sind, Informationen aus Gründen des „Wohls der Allgemeinheit" oder des Datenschutzes einzelner Personen zurückzuhalten. Außerdem fehlt es den meisten Instanzen auch an geeigneten Mitteln, ihren Kontrollauftrag einzulösen oder umzusetzen. Hierzu wird nicht selten allein auf das politische Gewicht der Kontrollinstanzen oder der in ihr arbeitenden Politiker hingewiesen. So sind die Einschätzungen denn auch schwankend: Die einen bezeichnen das deutsche Kontrollinstrumentarium im internationalen Vergleich als führend, andere hingegen die Kontrolleure als „blinde Wächter ohne Schwert". Wahrscheinlich schließen sich beide Feststellungen nicht einmal aus. Doch haben nicht zuletzt die Untersuchungen zur Vorgeschichte der Attentate vom 11. September gezeigt: Eine wirksame Kontrolle der Nachrichtendienste beeinträchtigt die Dienste kaum, sondern ist eher geeignet, deren Effizienz im Interesse eines wirksamen Schutzes von Freiheit und Demokratie zu erhöhen.

III. Freiheit und Sicherheit: Zwischen Scylla und Charybdis?

Sicherheit ist relativ. Ziel kann nicht die völlige Vermeidung von Risiken, sondern nur Optimierung ihres Managements sein. Am Ende der Skala steht das Paradoxon der Sicherheit: Der Staat, der alle Risiken ausschließen soll, muss alles wissen, alles können und alles dürfen. Das wäre nicht nur das Ende jeglicher Freiheit. Ein solcher Staat würde vielmehr selbstwidersprüchlich. Er würde zu einer Quelle dessen, was er eigentlich ausschließen wollte: der Unsicherheit.

Die jüngeren Diskussionen über den internationalen Terrorismus haben die Perspektive einseitig auf die Risiken der Freiheit gelenkt. Dahinter tritt die andere Blickrichtung, nämlich die Chancen einer Politik zur Herstellung von Freiheit, völlig zurück. Es geht darum, der Sicherheitspolitik eine Freiheitspolitik zur Seite zu stellen. Sie muss mehr zu bieten haben als Überwachungsmaßnahmen und Grundrechtseingriffe. Eine notwendig mittel- bis langfristige Freiheitspolitik muss bei den Ursachen ansetzen, welche Risiken wie etwa den Terrorismus hervorbringen. Diese Ursachen sind umrisshaft bekannt. Dazu zählen etwa krasse und offensichtliche soziale Gegensätze zwischen Arm und Reich auf engstem Raum; ein hohes Maß an sozialer Unsicherheit der Menschen in den Wechselfällen des Lebens; das Bewusstsein ethnischer, kultureller oder religiöser Benachteiligung bei offenkundiger Bevorzugung anderer Gruppen und die politische, ökonomische oder soziale Aussichtslosigkeit, diesen Verhältnissen individuell oder kollektiv zu entrinnen. Sie näher zu erforschen und zu beseitigen ist ein Projekt, dessen Konturen hier nicht einmal aufgezeigt werden konnten. Doch erscheinen solche Strategien auch in Zeiten leerer Kassen nicht aussichtslos. Langfristig gesprochen könnten sie sogar die günstigere Alternative sein.

2. Kapitel:
Inhalt und Umfang der Kontrollrechte der G-10-Kommission am Beispiel des Landesrechts NRW

I. Vorbemerkung

Kontrollaufgaben und Kontrollrechte der G-10-Kommission des Landes Nordrhein-Westfalen[1] (im Folgenden: NRWG-10-Kommission) ergeben sich nur ansatzweise aus dem bloßen Text der maßgeblichen Gesetze. Diese bedürfen daher einer eingehenden Auslegung insbesondere aus ihrem entstehungsgeschichtlichen und rechtssystematischen Kontext. Für letzteren steht insbesondere der verfassungssystematische Bezug im Vordergrund. Dies folgt schon daraus, dass die gesamte Materie – sowohl Rechtsetzung wie auch deren Umsetzung durch die Rechtsanwendung und Rechtsprechung – namentlich von der Judikatur des Bundesverfassungsgerichts – geprägt war und ist. Der so umschriebene systematische Bezugsrahmen ist daher eingangs zu entfalten.

Noch einmal sei hier darauf hingewiesen: Bei der Frage nach den Kontrollaufgaben und -rechten der G-10-Kommission stellt sich die zumeist diskutierte Zentralfrage des Nachrichtendienst- und Nachrichtendienstkontrollrechts nicht. Hier geht es nicht um die Frage nach dem Geheimnisschutz erhobener Informationen einerseits und den Zugangsrechten externer – legislativer, exekutiver oder judikativer – Kontrollorgane andererseits. Es geht also nicht um die Frage nach Umfang und Grenzen der Transparenz von Geheimdiensten. Vielmehr gehen die Gesetze zur Beschränkung des Art. 10 GG in Bund und Ländern[2] davon aus, dass

---

[1] Die nachfolgenden Ausführungen beziehen sich auf die Kontrollrechte in NRW. In Bund und anderen Bundesländern finden sich eigene teils übereinstimmende, teils abweichende Regelungen; s. für den Bund §§ 4, 14 f. G-10; ferner §§ 2 f. BWG-10; Art. 2 BayG-10; §§ 2 f. BerlG-10; §§ 2 f. BbgG-10; § 3 HBG-10; § 1 HHG-10; §§ 3 f. HeG-10; § 2 MVG-10; §§ 3 f. NdsG-10; §§ 1, 3 ff. RPG-10; § 3 SaarlG-10; §§ 2 f. SachsG-10; §§ 4 f. LSAG-10; § 26a SHVerfSchG; §§ 2 f. ThürG-10.

[2] BundesG zur Beschränkung des Brief-, Post- und Fernmeldegeheimnisses i. d. F. v. 11.2.2005, BGBl I S. 239 (im Folgenden zitiert: BundG-10); Gesetz des Landes Nordrhein-Westfalen über die Ausführung des Gesetzes zu Art. 10 GG i. d. F. v. 18.12.2002, GVBl NRW 2003, S. 8, zuletzt geändert durch 5. Befristungsgesetz v. 3.5.2005 GVBl S. 498 (im Folgenden zitiert: NRWG-10). Gesamtdarstellung bei *Droste*, Handbuch des Verfassungsschutzrechts, 2007, S. 331 ff. Aktuelle Kommentierungen beider Gesetze sind nicht erkennbar. S. für den Bund (auf älterem Stand) *Borgs-Maciejewski/Ebert*, Das Recht der Geheimdienste, 1986, S. 137 ff.; *Roewer*, Nachrichtendienstrecht der Bundesrepublik Deutschland, 1987; *Riegel*, G-10, in: Erbs/Kohlhaas (Hg.), Strafrechtliche Nebengesetze, Losebl., Stand 1997.

die Kommission bei der Wahrnehmung ihrer gesetzlichen Aufgaben notwendigerweise Zugang zu geheimen Informationen erhalten müssen und auch erhalten. Im Folgenden geht es demnach nicht um das „Ob", sondern um das „Wie" und die Modalitäten sowie ggf. Grenzen dieses Informationszugangs. Da die Grundfrage bereits entschieden ist – und zwar auf der Grundlage von Vorgaben des Bundesverfassungsgerichts (im Folgenden: BVerfG) –, soll sie hier nicht ein weiteres Mal angesprochen werden. Vielmehr sollen allein Rechtsprobleme der Folgefragen, nämlich der Art und Weise der Ausübung jener Kontrollrechte durch die Kommission, näher untersucht werden.

II. Verfassungsrechtliche Vorfragen der Rechtsstellung der G-10-Kommission

Die G-10-Kommissionen in Bund und Ländern nehmen aufgrund der grundgesetzlichen Vorgaben aus Art. 10 Abs. 2 S. 2; 19 Abs. 4 S. 3 GG eine rechtliche Sonderstellung ein, welche sie von anderen Staatsorganen, namentlich Kontrollorganen, unterscheidet. Diese Sonderstellung begründet und begrenzt ihre Kontrollrechte gegenüber der Exekutive im Allgemeinen wie auch gegenüber den Verfassungsschutzbehörden im Besonderen. Zugleich lässt jene Sonderstellung es nicht zu, Kontrollrechte anderer Instanzen – etwa der Gerichte oder Parlamente – einfach auf die Kommissionen zu übertragen und dadurch zugleich deren Umfang und Grenzen zu klären. Die rechtliche Sonderstellung der Kommission begründet demnach vielmehr besondere – und daher besonders klärungsbedürftige – Rechte und Pflichten der Kommission. Im Folgenden soll daher zunächst diese besondere Stellung in Abgrenzung zu anderen, bekannten Kontrollinstanzen und -kompetenzen umrissen (dazu 1.), sodann – soweit möglich – aus der maßgeblichen Rechtsprechung des BVerfG näher konkretisiert (dazu 2.) und schließlich auf ihre nähere Ausgestaltung in BundesG-10 und NRWG-10 befragt werden (dazu 3.).

1. G-10-Kommissionen als Kontrollinstanz sui generis zwischen parlamentarischer, exekutiver und judikativer Kontrolle

G-10-Kommissionen sind gesetzlich *nicht einfach als Ausprägung parlamentarischer Kontrolle* gegenüber dem Verfassungsschutz ausgestaltet. Zwar werden die Mitglieder der Kommission mittelbar vom Parlament gewählt,[3] sind also in NRW insoweit persönlich durch den Landtag legitimiert. Doch nimmt nicht jeder, der

---

[3] In anderen Bundesländern werden sie unmittelbar vom Landtag gewählt; s. etwa § 2 Abs. 5 BWG-10; Art. 2 Abs. 6 BayG-10; § 2 Abs. 4 BerlG-10; § 2 Abs. 1 BbgG-10; § 2 HHG-10; § 5 Abs. 1 HeG-10;

vom Landtag gewählt wird, schon deshalb an der Ausübung parlamentarischer Funktionen teil. Anderes gilt z. B. für den Ministerpräsidenten, der gem. Art. 52 Abs. 1 LV vom Landtag gewählt wird, oder aber die parlamentarisch gewählten Mitglieder des Verfassungsgerichtshofes (§ 3 NRW-VerfassungsgerichtshofG). Was für diese Organe offensichtlich ist, gilt auch für die G-10-Kommissionen: Sie sind zwar vom Parlament gewählt, nehmen aber gesetzlich näher bestimmte eigenständige Aufgaben wahr, welche nicht einfach Teil der Parlamentsfunktionen sind. Dies folgt schon aus der Zweiteilung der Parlamentsorgane, welche gegenüber dem Verfassungsschutz Kontrollaufgaben wahrnehmen. Dies sind einerseits das Parlamentarische Kontrollgremium gem. §§ 23 ff. NRW-VerfassungsschutzG, welches die politische Kontrolle ausübt; andererseits die G-10-Kommssionen, welche nicht allein im Anwendungsbereich des G-10 dieselben Aufgaben wahrnehmen wie jene Gremien; sondern andere, eigenständige Funktionen wahrzunehmen haben. Diese hat das BVerfG frühzeitig dahin beschrieben, dass „Rechtsschutz gegenüber Maßnahmen der Exekutive ausnahmsweise nicht durch Gerichte, sondern durch vom Parlament bestellte oder gebildete unabhängige Institutionen innerhalb des Funktionsbereichs der Exekutive gewährt wird".[4] Wenn von der Kommission also nicht – oder nicht nur – parlamentarische Kontrolle ausgeübt wird, können die viel diskutierten Grundsätze über Umfang und Grenzen parlamentarischer Kontrolle der Nachrichtendienste[5] auf die G-10-Kommission nicht einfach übertragen werden.

Die genannten *Kommissionen üben aber auch nicht einfach gerichtliche Kontrolle aus*. Zwar umschreibt das BVerfG in der zitierten Passage ihre Aufgabe als „Rechtsschutz gegenüber Maßnahmen der Exekutive".[6] Insoweit *kommt der G-10-Kommission gerichts- bzw. rechtswegvertretende Funktion zu*. Doch ist die Kommissionstätigkeit nicht einfach mit gerichtlicher Kontrolle zu parallelisieren. Zwar wird in jenem Zitat die Kommissionsaufgabe ganz entsprechend der verbreiteten Umschreibung des Anwendungsbereichs der Rechtsschutzgarantie aus Art. 19 Abs. 4 S. 1 GG umschrieben.[7] Doch wird jener Rechtsschutz im Anwendungsbereich des G-10 eben nicht durch „Gerichte", sondern durch eine parlamentarisch bestellte „Institution" ausgeübt. Diese findet ihre verfassungsrechtliche Grundlage denn auch nicht in Art. 19 Abs. 4 S. 1 GG, sondern vielmehr in Art. 19 Abs. 4 S. 3 GG. Sie ist kein besonderes Gericht, sondern ein Aliud gegenüber einem Gericht.[8]

---

[4] § 2 Abs. 3 MVG-10; § 1 Abs. 1 RPG-10; § 3 Abs. 1 SachsG-10; § 26a Abs. 2 SHVerfSchG; § 2 Abs. 2 ThürG-10. In diesen Ländern finden sich partiell besondere Verfahrensregelungen.

[4] BVerfGE 30, 1 (Ls. 7).

[5] Dazu noch weiter u. Kap. 5; *Beck/Schlikker*, NVwZ 2006, 912.

[6] BVerfGE 30, 1 (Ls. 7) a. a. O.

[7] Mit gleichen Worten beschreibt BVerfGE 25, 352, 358; s. a. BVerfGE 31, 364, 367 f., den Anwendungsbereich des Art. 19 Abs. 4 S. 1 GG als Rechtsschutzgarantie gegenüber Maßnahmen der Exekutive.

[8] Zu den Unterschieden grundsätzlich *Gusy*, NJW 1981, 1581.

Dementsprechend bezeichnet das BVerfG denn auch die Kommissionstätigkeit als „Ausnahme", welche eben nicht durch ein Gericht, sondern durch eine andere Institution ausgeübt würde. Das ist mehr als nur eine Frage der Bezeichnung. Dies zeigt sich am ehesten an den Verfahrensunterschieden zwischen Kommission und Gerichten: Während letztere von den Grundsätzen des Art. 103 Abs. 1 GG – und damit dem Grundsatz des rechtlichen Gehörs aller Beteiligten – geprägt ist, gilt dies für die G-10-Kommissionen gerade nicht. So offenkundig dieser Unterschied ist, so bleibt zugleich festzuhalten: Auch wenn Gerichte im Einzelfall – etwa bei der Entscheidung über die Zulässigkeit einer Post- oder Telekommunikationsüberwachung nach § 100 b StPO – ohne vorheriges rechtliches Gehör entscheidungsbefugt sind, so hat das BVerfG betont, dass es sich bei dieser Tätigkeit nicht um Tätigkeit der Dritten Gewalt im funktionellen Sinne handele[9] und daher die allgemeinen Grundsätze über das gerichtliche Verfahren und seine nachträgliche Überprüfung auf jene Tätigkeit nicht einfach übertragen werden könnten. Was aber für eine derartige Gerichtstätigkeit gilt, gilt in diesem Sinne erst recht für die „Ausnahme" der G-10-Kommissionen. Auch auf sie dürfen die Grundsätze für die gerichtliche Nachprüfung geheimdienstlicher Tätigkeit[10] nicht einfach übertragen werden.

Die *NRWG-10-Kommission ist aber auch nicht bloß ein Organ exekutiver Selbstkontrolle* gegenüber dem Verfassungsschutz. Zwar wird sie nach dem bereits genannten Zitat des BVerfG „innerhalb des Funktionsbereichs der Exekutive" tätig,[11] doch ist ihre Tätigkeit dort etwas anderes als bloße Exekutivtätigkeit. Zwar ist nicht zu verkennen: Auch innerhalb der Exekutive gibt es Kontrolltätigkeit, namentlich im Rahmen der Aufsicht und auch hier Rechtskontrolle, namentlich im Kontext der Rechtsaufsicht. Doch kann die Kommissionstätigkeit nicht einfach mit der exekutiven Selbstkontrolle erklärt werden. Dafür spricht schon die Tatsache, dass sie gem. Art. 19 Abs. 4 S. 3 GG eben nicht zur Stärkung der Selbstkontrollrechte der Verwaltung, sondern als Äquivalent eines hier ausgeschlossenen Rechtswegs iSd Art. 19 Abs. 4 S. 1 GG gebildet worden ist. Insoweit wäre es zutreffender, die Kommission einem Rechtsschutzorgan jedenfalls anzunähern. Dafür spricht auch die Rechtsstellung der Kommissionen, welche weder Teil der Exekutive sind noch deren Rechtsstellung nachempfunden wurden. Sie sind nämlich anders als Mitarbeiter der Exekutive „unabhängige Institutionen", die – nicht zuletzt zur Wahrung dieser Unabhängigkeit – nicht von der vollziehenden Gewalt selbst, sondern vom Parlament bestellt worden sind. Ganz in diesem Sinne hat das BVerfG ausdrücklich festgehalten, dass die G-10-Kommission „innerhalb und außerhalb des Parlaments gebildet werden" könne. Sie müsse jedoch „über die notwendige Sach- und Rechts-

---

[9] BVerfGE 96, 27, 39 ff.; dazu *Gusy*, JZ 1998, 167.
[10] Zu solchen Grundsätzen am Beispiel des § 99 der Verwaltungsgerichtsordnung BVerfGE 101, 106, 124 ff.; weiter u. Kap. 4.
[11] BVerfGE 30, 1 (Ls. 7) a. a. O.

kunde verfügen, weisungsfrei sein und ihre Mitglieder müssten auf eine bestimmte Zeit fest berufen sein."[12] Gegenüber diesen Besonderheiten tritt die Tatsache, dass die Kommission „innerhalb des Funktionsbereichs der Exekutive" tätig wird, an Bedeutung zurück. Nicht jeder, der „im Funktionsbereich der Exekutive" tätig wird, ist deshalb im Rechtssinne bereits ganz oder wesentlich Teil der Exekutive und nimmt dann ausschließlich an der Rechtsstellung der Exekutive teil. Dies gilt umso mehr, wenn ihm ausschließlich andere, nicht (primär) exekutive Aufgaben zugewiesen sind. In diesem Sinne bleibt festzuhalten: Ist die G-10-Kommission funktionell auch Teil der Exekutive, so sind die Grundsätze über die Kontrolle des Verfassungsschutzes durch Exekutivstellen auf sie nicht einfach übertragbar.

Als *Zwischenergebnis* bleibt demnach festzuhalten: Die Tätigkeit der G-10-Kommission ist weder Teil der parlamentarischen noch der justiziellen Fremdkontrolle der Nachrichtendienste und auch nicht Element ihrer exekutiven Selbstkontrolle. Ihre Tätigkeit lässt sich am ehesten als Kontrollorgan sui generis beschreiben.[13]

Von daher können auch Umfang und Grenzen ihrer Kontrolltätigkeit nicht einfach aus den Regeln über die parlamentarische, exekutive oder gerichtliche Kontrolle hergeleitet oder gar übernommen werden. Vielmehr müssen sie eigenständig aus Grundgesetz und Gesetz bestimmt werden.

Die geltenden Gesetze zur Ausgestaltung der G-10-Kommissionen und ihrer Tätigkeit verdanken ihre konkreten Inhalte weitgehend der Rechtsprechung des BVerfG zu dieser Materie.[14] Diese Rechtsprechung betrifft sowohl die Grundlagen ihrer Existenz wie auch Zentralfragen der Ausgestaltung der Kommissionstätigkeit. Ihre Aussagen sollen mit dem Ziel einer Konkretisierung von Inhalt und Grenzen der Kompetenzen der G-10-Kommissionen befragt werden.

a)   Gewandelter Kontrollauftrag: Von der Informationserhebungs- zur Informationsverwendungskontrolle

Ausgangspunkt ist der umfassende Auftrag der G-10-Kommissionen: Wo durch die Nachrichtendienste Eingriffe in das Post- und Fernmeldegeheimnis stattfinden sollen, gegen welche kein zeitnaher und wirksamer Rechtsschutz möglich ist und die auch keiner gleichwertigen und effektiven Nachprüfung durch andere Stelle unterliegen, ist die Zuständigkeit der G-10-Kommission begründet. Erschien diese

---

[12] BVerfGE 30, 1, 23.
[13] So explizit BVerfGE 67, 157, 171: „Die Kommission ist ein Kontrollorgan eigener Art außerhalb der rechtsprechenden Gewalt, das als Ersatz gerade für den fehlenden gerichtlichen Rechtsschutz dient."
[14] Nachw. der bisher ergangenen Urteile und Beschlüsse bei *Gusy*, in: v. Mangoldt/Klein/Starck, GG III, 6. A., 2010, Art. 10 Rn 98.

in der früheren Rechtsprechung noch weitestgehend auf den bloßen Akt des Abhörens, also der heimlichen staatlichen Informationserhebung beschränkt,[15] so lag es seinerzeit nahe, den Zuständigkeitsbereich der G-10-Kommissionen wesentlich auf diesen Bereich zu fokussieren. Er erschien dann eher als punktueller Akt der Mitwirkung an der Entscheidung über einzelne Abhör- oder sonstige Kontrollmaßnahmen mit dem Zweck der Informationserhebung gegenüber bestimmten Personen. Jenes Konzept folgte der damaligen prozessualen Konstellation, als sich Verfassungsbeschwerdeführer gegen die Möglichkeit gegen sie gerichteter Überwachungsmaßnahmen durch Brief- oder Fernmeldeüberwachung wandten. Doch erschien und erscheint dies aus der Sicht der nachfolgenden Rechtsprechung lediglich als ein zwar wichtiger, aber keineswegs abschließender Aspekt. Für eine Ausweitung sprachen namentlich zwei Aspekte:

(1) Da war zunächst der verfassungsrechtliche Gesichtspunkt, wonach das Grundrecht des Art. 10 GG sich nicht allein gegen Eingriffe in die geschützten Geheimnisbereiche durch Informationserhebung richte, sondern vielmehr auch die nachträgliche Verwendung jener Informationen umfasse.[16] Dieser Aspekt ließ die Kontrollzuständigkeiten der G-10-Kommission in einem gewandelten Licht erscheinen: Hätte sie sich allein auf den Akt der Informationserhebung beschränkt, so hätte sie lediglich einen Teilaspekt des Grundrechtsschutzbereichs abgedeckt. Andere Teilbereiche – nämlich diejenigen der Informationsaufzeichnung, -aufbewahrung, -veränderung und -übermittlung – wären aus ihrem Auftrag herausgefallen.

(2) Dies wäre möglicherweise unschädlich geblieben, wenn insoweit andere, den G-10-Kommissionen gleichwertige Kontrollinstanzen zuständig und handlungsfähig gewesen wären. Doch war dies nicht der Fall: Die vom BVerfG ausdrücklich betonten Grundsätze der Grundrechtssicherung im Falle staatlicher Verarbeitung zwangsweise oder heimlich erhobener Informationen[17] waren nämlich gerade im Anwendungsbereich der Abhörgesetze nicht unmittelbar anwendbar. Das wurde spätestens offenkundig, als sich die Auffassung durchsetzte, die allgemeinen Aufgaben der Datenschutzbeauftragten bezögen sich nicht auf die Verarbeitung von Informationen, welche nach den G-10 des Bundes oder der Länder erhoben worden seien.[18] Da nunmehr einerseits der Grundrechtsschutzbereich partiell in neuem Licht erschien, andererseits gerade in diesem Bereich aber keine anderweitigen

---

[15] So insbesondere BVerfGE 30, 1, 18: „Diese Beschränkung ist in der Überwachung des Brief-, Post- und Telegrafenverkehrs, im Abhören von Gesprächen und im Öffnen und Lesen von Briefen zu sehen."
[16] BVerfGE 85, 386, 398 f.; 100, 313, 353 ff.; angelegt, aber damals noch nicht entscheidungstragend schon in BVerfGE 30, 1, 22 f.
[17] Dazu BVerfGE 65, 1, 46.
[18] So etwa *Borgs-Maciejewski/Ebert* a. a. O., § 9 G-10 Rn 18; *Roewer* a. a. O., § 9 G-10 Rn 34 (Nachw.).

Schutzvorkehrungen zugunsten der Rechte Betroffener bestanden, betonte das BVerfG seitdem die Kompetenzen der G-10-Kommissionen auch für Maßnahmen der Informationsverarbeitung, und zwar sowohl für die Bundes- als auch für die Landesebene.[19] Die *Kommissionszuständigkeiten erscheinen spätestens seitdem nicht mehr bloß punktuell, sondern vielmehr kontinuierlich* vom Zeitpunkt einer (geplanten) Informationserhebung bis zur endgültigen Entscheidung über die Bekanntgabe abgeschlossener staatlicher Informationsverarbeitung an den Betroffenen.[20]

Die Kommissionen haben seitdem das Recht, ihre Aufgaben permanent, begleitend und ggf. korrigierend auszuüben. Im vorliegenden Kontext ist dabei insbesondere der folgende Aspekt bedeutsam: Das BVerfG unterscheidet hinsichtlich der Kontrollaufgaben, -befugnisse und -intensität an keiner Stelle zwischen den unterschiedlichen Eingriffsakten, -formen oder -zeitpunkten. Ausdrücklich wird die Bedeutung nicht nur der Informationserhebung durch Abhören oder sonstige Formen der Kenntnisnahme, sondern auch diejenige der nachgelagerten Informationsverarbeitung für Grundrechtsschutz und Grundrechtsbeeinträchtigung hervorgehoben.[21] Dies lässt den Schluss zu: Die Aufgaben der G-10-Kommissionen beziehen sich auf alle Arten von Grundrechtseingriffen im Anwendungsbereich des G-10. Weder dürfen sich die Kommissionen allein auf den Akt des Abhörens beschränken, noch darf ihr Verfahren oder ihre Aufgabenerfüllung so organisiert sein, dass es sich allein auf derartige Kontrollen bezieht und andere aus ihrem Anwendungsbereich ausschließt. Im Gegenteil: Es gibt in der verfassungsgerichtlichen Rechtsprechung zahlreiche Indizien für, aber keinerlei Indizien gegen die Annahme, *dass die Kontrollaufgaben und -befugnisse der G-10-Kommission bei Maßnahmen der Informationsverwendung ebenso intensiv ausgeprägt sein müssen wie bei solchen der Informationserhebung.*

b)   Die Doppelstellung der G-10-Kommission als Mitentscheidungs- und Kontrollorgane

Ausgangspunkt ist die These von der *G-10-Kommission als Kontrollorgan eigener Art.* Sie ist weder Gesetzgebung noch Vollziehung noch Rechtsprechung,[22] sondern steht im Verschränkungs- und Überschneidungsbereich der drei Gewalten. Sie ist vom Parlament, also vom Gesetzgeber bestellt; sie übt Aufgaben des Rechts-

---

[19] BVerfGE 100, 313, 401 f.
[20] Zu Einzelheiten näher u. Kap. 3.
[21] Eingehend dazu BVerfGE 100, 313, 391 ff.
[22] BVerfGE 30, 1 (Ls. 7).

schutzes, also originär gerichtlicher Aufgaben, „ausnahmsweise" aus; und sie ist im „Funktionsbereich der Exekutive" gebildet. Demnach ist sie eine staatliche Einrichtung, welche vom Grundgesetz vorgesehene und an das Grundgesetz gebundene Aufgaben und Befugnisse auszuüben hat. Sie wirkt an gewichtigen Grundrechtseingriffen[23] bereits im Vorfeld mit. Das gilt jedenfalls für die Kontrolle der Informationserhebung, also der Überwachung des Post- und Fernmeldeverkehrs. Die von der Kommission ausgeübte Kontrolltätigkeit ist hier im Unterschied zum Rechtsweg keine nachträgliche, sondern eine vorherige, mitwirkende Kontrolle, welche die Rechtmäßigkeit heimlicher staatlicher Überwachungsmaßnahmen prozedural absichern soll. Ihre Tätigkeit ist der eigentliche Garant dafür, dass eine Verletzung des Art. 1 Abs. 1 S. 1 GG nicht stattfinden kann, oder – in der Terminologie des BVerfG – dass der von Abhörmaßnahmen Betroffene nicht „einer Behandlung ausgesetzt wird, die seine Subjektsqualität prinzipiell in Frage stellt" oder „in der Behandlung im konkreten Fall eine willkürliche Missachtung der Würde des Menschen liegt."[24]

Aus diesem Grund wirkt die Kommission auch „im Funktionsbereich der Exekutive": Sie soll im Vorhinein in die Entscheidung über eine behördliche Maßnahme einbezogen sein. Dies bedingt seinerseits, dass sie durch die zuständigen Behörden über die beabsichtigten Maßnahmen informiert wird, dass sie ihre Zuständigkeiten in diesem Entscheidungszusammenhang ausüben und ggf. eine Entscheidung treffen kann. In diesem Sinne ist die Kommission – anders als der gerichtliche Rechtsweg – nicht einfach nachträgliches Kontrollorgan. Sie ist vielmehr auch mitwirkendes Entscheidungsorgan.[25]

Daraus folgt zugleich die *Mitverantwortung der Kommission für die Rechtmäßigkeit der anzuordnenden Abhörmaßnahmen.*

Anders verhält es sich hingegen bei der Kommissionstätigkeit aus Anlass der *Kontrolle der Verwendung erhobener Daten.* Hier findet die Entscheidung über die Verwendung allein durch die jeweiligen Behörden, etwa die Verfassungsschutzbehörden, statt. An ihrer Entscheidung wirkt die G-10-Kommission in keiner Weise mit. Vielmehr kontrolliert sie – bisweilen im Vorhinein, vielfach aber auch erst im Nachhinein – die Rechtmäßigkeit der Verwendung. Hier ist ihre Tätigkeit also einer ex-post-Kontrolle durch Datenschutzbeauftragte oder Gerichte weitgehend angenähert. Insoweit handelt sie also als Kontrollorgan.

---

[23] Zur Bedeutung des Art. 10 GG und der heimlichen Überwachung des Post- und Telekommunikationsverkehrs näher BVerfGE 107, 299, 312 ff.; 110, 33, 52 ff. (Nachw.).
[24] BVerfGE 30, 1, 26.
[25] Zu Einzelheiten näher *Gusy,* in: v. Mangoldt/Klein/Starck a. a. O., Art. 10 Rn 99 (mit Fn. 450, Nachw.).

Demnach sind *Rechtsstellung und Verantwortung der G-10-Kommission also unterschiedlich* ausgestaltet:

▪ Bei der Informationserhebung wirkt sie zugleich mitentscheidend und kontrollierend.
▪ Bei der Informationsverwendung wirkt sie allein kontrollierend.

Solche Divergenzen können auf der Verfassungsebene unterschiedliche Ausgestaltungen der jeweiligen Kommissionsaufgaben bedingen oder zumindest rechtfertigen. Demgegenüber bleibt schon hier festzuhalten: Die gesetzlichen Rechte der G-10-Kommission gegenüber der Exekutive, also die Auskunfts-, Einsichts- und Zugangsrechte sind gesetzlich identisch ausgestaltet; also unabhängig von der Frage, ob die Kommission allein kontrollierend oder auch mitentscheidend wirkt.[26]

c) Einzelne grundgesetzliche Anforderungen an die Mitwirkungs- und Kontrolltätigkeit der G-10-Kommission

Die Doppelaufgabe der Kommission als Mitentscheidungs- und Kontrollorgan bedingt einerseits die Notwendigkeit der Beteiligung der Kommission an den Entscheidungen. Andererseits entspricht ihre Rolle im Entscheidungsverfahren aber nicht einfach derjenigen anderer Behörden, welche an geplanten Abhörmaßnahmen mitwirken dürfen oder müssen. Vielmehr nimmt die Kommission insoweit eine Sonderstellung ein. Diese folgt namentlich aus ihrer spezifischen Aufgabe, an die Stelle des in Abhörfragen regelmäßig ausfallenden oder aber ineffektiven Rechtsweges zu treten. Daraus folgt namentlich das *Gebot der „Gleichwertigkeit" der Kommissionstätigkeit mit dem Rechtsweg:*[27] Soll der in Art. 19 Abs. 4 S. 1 GG garantierte Rechtsweg ein „effektiver" sein,[28] muss demnach auch der Rechtsschutz durch die G-10-Kommission effektiv sein.[29]

Was dies bedeutet, lässt sich zwar nicht allein durch Auslegung des Grundgesetzes klären; vielmehr kommt insoweit dem Gesetzgeber ein gewisser Entscheidungsfreiraum zu.[30] Doch lassen sich immerhin einige Mindestanforderungen festhalten, welche sich in der bisherigen Rechtsprechung herauskristallisiert haben. Dazu zählen namentlich:

---

[26] Dazu näher a).
[27] BVerfGE 30, 1 (Ls. 4).
[28] So etwa BVerfGE 49, 220, 225; 252, 256; 67, 43, 58; 96, 27, 39; 103, 220, 231.
[29] So z. B. BVerfGE 100, 313, 361 („Wirksamkeit"); *Hermes*, in: Dreier (Hg.), GG I, 2. A., 2004, Art. 10 Rn 78 f.; *Gusy*, in: v. Mangoldt/Klein/Starck a. a. O., Art. 10 Rn 99.
[30] BVerfGE 100, 313, 361 f.

- die Rechtfertigung der Beschränkung der gerichtlichen Kontrolltätigkeit zugunsten der G-10-Kommission durch einen „zwingenden, sachlich einleuchtenden Grund",[31]
- die Wahrung des Gebots wechselseitiger Begrenzung und Kontrolle staatlicher Macht durch vorhandene Kontrollinstanzen, also auch die G-10-Kommissionen,[32]
- die pluralistische Besetzung der Kommissionen, welche nicht einseitig durch eine Fraktion oder Parlamentsmehrheit erfolgen darf,[33]
- die sachliche und persönliche Unabhängigkeit der Kommissionsmitglieder und ihrer Tätigkeit, namentlich ihre Weisungsfreiheit, gegenüber der sonstigen Exekutive,[34]
- die Ermöglichung „effektiver Aufgabenerfüllung" der Kommission, namentlich durch die Einräumung hinreichender Mitwirkungs- und Kontrollrechte gegenüber der sonstigen Exekutive,[35]
- die Notwendigkeit einer dazu notwendigen personellen und sachlichen Ausstattung auf Seiten der G-10-Kommission in Bund und Ländern.[36]

d)   Zusammenfassung: Mitwirkungs- und Kontrolltätigkeit der G-10-Kommission als Kooperationsverhältnis

Die genannten Grundsätze des BVerfG lassen erkennen: Die Zulässigkeit von Abhörmaßnahmen gegenüber Betroffenen sowie der Verwendung von auf diese Weise gewonnenen Daten hängt – neben den Tatbestandsvoraussetzungen des materiellen Rechts – von der Einhaltung eines gesetzlich vorgeschriebenen Verfahrens ab, an welchem sowohl die Verfassungsschutzbehörden als auch die G-10-Kommission beteiligt sind. Die gemeinsame Verantwortung beider Beteiligter für die Zulässigkeit und Rechtmäßigkeit von Grundrechtseingriffen ist die unabdingbare Grundlage und Rechtfertigung ihrer Tätigkeit. Dass beide an denselben Maßnahmen mitwirken, bedeutet aber nicht, dass beide im Verfahren dieselbe Rechtsstellung einnehmen. Die G-10-Kommission wird zwar „im Funktionsbereich der Exekutive" tätig. Doch nimmt sie in diesem Verfahren eine besondere Rechtsstellung ein. Diese folgt nach der zitierten Rechtsprechung des BVerfG namentlich aus zwei Umständen:

---

[31] BVerfGE 30, 1 a.a.O.
[32] BVerfGE 30, 1, 28.
[33] BVerfGE 30, 1 (Ls. 8).
[34] BVerfGE 30, 1 a.a.O.
[35] BVerfGE 100, 313, 401.
[36] BVerfGE 100, 313, 401 f.

1. Da ist einerseits ihre besondere *personelle Besetzung*, welche eine *unmittelbar parlamentarische Legitimation* begründet: Die Mitglieder werden vom Parlament nach dessen eigenen Kriterien bestimmt, nicht hingegen von der Exekutive im Rahmen der von ihr anzuwendenden Verfahren ausgewählt und ernannt.

2. Da ist andererseits ihr besonderer Auftrag, welcher als Surrogat und – soweit möglich – als Äquivalent des Rechtsschutzes der Betroffenen zu konzipieren ist. Dabei nehmen die Rechte der Betroffenen schon deshalb besonderen Raum ein, weil die Kommission gerade um ihres Schutzes willen eingesetzt und tätig wird.

Beide Grundsätze bedeuten nicht, dass die Kommission die alleinigen Instanzen zur Berücksichtigung und Wahrung gerade dieser Rechte bei den Verfassungsschutzbehörden wären. Vielmehr sind auch diese Behörden selbst an Recht und Gesetz, namentlich das Grundgesetz, gebunden (Art. 20 Abs. 3 GG) und dadurch auf die Grundrechte der Bürger in besonderer Weise verpflichtet.[37]

Doch ist die Art und Weise der Grundrechtsbindung dieser Behörden eine durchaus andere als diejenige der G-10-Kommission: Während Innenministerium und Verfassungsschutzbehörden die Grundrechte im Rahmen ihres gesetzlichen Auftrages zu beachten und anzuwenden haben, ist diese im Rahmen ihrer Rechtsbindung ein – gewiss wichtiger – Auftrag neben anderen, gleichfalls rechtlich begründeten Belangen. Hinsichtlich der G-10-Kommission ist dies anders: Für sie sind die Grundrechte der Betroffenen nicht ein, sondern der zentrale Belang im Rahmen ihrer Aufgabenerfüllung. Diese unterschiedliche Verantwortung beider Stellen im Rahmen ihrer Aufgabenerfüllung begründet die wechselseitige Eigenständigkeit ihrer Rechtsstellung: Gemeinsam sind ihnen Aufgaben und Verantwortung, unterschiedlich hingegen ist ihre jeweilige Rechtsstellung im Rahmen dieser Verantwortung und damit ihre Rechte und Aufgaben bei der Wahrnehmung jenes Auftrags. Daraus folgen zwei wichtige Grundsätze:

- die *rechtliche Verschiedenheit von Verfassungsschutzbehörden und G-10-Kommission*, namentlich die Verschiedenheit ihrer Rechtsstellung, und
- die *Eigenständigkeit und wechselseitige Unabhängigkeit beider Stellen* im Rahmen der Ausführung des NRWG-10.

Eine solche Eigenständigkeit mehrerer Mitwirkender an ein- und demselben Grundrechtseingriff ist kein Spezifikum des Verfassungsschutzrechts. Vielmehr findet es sich auch in vergleichbaren Bereichen, etwa bei der Ausübung von

---

[37] So ausdrücklich BVerfGE 30, 1, 28.

Richtervorbehalten im Rahmen heimlicher oder überraschender schwerwiegender Grundrechtseingriffe.[38] Beide genannten Grundsätze folgen aus der zitierten Rechtsprechung des BVerfG und sind somit den Gesetzen von Bund und Ländern vorgegeben. Die Legislative darf sie ausgestalten, muss dabei aber die zitierten Grundsätze beachten und darf von ihnen nicht abweichen.

Die benannte Unabhängigkeit in instanzieller, organisatorischer und personeller Hinsicht bezieht sich auf die Rolle beider Stellen im Rahmen der Erfüllung ihrer gemeinsamen Aufgaben, also das „Wie" der Erfüllung dieser Aufgaben. Dagegen sind die Aufgaben beider Stellen, also deren „Ob", durchaus vergleichbar: Nämlich die gemeinsame Sicherstellung der Rechtmäßigkeit von Abhörmaßnahmen des Verfassungsschutzes. An dieser Aufgabe sind sowohl die Verfassungsschutzbehörden als auch die G-10-Kommissionen mitzuwirken verpflichtet. Diese gemeinsame Mitwirkung unterschiedlicher Stellen an ein- und derselben Aufgabe begründet die *Notwendigkeit des Zusammenwirkens, also ein rechtlich begründetes Kooperationsverhältnis.* Auch dieses ist vom BVerfG in seinen Grundzügen umrissen worden. Ausgangspunkt ist die Verpflichtung beider Stellen zur korrekten und fairen Auslegung und Anwendung des geltenden Rechts.[39]

Ihr legt das Gericht hohe Bedeutung bei, wenn es deren Wurzeln „in einer freiheitlichen-rechtsstaatlichen Demokratie",[40] kurz: der vom Grundgesetz konstituierten Staatsform der Bundesrepublik ansiedelt. Dadurch soll gesichert werden, dass Betroffene nicht willkürlich oder als bloßes Objekt der Staatsgewalt behandelt werden.[41]

Solche Grundsätze weisen unmittelbare Konsequenzen für die Ausgestaltung des Kooperationsverhältnisses auf. Danach bestehen etwa gegenüber der Kommission spezifische Substantiierungspflichten der Verfassungsschutzbehörden: Sie unterliegen der Verpflichtung, nicht lediglich „unsubstantiierte Hinweise" auf mögliche nachrichtendienstlich relevante Gefährdungen zu geben,[42] sondern müssen dafür „nachprüfbare tatsächliche Anhaltspunkte angeben, welche die Notwendigkeit und Verhältnismäßigkeit geplanter Eingriffe dazulegen geeignet sind".[43]

Jener Verpflichtung wird eine doppelte Funktion zugesprochen: Einerseits soll sie dem primär verfahrensrechtlichen „Erfordernis der Darlegung der Voraussetzungen für die Zulässigkeit der Kontrollmaßnahmen" genügen. Andererseits soll sie aber auch materiell-rechtlich vermeiden, „zu einer dem Gesetz zu Art. 10 GG nicht entsprechenden Anordnung und damit unzulässigen Beschränkung des

---

[38] Dazu näher BVerfGE 107, 299, 325 ff.; *Gusy*, GA 2003, 672.
[39] BVerfGE 30, 1, 27.
[40] BVerfGE a.a.O.
[41] BVerfGE 30, 1, 26.
[42] BVerfGE 67, 157, 180.
[43] BVerfGE 67, 157, 179.

Grundrechts aus Art. 10 Abs. 1 GG zu führen."[44] Derartige Kooperationspflichten sind also sowohl verfahrensrechtlich wie auch materiell-rechtlich fundiert.

Dabei ist zugleich festzuhalten: Beide genannten Gebote – dasjenige der *Verschiedenheit wie dasjenige der Kooperation* – *schließen sich nicht aus*; im Gegenteil: Kooperation setzt Verschiedenheit voraus. Und Verschiedenheit von Behörden mit überschneidenden oder gemeinsamen Aufgaben bedingt Zusammenarbeit. Aber auch hier gilt: Das BVerfG hat Grundsätze aufgezeigt, welche vom Gesetzgeber umgesetzt und konkretisiert werden müssen.

2. Die Umsetzung der verfassungsrechtlichen Vorgaben im NRWG-10

a) Die Grundidee: Gleiche Umsetzung der verfassungsrechtlichen Vorgaben in Bund und Land

Das BVerfG hat Grundsätze aufgezeigt, deren Ausgestaltung jedoch dem Gesetzgeber einerseits überlassen, andererseits aufgetragen ist. „Wie die Kontrolle auszugestalten ist, schreibt die Verfassung nicht vor. Dem Gesetzgeber steht es frei, die ihm geeignet erscheinende Form zu wählen, wenn sie nur hinreichend wirksam ist."[45]

Jenem Auftrag ist der Bundesgesetzgeber durch das BundG-10 vom 26.6.2001 nachgekommen. „Das BVerfG hat mit seiner Entscheidung v. 14.7.1999 [...] einige Bestimmungen des Gesetzes zu Art. 10 GG beanstandet und dem Gesetzgeber zur Herstellung eines verfassungsmäßigen Zustands eine Frist bis zum 30.6.2001 gesetzt. Der vorliegende Gesetzentwurf trägt diesen Beanstandungen Rechnung."[46] Was dort für den Entwurf im Allgemeinen festgestellt worden ist, wiederholt der Entwurf in der Einzelbegründung zu § 15 BundG-10[47] und noch einmal im Kontext des § 15 Abs. 4 BundG-10.[48] Daraus kann jedenfalls geschlossen werden: *Wie auch immer die Formulierungen des Gesetzestexts im Einzelfall ausgefallen sind, so sollten sie den Vorgaben des BVerfG Rechnung tragen.* Sie sind also im Lichte der Ausführungen des Gerichts auszulegen. Zugleich dient das Gesetz aber auch der Schließung derjenigen Gestaltungsfreiräume, welche das BVerfG ausdrücklich offen gelassen hat. Es kann also nicht allein bei der Umsetzung jener Ausführungen (gleichsam 1 : 1) stehen bleiben, sondern musste darüber hinaus

---

[44] BVerfGE 67, 157, 180.

[45] BVerfGE 100, 313, 361.

[46] Gesetzentwurf der Bundesregierung v. 26.3.2001, BT-Drs. 14/5655, S. 1.

[47] Gesetzentwurf ebd., S. 25: „Die Vorschrift ordnet die Bestimmungen über die G-10-Kommission neu und ergänzt sie durch weitere Vorschriften, die die Bedeutung der Kommission im Lichte der Ausführungen des BVerfG hervorheben."

[48] Gesetzentwurf ebd., S. 26.

eigene Gestaltungsideen einbringen. Die grundgesetzlichen Vorgaben werden demnach gesetzlich dynamisch fortentwickelt: Sie müssen einerseits die verfassungsgerichtlichen Rahmenvorgaben gleichsam als Minimalziele beachten und andererseits diese im Wege der Lückenfüllung und Fortentwicklung dynamisch ausgestalten. Diese zweifache Intention prägt die Auslegungsnotwendigkeiten und -möglichkeiten.

Was soeben für den Bund ausgesagt worden ist, trifft ceteris paribus auch für die Landesebene zu. Ausgangspunkt dafür ist die Einsicht, dass die Einschränkungsmöglichkeiten der Grundrechte nicht von der Frage abhängen, wer für ihre Vornahme zuständig ist. Grundrechtsschranken und Gesetzgebungskompetenzen weisen nach dem Grundgesetz keinerlei Überschneidungsbereiche auf. Anders ausgedrückt: Grundrechtseingriffe, welche der Bund aus materiellen oder verfahrensrechtlichen Gründen nicht vornehmen darf, dürfen die Länder nicht allein deshalb vornehmen, weil sie nicht der Bund sind. Diesen Gedanken hat das BVerfG dahin konkretisiert, dass es im Kooperationsbereich von Bundes- und Landesnachrichtendiensten festgestellt hat, durch den Bund müsse „sichergestellt sein, dass auch im Bereich der Landesverwaltung eine ausreichende Kontrolle existiert, soweit die unter Aufhebung des Fernmeldegeheimnisses erlangten Daten [...] an Landesbehörden übermittelt werden."[49] Indirekt werden so die Verfahrensgrundsätze des Gerichts für das Bundesrecht auch auf das Landesrecht erweitert. Sie sind zwar nicht unmittelbar anwendbar – das BVerfG hatte in der entsprechenden Entscheidung ausschließlich über bundesrechtlich geregelte Fragen zu entscheiden –, wohl aber formuliert das Gericht einen Sicherstellungsauftrag gegenüber dem Bund: Er darf von seinen Kooperations- und Kooperationsregelungsrechten nur insoweit Gebrauch machen, als die Länder über die genannten „ausreichenden Kontrollen" verfügen. Diese Formulierung deutet ihrerseits zweierlei an: Danach müssen die Länder eigene Kontrollinstanzen und -instrumente einführen, welche hinsichtlich ihres jeweiligen Gesetzeszwecks „ausreichend" sind. Zugleich müssen sie aber nicht in allen Details denjenigen Instanzen und Instrumenten entsprechen, welche der Bund für seinen Bereich einzuführen verpflichtet ist oder eingeführt hat. Jener Vorgabe einer Bundes-Sicherstellungskompetenz ist in § 16 S. 2 BundG-10 entsprochen worden. Danach muss hinsichtlich der vom Bund an die Länder zu übermittelnden personenbezogenen Daten die „Kontrolle ihrer Verarbeitung und Nutzung durch den Landesgesetzgeber geregelt sein." Auch diese Bestimmung koppelt den Regelungsauftrag an die Länder einerseits mit der Gewährung einer gewissen Entscheidungsfreiheit hinsichtlich des „Wie" der Ausgestaltung jener Regelungen andererseits.

---

[49] BVerfGE 100, 313, 401 f.

Den genannten Vorgaben ist das Land NRW durch das NRWG-10 vom 18.12.2002 nachgekommen. Nach dem Gesetzentwurf der Landesregierung sollte das Landesrecht an die bundesrechtlichen Vorgaben angepasst werden. Denn letzteres sehe „die neuen Auskunftsrechte auch für die Landesbehörden für Verfassungsschutz vor, allerdings nur, wenn eine der Bundesregelung gleichwertige Kontrolle der Rechte durch den Landesgesetzgeber geregelt ist."[50]

Daher werde im Land „der datenschutzrechtliche Standard den Forderungen des BVerfG (BVerfGE 100, 313, 401) folgend und in Anlehnung an das Art. 10 Gesetz des Bundes deutlich erhöht."[51] Es ging also in NRW nicht um irgendeine Anpassung des Landesrechts an Grundgesetz und Bundesrecht, sondern um eine solche, welche qualitativ dem bundesrechtlich angeordneten Standard entspreche. Mögliche Abweichungen nach unten waren danach weder vorgesehen noch zugelassen. Im Gegenteil: „Der datenschutzrechtliche Standard bei G-10-Maßnahmen wird deutlich erhöht und der G-10-Kommission wird der erforderliche Verwaltungsunterbau garantiert."[52] Dies entspricht nicht nur der Intention, sondern auch dem Text des § 3 Abs. 5 NRWG-10,[53] der mit demjenigen des § 15 Abs. 5 BundG-10 nahezu identisch ist. *Wenn Intention und Wortlaut eines Textes identisch sind, kann davon ausgegangen werden, dass auch ihre Bedeutung eine identische sein soll.*

Dem stehen auch die beiden – marginalen – textlichen Abweichungen zwischen den genannten Bestimmungen des Bundes- und des Landesrechts nicht entgegen. Die eine findet sich in § 15 Abs. 5 S. 2 BundG-10, wonach die G-10-Kommission des Bundes ausschließlich für die Kontrolle der Nutzung nachrichtendienstlich erhobener Daten „durch Nachrichtendienste des Bundes" zuständig sei. Eine solche Passage kann im Landesrecht nicht aufgenommen sein, da die NRWG-10-Kommission nicht für die Kontrolle von Bundesbehörden zuständig ist. Insoweit fehlt sie zu Recht im Landesrecht, wo der Kontrollumfang sich – entsprechend dessen Anwendungsbereich – auf Landesbehörden bezieht. Die andere textliche Abweichung findet sich in § 3 Abs. 5 letzter Satz NRWG-10, welcher auf § 24 Abs. 2 S. 3 des Bundesdatenschutzgesetzes (BDSG) verweist. Ein solcher Verweis fehlt in § 15 Abs. 5 BundG-10, da für den Bund dieselbe Rechtslage ohnehin schon aufgrund § 24 Abs. 2 S. 3 BDSG unmittelbar gilt. Daher wäre ein derartiger Verweis im Bundesrecht überflüssig gewesen. Im Ergebnis zeigt sich: Die beiden textlichen Abweichungen zwischen § 15 Abs. 5 BundG-10 und § 3 Abs. 5 NRWG-10 sind durch die unterschiedlichen Anwendungsbereiche beider Ge-

---

[50] Gesetzentwurf der Landesregierung NRW v. 14.5.2002, LT-Drs. 13/2625, S. 31.
[51] Gesetzentwurf NRW ebd., S. 32.
[52] Gesetzentwurf NRW ebd., S. 1.
[53] S. entsprechend in anderen Bundesländern § 15 Abs. 5 G-10; Art. 2 Abs. 1 BayG-10; § 2 Abs. 2 BWG-10; § 2 Abs. 1 BerlG-10; § 3 Abs. 1 BbgG-10; § 3 Abs. 1 HBG-10; § 3 Abs. 3 HHG-10; § 4 Abs. 1 HeG-10; § 2 Abs. 1 MVG-10; 4 Abs. 1 NdsG-10; § 3 Abs. 4 SaarlG-10; § 2 Abs. 1 SachsG-10; § 5 Abs. 1 LSAG-10; § 26a Abs. 1 SHVerfSchG iVm § 15 Abs. 5 G-10 (Bund); § 3 Abs. 1 ThürG-10.

setze notwendig geworden und enthalten hierzu erforderliche Klarstellungen. Sie sind aber nicht geeignet, mögliche Abweichungen zwischen dem übrigen – identischen – Normtext beider Bestimmungen zu begründen. Im Gegenteil: Sie betonen geradezu die inhaltliche Kongruenz beider Normen im Kontext ihrer jeweiligen Regelungssystematik.

Als *Zwischenergebnis* bleibt festzuhalten:

- Die vom BVerfG konkretisierten Anforderungen an die Kontrolle nachrichtendienstlicher Abhörmaßnahmen sind vom Bundesgesetzgeber in § 15 BundG-10 umgesetzt worden.
- Sie sind darüber hinaus entsprechend den Vorgaben des § 16 BundG-10 auch vom Landesgesetzgeber für das Land umgesetzt worden, und zwar mit identischem Wortlaut und mit exakt identischer Regelungsintention.
- Die Vorgaben sind demnach von Bund und Land in gleicher Weise umgesetzt worden.

b)   Der Inhalt der Umsetzung: Orientierung an § 24 BDSG

Auffällig ist nicht nur, dass Bund und Land die Vorgaben des BVerfG in gleicher Weise umgesetzt haben. Mindestens ebenso auffällig ist, wie dies geschehen ist. Was das BVerfG nur rahmenartig vorgegeben hatte, wurde von den Gesetzgebern in inhaltlich gleichartiger Weise ausgestaltet. Die hier relevanten Kontrollrechte wurden dem § 24 Abs. 4 S. 2 BDSG nachempfunden. Demgegenüber formuliert § 22 Abs. 2 NRWDSG etwas ausführlicher, aber sinngemäß weitgehend entsprechend. Dass nicht dieser Text, sondern derjenige des BDSG auch für das NRWG-10 vorbildlich wurde, folgt aus dem beschriebenen Zusammenhang von § 15 BundG-10 und § 3 NRWG-10. Der Landesgesetzgeber hat sich beim NRWG-10 an den Vorgaben des Bundes aus seinem BundG-10 orientiert. Dass wiederum der Bund sich am BDSG und nicht an den Datenschutzgesetzen der Länder – oder gar gerade Nordrhein-Westfalens – orientiert hat, liegt schon wegen der notwendigen Einheitlichkeit des Bundesrechts in allen Ländern auf der Hand.
    Die Übereinstimungen zwischen § 24 Abs. 4 S. 2 BDSG und § 3 Abs. 5 S. 3 NRWG-10 beziehen sich insbesondere auf die Formulierung der einzelnen Kontrollrechte, namentlich

- das Auskunftsrecht,
- das Einsichtsrecht (welches nach Gegenstand und Inhalt in beiden Bestimmungen textgleich ausgestaltet ist),

- das Zutrittsrecht (welches gleichfalls nach Gegenstand und Inhalt textgleich formuliert wurde).

Insoweit liegt die Annahme nahe: Inhalt und Umfang der Kontrollrechte des Bundesdatenschutzbeauftragten aus § 24 Abs. 4 S. 2 BDSG einerseits und der NRWG-10-Kommission nach § 3 Abs. 5 S. 3 NRWG-10 andererseits entsprechen einander nach Voraussetzungen und Umfang. Dafür sprechen zwei gewichtige Argumente. Da ist zunächst die – im eingeschränkten Anwendungsbereich des NRWG-10 – gleiche Funktion beider Kontrolleinrichtungen: Während der Datenschutzbeauftragte fehlenden effektiven Rechtsschutz im Allgemeinen Datenverarbeitungsrecht kompensieren soll,[54] soll dies die NRWG-10-Kommission im Hinblick auf nachrichtendienstliche Abhörmaßnahmen,[55] also einen Spezialfall heimlicher staatlicher Datenerhebung und -verarbeitung. Insoweit übernimmt die G-10-Kommission die Funktion des Vertreters des Datenschutzbeauftragten. Die Wahrnehmung gleicher Funktionen legt das Vorhandensein gleicher Kontrollrechte jedenfalls nahe. Dass dieser Schluss kein bloß vordergründiger ist, zeigt ein anderer Aspekt. Da sind jene Passagen des BVerfG, welche jene Parallele für den Schutz und den Schutzumfang der Grundrechte Betroffener ausdrücklich hervorheben. Das gilt sowohl für die Aspekte der Notwendigkeit einer unabhängigen und weisungsfreien Kontrollinstanz bei „unbemerkbaren" bzw. „undurchsichtigen" Grundrechtseingriffen[56] als auch für Fragen der Reichweite und möglicher Einschränkungen der Rechtschutzgarantie des Art. 19 Abs. 4 S. 1 GG gegenüber solchen Maßnahmen.[57]

Von daher liegt die beschriebene Gleichheit der soeben genannten Kontrollrechte von Bundesdatenschutzbeauftragtem und NRWG-10-Kommission genetisch nahe. Wenn das BVerfG zu den Abhörmaßnahmen auf das Datenschutzrecht verweist und zugleich nicht erkennbar war, dass das Datenschutzrecht seinen Anforderungen nicht genügte, lag es nahe, das Sonderdatenschutzrecht des BundG-10 und des NRWG-10 dessen Einzelheiten anzupassen.

Doch darf eine solche Parallelisierung nicht vorschnell erfolgen. Sie muss sich insbesondere mit möglichen Gegenargumenten auseinander setzen. Solche könnten sich namentlich aus den unterschiedlichen Anwendungsbereichen beider Kontrollrechte (dazu (1)) sowie aus rechtssystematischen Einschränkungen der Kontrollbefugnisse des Bundesdatenschutzbeauftragten (dazu (2)) herleiten lassen.

---

[54] So grundsätzlich BVerfGE 65, 1, 46; wichtig hierzu *Flanderka*, Der Bundesbeauftragte für den Datenschutz, Diss. 1988, S. 74 ff.
[55] BVerfGE 30, 1, 28.
[56] BVerfGE 100, 313, 361, unter Hinweis auf BVerfGE 65, 1, 46.
[57] BVerfGE 100, 313, 364, unter Hinweis auf BVerfGE 65, 1, 70.

Sie könnten dazu führen, Notwendigkeit und Möglichkeit ungeschriebener Grenzen der Kontrollbefugnisse der NRWG-10-Kommission zu begründen.

(1) Eine mögliche ungeschriebene Grenze könnte sich aus den unterschiedlichen Anwendungsbereichen von allgemeinem Datenschutzrecht einerseits, namentlich dem BDSG, und dem bereichsspezifischen Recht der nachrichtendienstlichen Abhörbefugnisse andererseits ergeben. Während sich ersterer auf sämtliche von staatlichen Stellen erhobenen personenbezogenen Daten bezieht, ist letzterer allein auf nachrichtendienstlich erhobene Informationen bezogen. Sie unterliegen sowohl wegen der Art und Weise ihrer Erhebung als auch wegen ihrer möglichen Inhalte einem besonderen, in der Rechtsordnung anerkannten Geheimhaltungsbedürfnis. Dieses kann sich auch auf rechtsstaatliche Kontrollinstanzen wie etwa die Gerichte beziehen, wie § 99 Abs. 2 VwGO deutlich macht.[58] Jener Gedanke könnte immerhin möglicherweise in der Lage sein, die ausschließlich im Anwendungsbereich des Nachrichtendienstrechts angesiedelten Kontrollbefugnisse der NRWG-10-Kommission rechtssystematisch gegenüber denjenigen des Bundesdatenschutzbeauftragten einzuschränken. Doch gibt es hierfür keinen gesetzlichen Anhaltspunkt im positiven Recht. Ein solcher wäre aber umso eher erforderlich, als es hier um die Ausübung rechtsschutzvertretender Kontrolle – und damit zumindest eine gewisse Nähe zum Grundrecht aus Art. 19 Abs. 4 S. 1 GG – geht.[59] Zudem fehlt es an einem Verfahren, welches im Streitfall demjenigen des § 99 Abs. 2 VwGO vergleichbar wäre, um einen möglichst schonenden Ausgleich zwischen Geheimhaltung und Kontrolle zu ermöglichen. Dieses wäre aber nach der Rechtsprechung des BVerfG wohl zwingend, um eine partielle Kontroll- und damit faktisch Rechtsschutzfreiheit bestimmter staatlicher Datenerhebungs- oder -verarbeitungsvorgänge hinsichtlich personenbezogener Informationen zu rechtfertigen.[60] Der Gedanke unterschiedlicher Anwendungsbereiche beider Gesetze rechtfertigt demnach allein keine ungeschriebene Begrenzung der Kontrollrechte der NRWG-10-Kommission.

(2) Demgegenüber könnte sich eine solche Grenze allenfalls aus den Schranken der Kontrollbefugnisse des Bundesdatenschutzbeauftragten aus § 24 Abs. 4 S. 3, 4 BDSG herleiten lassen. Danach gelten die Kontrollrechte des Bundesdatenschutzbeauftragten gegenüber den in § 19 Abs. 3 BDSG genannten Behörden – dazu zählen neben den Verfassungsschutzbehörden u. a. sämtliche Nachrichtendienste – nur unter bestimmten Einschränkungen. Im Einzelfall kann die oberste Bundesbehörde feststellen, dass eine Ausübung einzelner Kontrollrechte die Sicherheit des

---

[58] Dazu BVerfGE 101, 106, 126 f.; dazu u. Kap. 4.
[59] Dazu schon o. II 1.
[60] So jedenfalls für die Verwaltungsgerichtsbarkeit BVerfGE 101, 106, 124 ff.

Bundes oder eines Landes gefährde und daher ausgeschlossen sei.[61] Eine solche Vorschrift fehlt im NRWG-10. Würde ihr Regelungsgehalt – gleichsam analog – auch auf die Kontrollrechte des § 3 Abs. 5 NRWG-10 angewendet, so könnte dies zur Möglichkeit ihrer Einschränkung im Einzelfall führen. Dies gilt namentlich deshalb, weil sich die Kontrolle der NRWG-10-Kommission ganz überwiegend auf Maßnahmen des Verfassungsschutzes und damit einer Behörde im Anwendungsbereich des § 19 Abs. 3 BDSG erstreckt. Doch kommt eine analoge Anwendung jener bundesrechtlichen Regelungen im Anwendungsbereich des NRWG-10 nicht in Betracht. Dafür fehlt es nämlich schon an deren Voraussetzungen. [62]

Hier fehlt es nämlich schon an einer Regelungslücke. Der entsprechende Sachverhalt ist nämlich im NRWG-10 nicht ungeregelt geblieben, sondern ausdrücklich geregelt worden. Das NRWG-10 begründet die Kontrollrechte der G-10-Kommission gerade gegenüber dem Verfassungsschutz. Dass dieser sensible Daten erhebt und verarbeitet, ist im Anwendungsbereich sowohl des § 3 NRW-Verfassungsschutzgesetz als auch in demjenigen des § 1 NRWG-10 angelegt. Wenn gerade zur rechtsstaatlichen Domestizierung dieser Aktivitäten besondere Kontrollrechte gesetzlich begründet und ausgestaltet worden sind, so sind diese Kontrollrechte nach Umfang und Grenzen dem geltenden Gesetzesrecht zu entnehmen. Dies gilt namentlich im Bereich möglicher Grundrechtseinschränkungen.[63] Die Einschränkung solcher gesetzlichen Kontrollbefugnisse aufgrund analoger Anwendung anderer gesetzlicher Bestimmungen käme einer Rechtsfortbildung contra legem gleich – ein Tatbestand, welcher durch Vorrang und Vorbehalt des Gesetzes (Art. 20 Abs. 3 GG) eindeutig ausgeschlossen ist. Gerade diese contra legem Wirkung macht deutlich: Hier ginge es nicht um ungeregelte, sondern um geregelte Sachverhalte und damit eine Überschreitung des Anwendungsbereichs der Analogie.

Zudem wäre eine solche Regelungslücke – ihre Existenz unterstellt – im NRWG-10 nicht planwidrig. Wie § 3 Abs. 5 S. 5 NRWG-10 ausdrücklich zeigt, war dem Landesgesetzgeber die Notwendigkeit einer Harmonisierung des § 3 Abs. 5 G-10 einerseits und des § 24 BDSG andererseits sehr wohl bewusst. Wenn er in diesem Kontext allein auf § 24 Abs. 2 S. 3 BDSG verwiesen hat, zeigt dies, dass er im Übrigen keinen weiteren Harmonisierungsbedarf sah. Eine analoge Anwendung des § 24 Abs. 4 S. 3, 4 BDSG gegenüber der NRWG-10-Kommission wäre demnach auch aus diesem Grunde ausgeschlossen.

---

[61] Dazu näher etwa *Dammann*, in: Simitis u. a. (Hg.), BDSG, 6. A., 2006, § 24 Rn 39 ff.; *Auernhammer*, BDSG, 3. A., 1993, § 24 Rn 19; *Däubler* u. a., BDSG, 2. A., 2007, § 24 Rn 13.
[62] Zu den Anforderungen an eine Analogie methodisch *Wank*, Die Auslegung von Gesetzen, 4. A., 2008, S. 91 ff.; verfassungsrechtlich *Gusy*, DÖV 1992, 461, 464 ff.
[63] Dazu *Gusy*, DÖV 1992, 464 ff. (Nachw.).

c) Zwischenergebnis

Als Zwischenergebnis bleibt festzuhalten: Die Reichweite der Kontrollrechte des
§ 3 Abs. 5 S. 3 NRWG-10 und des § 24 Abs. 4 S. 2 BDSG entsprechen einander
textlich und intentional. Ihre Reichweite ist demnach sehr wohl vergleichbar.
Demgegenüber kommen rechtssystematische Einschränkungen der Kontrollrechte des NRWG-10 durch ungeschriebene Grenzen, namentlich durch rechtssystematische Übertragung anderer Rechtsgedanken des BDSG auf das NRWG-10,
aus methodischen wie rechtlichen Gründen nicht in Betracht.

III. Einzelfragen der Umsetzung jener verfassungsrechtlichen Vorgaben im NRWG-10

Das BVerfG hat die G-10-Kommmissionen als Rechtsschutzinstanzen, die – ausnahmsweise nicht als Gerichte, wohl aber der wechselseitigen Begrenzung und
Kontrolle staatlicher Macht verpflichtete – vom Parlament bestellte oder gebildete
unabhängige Institutionen innerhalb des Funktionsbereichs der Exekutive sind,
bezeichnet.[64] Diese *Instanz sui generis*[65] wird im NRWG-10 – partiell in Anlehnung
an das BundG-10, partiell in Anlehnung an das BDSG – näher ausgestaltet. Infolge
der Besonderheiten dieser Instanzen ist es nicht einfach möglich, die Grundsätze
administrativer Selbst- oder richterlicher Fremdkontrolle der Exekutive einfach auf
die Kommission zu übertragen. Vielmehr bedarf dies einer einzelfallbezogenen
Begründung aus dem Gesetz und den dieses tragenden Grundgedanken. Letztere
sollen – soweit im vorliegenden Rahmen notwendig – hier näher entfaltet werden.

1. Die Unabhängigkeit der G-10-Kommission

a) Grundlagen

Ein vom BVerfG stets hervorgehobenes Grundelement der G-10-Kommissionen ist
deren *Unabhängigkeit*. Sie ist nicht nur in den maßgeblichen Gerichtsentscheidungen immer wieder hervorhoben,[66] sondern ist auch in § 15 Abs. 1 S. 3 BundG-10
und § 3 Abs. 1 S. 3 NRWG-10[67] ausdrücklich genannt. Ganz ebenso formulieren

---

[64] BVerfGE 30, 1, 28.
[65] Dazu näher o. II 1.
[66] BVerfGE 30 a.a.O.; s.a. BVerfGE 67, 157, 185; 100, 313, 361.
[67] Entsprechend § 15 Abs. 1 S. 3 G-10; in anderen Bundesländern § 2 Abs. 5 BWG-10; Art. 2 Abs. 6
BayG-10; § 2 Abs. 4 BerlG-10; § 3 Abs. 3 S. 2 HBG-10; § 2 Abs. 3 BbgG-10; § 2 Abs. 1 HHG-10; § 5

auch § 22 Abs. 4 S. 2 BDSG, § 21 Abs. 2 S. 4 NRWDSG für die Datenschutzbeauftragten in Bund und Land. Jener Gedanke der Unabhängigkeit der Kommission ist demnach nicht funktionsspezifisch oder solitär, sondern im Bereich des Datenverarbeitungs- und Datenschutzrechts durchgängig anzutreffen. Hier überschneiden sich demnach zwei bereits genannte Funktionen der Kommission: Einerseits ihr Charakter als – ausnahmsweise – Rechtsschutzinstanz außerhalb der Gerichte, welche ihre Unabhängigkeit derjenigen der Gerichte annähert; andererseits derjenige ihres Charakters als Datenschutzinstanz anstelle des Datenschutzbeauftragten,[68] welcher die Kommission deren Rechtsstellung annähert.

Leitbild für die genannte „Unabhängigkeit" ist diejenige der Richter, wie sie in Art. 97 Abs. 1 GG begründet wird. Dies folgt nicht nur aus dem Wortlaut der jeweiligen Bestimmungen,[69] sondern auch aus der rechtsschutzvertretenden Funktion der Kommission. Sind die Richter nicht um ihrer selbst willen, sondern um ihrer Verpflichtung auf das Recht und den Rechtsschutz unabhängig, so gilt dies entsprechend für die G-10-Kommissionen, da sie eine derartige rechtsschutzvertretende Funktion ausüben. Ganz entsprechend formuliert § 22 Abs. 4 S. 2 BDSG, welcher ausdrücklich den Text des Art. 97 Abs. 1 GG aufgreift und dessen Stellung als „unabhängig und nur dem Gesetz unterworfen" beschreibt. Dies wird denn auch dahin verstanden, dass der Datenschutzbeauftragte im Rahmen seiner Tätigkeit die *Unabhängigkeit wie ein Richter* genießt.[70]

Zentrales Element dieser ausschließlichen („nur") Unterwerfung unter das Gesetz ist die Unabhängigkeit von Weisungen der Exekutive.[71] Sie legitimiert sich für die Richter daraus, dass ihre Rechtsstellung nicht durch die Exekutive, sondern durch das Grundgesetz selbst begründet wird. Für die Datenschutzbeauftragten legitimiert sie sich daraus, dass ihre Rechtsstellung – verfassungsgeleitet – aus dem Gesetz selbst – und nicht aus ihrer Zuordnung zum Funktionsbereich der Exekutive oder gar eines Ministers – begründet wird.[72] Exakt diese Formulierung („unabhängig und Weisungen nicht unterworfen") verwendet § 3 Abs. 1 S. 3 NRWG-10 für die Beschreibung der Rechtsstellung der NRWG-10-Kommission. Diese ist demnach zwar nicht dem Text, wohl aber dem Sinn nach der richterlichen Unabhängigkeit nachgebildet. Zu jenen „Weisungen", von denen die ausschließliche Verpflichtung auf das Gesetz Unabhängigkeit garantiert, zählen gewiss Weisungen

---

Abs. 1 HeG-10; § 5 Abs. 3 MVG-10; § 1 Abs. 3 RPG-10; § 3 Abs. 1 SaarlG-10; § 3 Abs. 1 SachsG-10; § 4 Abs. 3 LSAG-10; § 26a Abs. 2 SHVerfSchG iVm § 15 Abs. 1 G-10 (Bund); § 2 Abs. 3 ThürG-10.

[68] S. o. II 2 b).

[69] Zur „Unabhängigkeit" in Art. 97 Abs. 1 GG näher *Schmidt-Jortzig*, NJW 1991, 2377, 2380; zu ihren Grenzen *Limbach*, „Im Namen des Volkes", 1999, insbes. S. 96 ff.

[70] *Dammann*, in: Simitis u. a. (Hg.), BDSG a.a.O., § 22 Rn 17; näher dazu ebd., Rn 16; ebenso i. E. *Auernhammer*, BDSG a.a.O., § 22 Rn 9.

[71] Dazu BVerfGE 14, 56, 69; 26, 286, 298; 27, 312, 322; 31, 137, 140; 36, 174, 185; 60, 175, 216.

[72] *Dammann*, in: Simitis u. a. (Hg.), BDSG a.a.O., § 22 Rn 17; *Auernhammer*, BDSG a.a.O., § 22 Rn 10.

im Einzelfall,[73] darüber hinaus aber auch allgemeine oder generelle Weisungen, etwa in der Form von Verwaltungsvorschriften.[74] „Unabhängigkeit" der G-10-Kommission von „Weisungen" ist demnach wesentlich auch Unabhängigkeit von Verwaltungsvorschriften – im Bund von solchen der Bundesregierung, im Land von solchen der Landesregierung.[75]

Dagegen ist die Kommission an gesetzliche Regelungen des Landes – und erst recht die Landesverfassung und das GG – gebunden.

b)   Unabhängigkeit im Funktionsbereich der Exekutive

Jene Unabhängigkeit wird nicht etwa dadurch eingeschränkt, dass die G-10-Kommissionen – nach der bereits zitierten Formulierung des BVerfG – „im Funktionsbereich der Exekutive" angesiedelt sind.[76] Diese Zuordnung ist nicht geeignet, ihre Unterstellung unter Exekutivorgane, deren Weisungen oder Verwaltungsvorschriften zu begründen. Denn durch jene Zuordnung zum Funktionsbereich einer Staatsgewalt ergibt sich nicht unmittelbar ihre Qualifikation als – instanziell in die Hierarchie eingeordneter und weisungsgebundener – Teil jener Staatsgewalt. Dies folgt bereits aus dem Umstand, dass ihr gesetzlich überhaupt eine nicht näher qualifizierte oder eingeschränkte „Unabhängigkeit" eingeräumt worden ist. Diese Sonderstellung war und ist nur deshalb nötig gewesen, weil die G-10-Kommissionen überhaupt – „ausnahmsweise" – im Funktionsbereich der Exekutive angesiedelt worden sind. Wären sie als Rechtsschutzorgane Teil der Justiz, so wäre die gesetzliche Garantie ihrer Unabhängigkeit nicht notwendig gewesen, weil diese dann bereits aus Art. 97 Abs. 1 GG unmittelbar garantiert wäre. Die besondere Unabhängigkeit der Kommission ist demnach Teil der vom BVerfG geforderten, den Gerichten annähernd gleichwertigen Grundrechtsbindung und -kontrolle durch ein besonderes Organ.

Als Zwischenergebnis bleibt festzuhalten: *Die gesetzlich garantierte Unabhängigkeit der G-10-Kommission ist verfassungsrechtlich gebotener und daher notwendiger Bestandteil ihrer Zuordnung zum „Funktionsbereich der Exekutive". Demgegenüber ist letztere Zuordnung nicht geeignet, die gesetzliche Unabhängigkeitsgarantie einzuschränken.*

---

[73] S. etwa BVerfGE a. a. O.; *Jarass/Pieroth*, GG, 10. A., 2009, Art. 97 Rn 3.

[74] Dazu etwa BVerfGE 26, 79, 92 ff.; 55, 372, 389; 78, 214, 227; *Herzog*, in: Maunz/Dürig, GG, Losebl., Art. 97 Rn 25; *Classen*, in: v. Mangoldt/Klein/Starck, GG III, a. a. O., Art. 97 Rn 11.

[75] Entsprechend für den Bundesbeauftragten für Datenschutz *Dammann*, in: Simitis u. a. (Hg.), BDSG a. a. O., § 22 Rn 17.

[76] BVerfGE 30, 1, 28.

Für dieses Ergebnis sprechen auch weitere rechtssystematische Erwägungen. Zwar mag die Einräumung einer „unabhängigen" Stellung im Bereich der Exekutive eher einen Ausnahmefall darstellen. Doch ist sie rechtlich keineswegs ausgeschlossen. Dies zeigt bereits die genannte Rechtsstellung der unabhängigen Datenschutzbeauftragten, welche einerseits auch im „Funktionsbereich der Exekutive" angesiedelt sind, andererseits aber dort gleichfalls „Unabhängigkeit" genießen.[77] Und wenn die G-10-Kommissionen in ihrem Zuständigkeitsbereich auch die Aufgaben der Datenschutzbeauftragten mit übernehmen sollen, liegt es nahe, ihnen zur Erzielung gleichwertiger Kontrolle ebenfalls „Unabhängigkeit" zu garantieren. Ähnliche Schlussfolgerungen lassen sich schließlich auch aus der Rechtsprechung des BVerfG selbst herleiten. Denn danach ist die „Unabhängigkeit" der G-10-Kommissionen ein wesentliches Element der Garantie dafür, dass die – auch im Bereich des Nachrichtendienst- und des Abhörrechts grundsätzlich geltende – „ratio der Gewaltenteilung, nämlich die wechselseitige Begrenzung und Kontrolle staatlicher Macht, erfüllt ist."[78]

Kommissionsunabhängigkeit ist so exekutivinternes Surrogat des Systems aus checks and balances im Rahmen der Gewaltenteilung: Soweit ausnahmsweise die Justiz keine unabhängige Kontrolle garantieren kann oder darf, soll und muss dies im Funktionsbereich der Exekutive geschehen. Zu den Bedingungen derartiger funktioneller Äquivalenz zählt die gesetzlich garantierte Unabhängigkeit.

c) Bindungswirkung sicherheitsrelevanter Verwaltungsvorschriften gegenüber der G-10-Kommission?

Als Ausgangspunkt lässt sich nach den bisherigen Ergebnissen festhalten: Die unabhängige G-10-Kommission ist an Gesetze des Landes und sonstige gesetzliche Regelungen, welche im und gegenüber dem Land Geltung beanspruchen können, gebunden. An Einzelweisungen oder verwaltungsinterne Vorschriften ist die Kommission demgegenüber gerade wegen der ihr garantierten „Unabhängigkeit" nicht gebunden.[79] Auf dieser Grundlage lässt sich die Frage nach der Bindungswirkung der „Allgemeinen Verwaltungsvorschrift des Innenministeriums Nordrhein-Westfalens zum materiellen und organisatorischen Umgang mit Verschlusssachen"[80] diskutieren. Sie beansprucht Geltung für „Behörden und sonstige öffentliche Stellen der Landesverwaltung und Stellen der Kommunalverwaltung, die mit Angelegen-

---

[77] S. o. a).
[78] BVerfGE 30, 1, 28.
[79] S. o. a).
[80] VS-Anweisung (VSA) v. 9.4.2001, Ministerialblatt für das Land Nordrhein-Westfalen (MBlNRW) 2001, 666 i. d. F. v. 13.6.2004, MBlNRW 2004, 610.

heiten befasst sind, von denen Unbefugte keine Kenntnis erhalten dürfen" (Vorwort). Damit richtet sie sich nicht ausschließlich an die nachgeordneten Stellen des Innenministeriums, sondern an (alle) Behörden des Landes unabhängig von ihrer Einordnung in die Ministerialzuständigkeit. Unstreitig wird die G-10-Kommission bei der Ausübung ihrer Kontrolltätigkeit auch mit Informationen befasst, von denen Unbefugte keine Kenntnis erlangen sollen. Das gilt zunächst für diejenigen Personen (Kommissionsmitglieder oder -mitarbeiter), welche unmittelbar beim Innenministerium Akten einsehen, Diensträume betreten oder Informationen einholen. Das gilt darüber hinaus regelmäßig auch für die sonstigen Mitglieder der G-10-Kommission, welche diese Informationen nicht selbst einholen, sondern während der Sitzungen von solchen Informationen Kenntnis erlangen. Denn die VSA regelt nicht allein die unmittelbare Erhebung oder Gewinnung, sondern auch die Weitergabe jener Informationen an Dritte (§§ 34 ff. VSA). Unerheblich ist demgegenüber, ob alle oder nur einzelne der vom Innenministerium erlangten Informationen als geheimhaltungsbedürftig anzusehen sind. Entscheidend ist, dass unter den im Ministerium selbst eingesehenen Daten oder den in der Kommission erörterten Informationen auch solche geheimhaltungsbedürftiger Art sind. Schon dieser Sachverhalt würde in den Anwendungsbereich der VSA fallen.

Damit stellt sich unmittelbar die Frage nach der Geltung der VSA gegenüber der G-10-Kommission selbst. Als bereits festgestellter Ausgangspunkt bleibt festzuhalten: Verwaltungsvorschriften oder behördeninterne Regelungen binden die G-10-Kommission gerade wegen der ihr garantierten Unabhängigkeit nicht. *Soweit der VSA also ausschließlich behördeninterne Funktion zukommt, ist sie demnach auf die NRWG-10-Kommission nicht anwendbar.*

Jener behördeninterne Charakter der VSA wird auch nicht dadurch beeinträchtigt, dass sie nicht allein gegenüber nachgeordneten Stellen des Innenministeriums Geltung beansprucht, sondern auch für sonstige Landesbehörden bindend wirkt. Denn auch das Verhältnis zwischen zwei Landesbehörden ist ein verwaltungsinternes. Hinsichtlich der Innenwirkung kommt es nicht auf die Behörde im organisatorischen Sinne, sondern vielmehr auf die Verwaltung als Gesamtheit, also in Abgrenzung zu gesetzgebender und rechtsprechender Gewalt einerseits[81] sowie gegenüber dem Bürger bzw. sonstigen Privaten andererseits an.[82] *Eine Vorschrift, deren Geltungsanspruch den Bereich eines Ressorts oder einer Behörde im organisatorischen Bereich überschreitet, aber innerhalb der Verwaltung insgesamt verbleibt, bleibt demnach eine Verwaltungsvorschrift im genannten Sinne und bindet demnach die G-10-Kommission nicht.*

---

[81] Zum Folgenden *Maurer*, Allgemeines Verwaltungsrecht, 17. A., 2009, S. 625 ff. (Nachw.).
[82] *Maurer* a. a. O., S. 633, unterscheidet zutr. die „verwaltungsinterne" Wirkung von derjenigen für den Bürger, also „im Außenbereich".

Ein anderes Ergebnis zur Bindung der NRWG-10-Kommission an die VSA könnte sich weiter aus der genannten Formel des BVerfG ergeben, wonach die G-10-Kommissionen „im Funktionsbereich der Exekutive" tätig werden. Doch bedeutet diese Formel, wie bereits beschrieben,[83] keine undifferenzierte Zuordnung der Kommissionen – und damit etwa auch der NRWG-10-Kommission – in das Gefüge der vollziehenden Gewalt. Im Gegenteil: Wie weit und in welcher Form die Kommission innerhalb der vollziehenden Gewalt tätig wird, richtet sich nach den ihre Rechtsstellung ausgestaltenden Gesetzen. Zu diesen zählt namentlich das NRWG-10, welche die Unabhängigkeit der Kommissionstätigkeit zu deren Konstitutionselementen zählt (§ 3 Abs. 1 S. 3 NRWG-10). Inwieweit die Kommission als „im Funktionsbereich der Exekutive" tätig wird, richtet sich nach den ausgestaltenden Gesetzen. Und diese schließen eine Bindung an Verwaltungsvorschriften gerade aus. Demnach könnte eine Bindung der Kommission an die VSA allenfalls noch aus dem Umstand resultieren, dass diese Verwaltungsvorschrift auf der Grundlage des § 34 Sicherheitsüberprüfungsgesetz NRW (NRWSÜG)[84] erlassen worden ist. Dieses Gesetz wirkt jedenfalls in Teilen nicht nur innerdienstlich, sondern erlangt insoweit auch Außenwirkung.[85] Demnach könnte die VSA eine aus dem Gesetz selbst abgeleitete Außenwirkung entfalten, wenn sich die Außenwirkung des Gesetzes selbst auch auf die auf seiner Grundlage erlassene VSA erstreckt und diese dadurch – ungeachtet ihrer Bezeichnung als „Verwaltungsvorschrift" – eine gleichsam abgeleitete Außenwirkung auch gegenüber der NRWG-10-Kommission erlangen könnte.[86] Dies würde voraussetzen, dass zunächst das NRWSÜG selbst gegenüber der G-10-Kommission anwendbar wäre (dazu (1)) und zudem darüber hinaus auch § 34 NRWSÜG und auf seiner Grundlage die VSA gegenüber der Kommission wirken würde (dazu (2)).

(1) Die Anwendbarkeit des NRWSÜG[87] insgesamt auf die G-10-Kommission könnte durch § 3 Abs. 3 NRWSÜG ausgeschlossen sein. Dieser nimmt Mitglieder des Landtags und der Landesregierung, Richter, soweit sie Aufgaben der Rechtsprechung wahrnehmen, ausländische Mitarbeiter zwischenstaatlicher Einrichtungen und Stellen und sonstige, gesetzlich geregelte Fälle aus. Da die Mitglieder der NRWG-10-Kommission nicht ausdrücklich genannt sind, bedeutet dies: Sie können

---

[83] S. o. b).

[84] Gesetz v. 7.3.1995, GVBl S. 210.

[85] Eingehende Darstellung und Begründung bei *Peilert*, NWVBl 1996, 366, 367.

[86] Zum NRWSÜG s. näher *Denneborg/Eicholt*, RDV 1997, 16; *Peilert*, NWVBl 1996, 366; vertiefend zum BundSÜG *Hund*, NJW 1994, 1333; *Riegel*, ZTR 1994, 316; *ders.*, BayVBl 1996, 358; zu dessen nachfolgenden Änderungen noch *Düx*, ZRP 2003, 189; *Rublack*, DuD 2002, 202.

[87] In einzelnen Bundesländern ist die Anwendbarkeit des SÜG auf die G-10-Kommission ausdrücklich angeordnet; s. § 3 Abs. 2 NdsG-10; § 4 Abs. 2 LSAG-10.

nur in entsprechender Anwendung einer der genannten Alternativen oder aber aufgrund der letztgenannten Alternative vom Anwendungsbereich ausgenommen sein. Eine entsprechende Anwendung der Bestimmungen über Landesregierung oder Landtagsabgeordnete würde voraussetzen, dass hier eine zumindest vergleichbare Regelungssituation besteht. Als maßgeblicher Grund für die Freistellung jener Personen wird ihre unmittelbare verfassungsrechtlich begründete Stellung genannt. Die demokratische Wahl der Bürger und die Freiheit des Mandats sollen nicht durch gesetzliche Regelungen eingeschränkt werden.[88] Dieser Aspekt ist kein Sicherheitsaspekt: Gewiss vermag eine demokratische Wahl keine Sicherheitsüberprüfung zu ersetzen. Vielmehr ist es ein sicherheitsexterner Aspekt aus vorrangigem Verfassungsrecht.[89] Eine entsprechende Anwendung auf die G-10-Kommission würde daher voraussetzen, dass auch für sie vorrangiges Verfassungsrecht die Berücksichtigung der VSA ausschließt. Dies ist aber jedenfalls nicht zwingend erkennbar. Zwar ist ihre Rechtsstellung auch verfassungsrechtlich begründet,[90] doch fehlt sowohl der Aspekt der unmittelbaren Wahl durch das Volk als auch derjenige unmittelbar durch den Landtag. Zudem sind zu viele hier relevante Fragen ihrer Rechtsstellung im Gesetzesrecht geregelt, als dass hier bereits zwingendes Verfassungsrecht angenommen werden könnte. Eine entsprechende Anwendung der Abgeordnetenausnahme kommt demnach nicht in Betracht.[91]

Eine vergleichbare Anwendung der Richterausnahme könnte am ehesten aus einer vergleichbaren Rechtsstellung von Richtern und G-10-Kommission folgen. Beide sind unabhängig und allein dem Gesetz unterworfen. Dies wäre jedenfalls dann anzunehmen, wenn für die Richter gerade ihre Unabhängigkeit das Motiv ihrer Ausnahmestellung in § 3 Abs. 3 NRWSÜG darstellen würde. Dies wird aber überwiegend nicht angenommen, sondern stattdessen wird die Garantie des gesetzlichen Richters (Art. 101 Abs. 1 S. 2 GG), welche nicht durch Interventionen der kontrollierten Behörden beeinträchtigt werden dürfe, als maßgebender Ausnahmegrund angesehen.[92] Dieser Aspekt kann bei der G-10-Kommission, die regelmäßig mit vertraulichen Unterlagen befasst ist oder jedenfalls werden kann, keine Rolle spielen: Die Kommissionszuständigkeit ist insoweit anders begründet als die Zuständigkeit des Richters nach Art. 101 GG. Zudem sind § 96 StPO, § 99 VwGO auf die G-10-Kommissionen nicht anwendbar.[93] Auch die Richterausnahme wird daher nicht analog auf die G-10-Kommission angewandt werden können.

---

[88] Dazu *Riegel*, ZTR 1994, 327; *ders.*, BayVBl 1996, 365.
[89] Krit. daher *Riegel* a. a. O.
[90] S. o. II 2 a).
[91] So explizit für Brandenburg *Ernst/Laß*, LKV 2002, 453, 455.
[92] So jedenfalls *Schaffer*, NdsVBl 1996, 131, 134 (für Niedersachsen).
[93] Zu diesem Aspekt mit allerdings nicht unproblematischen Folgerungen *Riegel*, ZTR 1994, 320.

Schließlich findet sich aber auch keine explizite gesetzliche Ausnahme der G-10-Kommission von den Bestimmungen des SÜG, wenn man – wie soeben für die Richter gesehen – nicht jede Einräumung von Unabhängigkeit als Ausnahme von den Bestimmungen des NRWSÜG ansehen kann.[94] Als Zwischenergebnis *kann daher die grundsätzliche Anwendbarkeit des NRWSÜG auf die Mitglieder der G-10-Kommission nicht verneint werden.*

(2) Wenn daher das NRWSÜG grundsätzlich auf die NRWG-10-Kommission anwendbar sein soll, so bleibt die Frage danach, ob dies auch für dessen § 34 und die auf seiner Grundlage ergangene VSA angenommen werden kann. Wortlaut und Systematik sprechen dagegen: „Verwaltungsvorschriften" haben eben nur Innen- und keine Außenwirkung. Ganz entsprechend regelt die NRWVSA auch nur innendienstliche Angelegenheiten der Verwaltung. Bei einem Regelwerk, das sich „Verwaltungsvorschrift" nennt und nur innerdienstliche Angelegenheiten regelt, kann eine grundsätzliche Vermutung für deren ausschließlich verwaltungsinterne Wirkung angenommen werden. Für diese Vermutung spricht weiter, dass die VSA weder gegenüber Gerichten noch gegenüber den Datenschutzbeauftragten als Grenze ihrer Kontrollbefugnisse erwähnt werden.[95]

Deren Grenze folgt vielmehr aus den für sie einschlägigen Gesetzen: Für die Gerichte aus § 96 VwGO, für die Datenschutzbeauftragten aus § 24 Abs. 4 S. 4 BDSG, § 22 Abs. 2 S. 5 und 6 NRWDSG. Für letzteren ist sogar festgehalten, dass seinen Kontrollrechten gesetzliche Geheimhaltungsvorschriften nicht entgegengehalten werden dürfen (§ 22 Abs. 2 S. 2 NRWDSG). Wenn dies beim Datenschutzbeauftragten nicht geschehen darf, darf dies bei der vergleichbare und gleichwertige Aufgaben wahrnehmenden NRWG-10-Kommission[96] gleichfalls nicht geschehen. Und wenn dies schon für gesetzliche Geheimhaltungspflichten geht, so gilt dies erst recht für solche, die allein aus Verwaltungsvorschriften resultieren.

Als Zwischenergebnis bleibt festzuhalten: *Die VSA bindet als Verwaltungsvorschrift – ungeachtet möglicher rechtlicher Besonderheiten gegenüber sonstigen Verwaltungsvorschriften – die G-10-Kommission nicht.*

---

[94] Dies wird auch vorausgesetzt für den Bundesbeauftragten für Datenschutz bei *Gola/Schomerus*, BDSG, 9 A., 2007, § 24 Rn 14.

[95] Dementsprechend ist sie sowohl bei *Kopp/Schenke*, VwGO a.a.O., ebenso wenig erwähnt wie bei *Simitis*, BDSG a.a.O. Das gilt auch für andere Kommentarwerke zu den genannten Gesetzen, die hier – da allenfalls Fehlanzeige zu vermelden wäre – nicht ausdrücklich aufgezählt sind.

[96] Dazu o. II 2 b).

d)   Bindungswirkung von Verwaltungsvorschriften gegenüber Kommissionsmitarbeitern?

Gem. § 3 Abs. 3 S. 1 NRWG-10 ist der G-10-Kommission die zur Erfüllung ihrer Aufgaben notwendige Personal- und Sachausstattung zur Verfügung zu stellen. Diese wirken an den Kontrollaufgaben der Kommission mit. Aus diesem Grunde stehen ihnen die aus § 3 Abs. 5 S. 3 NRWG-10 folgenden Kontrollrechte explizit auch selbst zu: Auskunfts-, Einsichts- und Zutrittsmöglichkeiten sind danach nicht nur den Mitgliedern der Kommission, sondern auch „ihren Mitarbeitern" einzuräumen. Soweit diese Mitarbeiter – wie wohl stets – Angehörige des öffentlichen Dienstes sind, stellt sich die Frage, ob sie aus diesem Grunde bei ihrer Kontrolltätigkeit an Verwaltungsvorschriften – wie etwa die VSA – gebunden sind.

Dies wirft die Frage nach der Unabhängigkeit nicht nur der Kommission und ihrer Mitglieder, sondern auch derjenigen ihrer Mitarbeiter auf. Diese sind als Angehörige des öffentlichen Dienstes der Kommission „zur Verfügung gestellt" (§ 3 Abs. 3 S. 1 NRWG-10). Diese Figur ist keine solche des Beamtenrechts,[97] sondern hat sich außerhalb des Dienstrechts entwickelt und findet hier insbesondere auf funktional verselbständigte Dienststellen Anwendung. Dazu zählt sowohl die BundG-10-Kommission (§ 15 Abs. 3 S. 1 BundG-10) wie auch der Bundesbeauftragte für Datenschutz (§ 22 Abs. 5 S. 3 BDSG). Auch hier spricht viel dafür, dass beide Rechtsfiguren einander entsprechen.[98]

Ohne hier die bislang fehlende definitive Klärung leisten zu wollen oder zu können, lässt sich aber festhalten: Die Unabhängigkeit der NRWG-10-Kommission und ihrer Mitglieder besteht nach der Rechtsprechung des BVerfG deshalb, um ihnen die Ausübung einer wirksamen, möglichst rechtsschutzäquivalenten Kontrolle zu ermöglichen.[99] Die Ausstattung der Kommission mit Mitarbeitern soll sicherstellen, dass jene ihre Aufgabe wirksam wahrnehmen kann.[100] Sollen die Mitarbeiter die Kommission und ihre Arbeit stärken und nicht schwächen, so liegt es nahe, dass sie bei ihrer Tätigkeit für die Kommission keinen weiter reichenden rechtlichen Restriktionen unterliegen als die Kommissionsmitglieder selbst. Darin liegt nicht die Zuweisung einer eigenen „Unabhängigkeit" auch für die Mitarbeiter selbst, wohl aber die Ermöglichung der Ausübung unabhängiger Kontrolltätigkeit für die Kommission durch die Mitarbeiter. Sie sind nicht selbst unabhängig, nehmen aber unabhängig auszuübende Funktionen wahr und sind

---

[97] Zu den unterschiedlichen Formen des Tätigwerdens Bediensteter einzelner Stellen für andere Stellen etwa *Battis*, BBG, 4. A., 2009, § 27 Rn 2 ff.
[98] Zur Ausdeutung im BDSG näher *Dammann*, in: Simitis u. a. (Hg.), BDSG a. a. O., § 22 Rn 26, 28 ff.; *Auernhammer*, BDSG a. a. O., § 22 Rn 12 ff.
[99] S. o. II 1 c), 1 a).
[100] Dazu o. II 1 c).

daher berechtigt, sie im gleichen Umfang auszuüben wie die Kommissionsmitglieder, denen eine eigene Unabhängigkeit garantiert ist. Daraus folgt: *Die rechtlichen Bindungen der Kommissionsmitarbeiter im Rahmen ihrer Tätigkeit bei der und für die Kommission entsprechen denjenigen der Kommissionsmitglieder selbst.* Sie sind daher insoweit an Verwaltungsvorschriften nur gebunden, soweit sie auch die Kommissionsmitglieder selbst binden würden. Das gilt für ministerielle Verwaltungsvorschriften ebenso wenig[101] wie für die VSA.[102]

Ergänzend bleibt dazu festzuhalten: Die gleichsam abgeleitete funktionelle Unabhängigkeit der Mitarbeiter bedeutet nicht, dass sie rechts- oder gar verantwortungsfrei agierten. Sie sind – ebenso wie die G-10-Kommission – *an die allgemeine Rechtsordnung, also Verfassungen und Gesetze, gebunden.* Sie sind aber auch an Weisungen und sonstige Vorschriften, welche die Kommission ihnen macht, gebunden. Und sie sind an das allgemeine Dienst- und ggf. Beamtenrecht gebunden. Sie sind also nicht unverantwortlich; besonders ist allenfalls der Maßstab und ggf. der Adressat ihrer Verantwortlichkeit.

e) Abschlussbemerkung: Die Sicherheitsverantwortung für die Tätigkeit der G-10-Kommission

Die zuletzt genannte Besonderheit stellt zugleich die Frage: Welche Maßstäbe gelten für die sicherheitsrelevante Kontrolltätigkeit der G-10-Kommission? Und wer ist für deren Erlass und Einhaltung verantwortlich?

Innerhalb der Exekutive sind diese Aufgaben eindeutig verteilt: Der Gesetzgeber hat im NRWSÜG die entsprechenden Maßstäbe und Verfahren angeordnet; die vollziehende Gewalt – und hier namentlich das Innenministerium – ist für deren Konkretisierung und ggf. Durchführung verantwortlich. Dem entspricht das System der Sicherheitsüberprüfung ebenso wie dasjenige der Regelung des Umgangs mit Verschlusssachen. Jene Maßstäbe und Verantwortlichkeiten gelten innerhalb des Zuständigkeitsbereichs der vollziehenden Gewalt.

Hinsichtlich sonstiger Stellen gelten jene Grundsätze nicht oder jedenfalls nicht uneingeschränkt. Was für die Legislative und die Justiz bereits in § 3 NRWSÜG vorausgesetzt ist, gilt etwa auch im Anwendungsbereich der G-10-Kommission: Sie unterliegt nicht (oder jedenfalls nicht in vollem Umfang) den allgemeinen Regeln für Sicherheitsüberprüfungen und -verantwortung im Bereich der Exekutive. Dies ist ein wesentliches Element der ihr auf verfassungsrechtlicher Grundlage verbürgten Unabhängigkeit.

---

[101] Dazu allgemein o. 1 a) und b).
[102] Dazu o. 1 c).

Daher *ist die Kommission selbst für ausreichende Sicherheitsstandards und deren Einhaltung verantwortlich.* Zu deren Setzung und Durchsetzung finden sich im geltenden Recht vielfache Vorbedingungen und Vorkehrungen. Ausgangspunkt ist die *Legitimation der Kommission durch ihre mittelbare Bestellung durch den Landtag* selbst. Dieser ist seinerseits befugt und in der Lage, durch Gesetze den entsprechenden sicherheitsrechtlichen Rahmen zu setzen, welcher auch die Kommission bindet. Da ist weiter die (unmittelbare) Bestellung der G-10-Kommission durch das Parlamentarische Kontrollgremium nach §§ 23 ff. NRW VerfassungsschutzG. Dieses Gremium ist seinerseits mit der Kontrolle des Verfassungsschutzes und daher mit in besonderer Weise sicherheitsrelevanten Fragen befasst. Dieser doppelten Verpflichtung – einerseits der Sicherung ausreichender parlamentarischer Kontrolle, andererseits der Berücksichtigung der besonderen Belange des Verfassungsschutzes und der ihm anvertrauten Sicherheit bei der Ausübung dieser Kontrolle – hat es auch durch die Wahl der Mitglieder der G-10-Kommission Rechnung zu tragen. Deren Bestellung vollzieht sich also nicht außerhalb des sicherheitsrelevanten Bereichs, sondern ganz bewusst unter Einschaltung eines dafür in besonderer Weise gebildeten, besetzten, zuständigen und verantwortlichen Gremiums – eben des Parlamentarischen Kontrollgremiums.[103]

Da ist weiter die *Mitwirkung der Landesregierung bei der Bestellung der NRWG-10-Kommission* im Wege der Anhörung nach § 3 Abs. 1 S. 4 NRWG-10, wo die Regierung ggf. die Möglichkeit hat, auf Sicherheitsbedenken hinsichtlich des einen oder anderen Mitglieds hinzuweisen.

Da sind schließlich *einzelne gesetzliche Bestimmungen* im NRWG-10, etwa die Regelung zu Geheimhaltung (§ 3 Abs. 2 NRWG-10) sowie die notwendige Zustimmung des Parlamentarischen Kontrollgremiums zur Geschäftsordnung der NRWG-10-Kommission (§ 3 Abs. 4 S. 1 NRWG-10).

Auf diese Weise ist die *besondere Sicherheitsverantwortung der G-10-Kommission inhaltlich und verfahrensrechtlich* im Gesetzesrecht auf vielfältige Weise *abgesichert.* Bei der Art und Weise der Wahrnehmung dieser Aufgabe ist sie unabhängig, und zwar namentlich von der Exekutive. In keinem Falle unterliegt sie im Bereich ihrer Unabhängigkeit der Aufsicht, etwa im Hinblick auf die Einhaltung exekutiver Sicherheitsstandards. Dies gilt umso mehr, als sie selbst zur Kontrolle der Exekutive bestimmt ist. Deren Wirksamkeit setzt voraus, dass die

---

[103] Zu dessen Aufgaben und Rechtsstellung näher *Schelter*, Die parlamentarische Kontrolle des Verfassungsschutzes, in: BMI (Hg.), Verfassungsschutz: Bestandsaufnahme und Perspektiven, S. 146, 160 ff. (am Beispiel des Bundesrechts, das in Nordrhein-Westfalen nur teilweise übertragbar ist).

kontrollierten Stellen nicht berechtigt sind, sich selbst ihre Kontrolleure oder die Art und Weise ihrer Kontrolle auszusuchen.[104]

Wie die Kommission diese Sicherheitsverantwortung wahrnimmt, ist demnach in ihre unabhängige Entscheidungskompetenz gestellt. Hinsichtlich der Art und Weise ihrer Wahrnehmung stehen ihr ganz unterschiedliche Varianten zur Verfügung. So kann sie etwa Regelungen der Exekutive für sich übernehmen, indem sie etwa unmittelbar oder sinngemäß bestimmte Sicherheitsstandards übernimmt bzw. bestimmte Sicherheitsüberprüfungen vornehmen lässt, etwa für Kommissionsmitarbeiter. Sind diese überprüft und erfüllen sie die Anforderungen etwa an die Sicherheitsstufen „streng geheim" oder „geheim" iSd § 7 VSA, so entspricht dies der Sicherheitsüberprüfung in der Verwaltung auch formell und ist daher unmittelbar zugunsten der Betroffenen für alle Stellen bindend, welche an die VSA gebunden sind. Allerdings ist die Kommission unabhängig und daher nur berechtigt, nicht aber verpflichtet, solche exekutiven Standards oder Verfahren für sich oder ihre Mitarbeiter zu rezipieren. Stattdessen kann die Kommission auch entweder eigene Regeln schaffen oder übernehmen – etwa von parlamentarischen Gremien oder anderen G-10-Kommissionen. Sie kann auch Regeln der Gerichte, die ihrerseits nicht selbst an SÜG und VSA gebunden sind, übernehmen.

Wie auch immer die G-10-Kommission ihre Sicherheitsverantwortung wahrnimmt: Dies unterliegt ihrer eigenen Entscheidung, welche frei von exekutiver Aufsicht ist.

f)   Zwischenergebnisse

Die verfassungsrechtlich geforderte und gesetzlich garantierte Unabhängigkeit der G-10-Kommission verpflichtet diese auf Verfassung und Gesetz, stellt sie zugleich frei von Weisungen und Verwaltungsvorschriften der Exekutive.

Dies gilt auch für die VSA des Innenministeriums, welche die G-10-Kommission weder unmittelbar noch mittelbar bindet. Die Kommission und ihre Mitglieder sind nicht „Zugangsberechtigte" oder Personen, denen der Zugang zu bestimmten VS-Unterlagen ermöglicht wird, iSd § 15 VSA. Dadurch unterscheiden sie sich von sonstigen Kenntnisnehmern, Benutzern u. ä.

Jene Ausnahme von der Bindung an die VSA erstreckt sich auch auf die Mitarbeiter der Kommission, soweit diese für die Kommission Kontrollfunktionen ausüben.

---

[104] Zum vergleichbaren Sinn des gesetzlichen Richters als Instrument zur Sicherung der Neutralität der Gerichte BVerfGE 4, 412, 416; 82, 159, 194; *Schulze-Fielitz*, in: Dreier (Hg.), GG III, 2. A., 2008, Art. 101 Rn 14 (Nachw.).

Die G-10-Kommission selbst trägt im Rahmen von Verfassungen und Gesetzen die Verantwortung dafür, dass in ihrem Bereich die notwendige Sicherheit hergestellt ist. Hierbei unterliegt sie keiner Aufsicht durch die Exekutive oder gar solcher Stellen, welche sie zu kontrollieren berechtigt ist.

2. *Auskunftsrechte der G-10-Kommission und Antwortpflichten von Behörden und Mitarbeitern*

Gem. § 3 Abs. 5 S. 3 Nr. 1 NRWG-10 steht der Kommission und ihren Mitarbeitern ein Recht auf „Auskunft zu ihren Fragen" zu.[105] Diese – ebenso wie § 15 Abs. 5 S. 3 Nr. 1 BundG-10, § 24 Abs. 4 S. 2 Nr. 1 BDSG formulierte – Bestimmung qualifiziert den Anspruch lediglich hinsichtlich seines Inhabers, eben der Kommission und ihrer Mitarbeiter, und hinsichtlich ihres Gegenstandes, nämlich der im zuvor genannten Satz beschriebenen „Kontrollbefugnis" der NRWG-10-Kommission. Ist das Auskunftsrecht Ausprägung und Instrument jener Kontrollbefugnis, so decken sich notwendig auch die Gegenstände beider Befugnisse. Diese Deckungsgleichheit folgt schon aus der Formulierung des § 3 Abs. 5 S. 3 NRWG-10 („dabei") sowie aus dem Umstand, dass der Text keinerlei gegenteilige Indizien enthält. Diese Deckungsgleichheit bezieht sich auf „die gesamte Erhebung, Verarbeitung und Nutzung der durch die Beschränkungsmaßnahmen erlangten personenbezogenen Daten einschließlich der Entscheidung über die Mitteilung an Betroffene". Neben dem Gegenstand deckt sich aber auch der Zweck beider Instrumente: Dem Auskunftsrecht kommt nicht allein ein Informationszweck zu in dem Sinne, dass das Wissen einer Behörde an eine andere Person oder Instanz übermittelt wird. Hinzu tritt vielmehr der Kontrollzweck des Auskunftsanspruchs: Es geht um Auskunft mit dem Ziel der Rechtmäßigkeitskontrolle der Verwaltung. Demnach muss der Anspruch dermaßen ausgestaltet und die Auskunft in einer Weise erteilt werden, dass sie nicht allein den *Informationszweck* der Anspruchsinhaber, sondern auch deren *Kontrollzweck* befriedigen kann.

Textlich nicht ausdrücklich genannt ist demgegenüber der Adressat des Auskunftsanspruchs. Richtet er sich an die kontrollierten Stellen insgesamt, d. h. die kontrollierte Verwaltung, das Innenministerium oder den Verfassungsschutz? In diesem Falle läge es in der Zuständigkeit der jeweiligen Behörde bzw. ihres Behördenleiters, die Auskunftsperson zu bestimmen? Oder bezieht er sich (auch) auf einzelne Behördenmitarbeiter? In diesem Falle läge es (jedenfalls auch) in der

---

[105] Entsprechend § 15 Abs. 5 G-10; in anderen Bundesländern § 2 Abs. 4 BWG-10; Art. 2 Abs. 5 BayG-10; § 2 Abs. 2 BerlG-10; § 3 Abs. 1 HBG-10; § 4 Abs. 1 HeG-10; § 2 Abs. 1 MVG-10; § 4 Abs. 2 NdsG-10; § 3 Abs. 4 SaarlG-10; § 3 Abs. 2 SachsG-10; § 5 Abs. 2 LSAG-10; § 26a Abs. 1 SHVerfSchG iVm § 15 Abs. 5 G-10 (Bund); § 3 Abs. 1 ThürG-10.

Kompetenz der Anspruchsberechtigten, einzelne Auskunftspflichtige zu benennen und sie zur Beantwortung der ihnen gestellten Fragen zu verpflichten. Grundsätzlich richten sich Informationsansprüche Dritter – also der Bürger oder anderer Träger der Verwaltung – an eine Behörde im institutionellen Sinne. Das gilt etwa für Auskunftsansprüche der Bürger nach dem NRW Informationsfreiheitsgesetz[106] oder auch für die Beantwortung von Anfragen aus dem Parlament bzw. anderer Behörden. In diesem Falle ist der *Behördenleiter* verpflichtet, die entsprechende Auskunft zu erteilen bzw. im Rahmen seiner Organisationsgewalt eine Stelle oder Person zu bestimmen, welche die Auskunft zu erteilen hat.[107] Dieser Rechtszustand hat seine Berechtigung insbesondere in der Tatsache, dass Informationsrechte regelmäßig einen Wissenstransfer zum Gegenstand haben: Was die Verwaltung weiß, ist allerdings Gegenstand ihres institutionellen Wissens und daher von der Person, welche für die Verwaltung handelt, ohne Bedeutung. Inhalt und Wahrheitsgehalt der Information sind so – jedenfalls der Idee nach – unabhängig von der Person, welche sie erteilt.

Ob jene Grundsätze auch auf die NRWG-10-Kommission übertragbar sind, ist weder im NRWG-10 noch in anderen Landesgesetzen ausdrücklich festgelegt. Doch ist damit die Frage nach möglichen Ausnahmen von jener Regel nicht abschließend beantwortet. Vielmehr stellt sich die Frage, ob Datenschutzrecht und NRWG-10 ein davon abweichendes Kontrollrecht etabliert haben. Hierfür sprechen erhebliche Anhaltspunkte. Als Ausgangspunkt ist festzuhalten: Schon vor Inkrafttreten des – im Jahre 2003 neu eingeführten – § 3 Abs. 5 S. 3 NRWG-10 hatte die NRWG-10-Kommission einen allgemeinen Auskunftsanspruch gegen die kontrollierten Stellen im Rahmen des schon damals ohnehin bestehenden Kooperationsverhältnisses.[108] Jener Anspruch bestand gegen die Verwaltung insgesamt und war daher im Rahmen der soeben dargestellten allgemeinen Grundsätze zu beantworten.

Doch ist das Gesetz dabei nicht stehen geblieben. Vielmehr war die ausdrückliche Intention der Einführung der neuen Kontrollrechte im Jahre 2003, die „Stärkung des Verfassungsschutzes und seiner Kontrollorgane."[109] Diese Stärkung war auch die Intention des damals eingeführten § 3 Abs. 5 S. 3 NRWG-10: Durch die Vorschrift sollte „ein hohes Niveau datenschutzrechtlicher Kontrolle der Verfassungsschutzbehörde durch die G-10-Kommission geschaffen (!)" werden. Die historische Auslegung spricht also dafür, dass die Auskunftsrechte über das

---

[106] NRW Landesgesetz v. 27.11.2001, GVBl S. 806.
[107] Dazu näher *Burgi*, in: Erichsen/Ehlers (Hg.), Allgemeines Verwaltungsrecht, 13. A., 2006, § 7 Rn 1 ff.
[108] Dazu o. II 1 d).
[109] Gesetzentwurf der Landesregierung a. a. O., Vorblatt.

bisherige Niveau hinaus verbessert werden sollten.[110] Das Kontrollniveau sollte
also nicht bleiben wie es war, sondern ausdrücklich angehoben werden. Exakt
dies entsprach der Vorgabe des BVerfG nach „hinreichend wirksamer Kontrolle"
zum „Ausgleich der entstehenden Rechtsschutzlücken",[111] welche dem ausfallenden
Rechtsweg „gleichwertig" sein müssten.[112]

Hier setzt die systematische Auslegung des Auskunftsrechts ein. Soll die
Kontrolle des Verfassungsschutzes durch die NRWG-10-Kommission der gerichtlichen Kontrolle gleichwertig sein, so bietet sich ein Vergleich mit den Auskunfts-
rechten der Gerichte an. Deren Sachverhaltsfeststellung bzw. Beweiserhebung
schließt das *Recht auf Zeugenvernehmung* ein. Bei der Vernehmung von Be-
hördenmitarbeitern kommt dabei den Gerichten das Recht zu, selbst die Person
des Zeugen zu bestimmen und so *auch einzelne, von ihnen selbst bestimmte
Mitarbeiter als Zeugen zu befragen.*[113] Dieses Recht entspricht auch dem Sinn und
Zweck der gerichtlichen Sachverhaltsaufklärung: Es geht um die Kontrolle von
Einzelmaßnahmen, deren Bearbeitung regelmäßig nicht durch den Behördenleiter
selbst, sondern durch das zuständige Personal erfolgt ist. Wenn deren Arbeitser-
gebnis – also etwa Bescheide oder Realakte – auf ihre Rechtmäßigkeit überprüft
werden sollen, so bietet es sich daher an, diese Mitarbeiter selbst zu hören. Das
gilt umso mehr, je intensiver die einzelfallbezogenen Entscheidungsspielräume
dieser Mitarbeiter waren. Stand ihnen bei der Erhebung oder Bewertung des
Sachverhalts eine eigene Beurteilungsprärogative zu[114] oder waren sie im Einzelfall berechtigt Ermessen auszuüben, so kann eine sinnvolle Überprüfung des
Verwaltungshandelns nur stattfinden, wenn diejenigen Personen befragt werden,
welche jene Rechte im Einzelfall ausgeübt haben.[115] Dies war das im Einzelfall
tätige Personal, regelmäßig hingegen nicht der Behördenleiter selbst; und zwar
auch dann nicht, wenn er etwa zur Bearbeitung von Einzelfällen interne Vorschriften erlassen hatte. In solchen Fällen mag es der Beweisaufnahme dienlich
sein, ihn zu den Vorschriften, den zuständigen Mitarbeiter hingegen zu deren Anwendung im Einzelfall zu hören. Doch schließt dies die mögliche Zeugenstellung
der einzelnen, vom Gericht zu benennenden Mitarbeiter nicht aus. Insbesondere
können sie nicht einfach durch den Behördenleiter selbst oder durch andere, von
ihm benannte Mitarbeiter ersetzt werden. Sie haben eben im Einzelfall den Sachverhalt nicht bewertet und auch kein Ermessen ausgeübt. Insoweit ist es für Inhalt
und Wahrheitsgehalt der Auskunft – auch der Idee nach – eben nicht gleichgültig,

---

[110] Gesetzentwurf ebd., S. 41.

[111] BVerfGE 100, 313, 361.

[112] BVerfGE 30, 1, 23. S. dazu näher o. II 1 c).

[113] Dazu und zu den Problemen der Vernehmung anderer Personen etwa *Kopp/Schenke*, VwGO a. a. O.,
§ 98 Rn 8; *Lang*, in: Sodan/Ziekow (Hg.), VwGO, 2. A., 2006, § 98 Rn 98.

[114] Dazu etwa *Wolff*, in: Sodan/Ziekow, VwGO a. a. O., § 114 Rn 286 ff.

[115] S. hierzu *Wolff*, in: Sodan/Ziekow, VwGO a. a. O., § 114 Rn 59 ff.

welche Person sie erteilt. Dadurch unterscheidet sich diese Kontrollsituation von der geschilderten allgemeinen Informationserteilung der Behörde. Ganz entsprechendes gilt für die „gleichwertige" Kontrolle durch NRWG-10-Kommission. Sie kontrolliert Maßnahmen, welche auf der Grundlage z. T. sehr unbestimmter Rechtsbegriffe ergehen[116] und im Einzelfall einen erkennbaren Ermessensspielraum („dürfen", § 3 Abs. 1 S. 1 BundG-10) eröffnen. Deren Konkretisierung muss jedenfalls auch im Hinblick auf den Einzelfall und im Einzelfall erfolgen. Über derartige Aspekte kann lediglich der damit befasste Mitarbeiter Auskunft erteilen. *„Gleichwertigkeit" der Kontrolle durch die G-10-Kommission mit gerichtlicher Kontrolle setzt demnach jedenfalls grundsätzlich das Recht voraus, die im Einzelfall mit der Aufgabenerfüllung befassten Mitarbeiterinnen bzw. Mitarbeiter zu befragen.*

Als *Zwischenergebnis* bleibt festzuhalten: Entstehungsgeschichte, Systematik sowie Sinn und Zweck des § 3 Abs. 5 S. 3 Nr. 1 NRWG-10 setzen demnach das Recht der G-10-Kommission voraus, zur Ermöglichung und Durchführung ihres Kontrollauftrages nicht nur Auskünfte irgendwelcher, ggf. vom Behördenleiter bestimmter Mitarbeiter einzuholen. Vielmehr sind sie berechtigt, auch Personen zu befragen, welche unmittelbar mit der Bearbeitung der zu kontrollierenden Vorgänge befasst waren oder sind oder dazu nach Einschätzung der Kommissionsmitglieder oder ihrer Mitarbeiter sachdienliche Auskünfte geben können.

Das Kooperationsverhältnis zwischen Behörden und Kommission untersagt umgekehrt den kontrollierten Behörden und ihren Leitungen, dieses unmittelbare Auskunftsrecht unmöglich zu machen oder zu beeinträchtigen. Sofern die Anwesenheit anderer Behördenmitarbeiter die sach- oder wahrheitsgerechte Auskunftserteilung durch die befragten Personen beeinträchtigen kann, haben die Kommission bzw. deren Mitarbeiter auch das Recht, Auskünfte der von ihnen zu befragenden Personen allein und ohne Anwesenheit solcher dritter Personen zu verlangen.

3. Zutrittsrechte der G-10-Kommission in Diensträume

Gem. § 3 Abs. 5 S. 3 Nr. 2, 3 NRWG-10 haben die G-10-Kommission und ihre Mitglieder das Recht auf Zutritt zu „allen Diensträumen" und auf Einsicht in „alle

---

[116] S. § 3 BundG-10; z. B. „Verdacht"; „Vereinigung, deren Zwecke oder deren Tätigkeit darauf gerichtet ist, Straftaten zu begehen"; „planen" von Straftaten.

Unterlagen".[117] Auch hier ist der Anspruch allein durch den Zweck der Maßnahme, nämlich die Kontrollbefugnis, begrenzt.[118]

Sinn und Zweck dieses Zutrittsrechts liegen darin, dass der Zutrittsberechtigte sich selbst – und nicht allein durch optische, mündliche oder sonstige Vermittlung durch Dritte – einen Eindruck verschaffen kann von den kontrollrelevanten Zuständen, Arbeitsweisen und Verfahren[119] und das Auskunftsrecht gem. § 3 Abs. 5 S. 3 Nr. 1 NRWG-10 selbst ausüben kann. Demnach ist das Zutrittsrecht sowohl raum- bzw. sachbezogen als auch personenbezogen: Für den erstgenannten Kontrollzweck ist weder erforderlich, dass der Raum stets oder gewöhnlich oder auch nur gelegentlich von Beschäftigten als Dienst- oder Arbeitsraum benutzt wird – so kann sich das Zutrittsrecht auch auf Geräte-, Schalt- oder Ablageräume beziehen –; für den letztgenannten Kontrollzweck ist es hingegen nicht erforderlich, dass hier Daten aufbewahrt oder gespeichert sind – so kann sich der Kontrollzweck auch auf die Arbeitsweisen dort beschäftigter Bediensteter beziehen.

Der Anspruch ist als *gebundener Anspruch* ausgestaltet: Den zu kontrollierenden Behörden steht im Anwendungsbereich des NRWG-10 keinerlei Ermessen zu. Steht fest, dass die Zutritt begehrende Person berechtigt ist, die Kontrollbefugnisse nach § 3 Abs. 5 S. 1 NRWG-10 auszuüben, so liegen die Anspruchsvoraussetzungen des genannten Zutrittsrechts vor. In diesen Fällen steht den Behörden auch keine Entscheidungsbefugnis hinsichtlich des „Ob" der Zutrittsgewährung zu.[120] Demnach dürfen die zu kontrollierenden Stellen bei der Geltendmachung des Zutrittsrechts lediglich *prüfen, ob die Zutritt begehrende Person Kommissionsmitglied oder kontrollberechtigter Kommissionsmitarbeiter ist.* Dies kann durch Vorlage geeigneter Legitimationspapiere, etwa Dienstausweisen u. a., geschehen. Weitere Tatbestandsvoraussetzungen kennt die Kontrollbefugnis nach § 3 Abs. 5 S. 3 NRWG-10 nicht. Insbesondere ist ihre Ausübung weder an bestimmte Zeiten – etwa: Dienstzeiten – geknüpft („jederzeit")[121] noch aber auch an bestimmte Verfahren oder Förmlichkeiten. Eine Pflicht zur vorherigen Anmeldung besteht nicht; Anmeldungen werden in der Praxis des Datenschutzrechts ausschließlich für umfangreiche Prüfungen durch mehrköpfige Kontrollteams, welche mehrere Tage in Anspruch nehmen und dadurch erhebliche Arbeitszeit und -kapazität binden

---

[117] Entsprechend im Bund § 15 Abs. 5 G-10; in anderen Bundesländern § 2 Abs. 4 BWG-10; Art. 2 Abs. 5 BayG-10; § 2 Abs. 2 BerlG-10; § 3 Abs. 1 HBG-10; § 4 Abs. 1 HeG-10; § 2 Abs. 1 MVG-10; § 4 Abs. 2 NdsG-10; § 3 Abs. 4 SaarlG-10; § 2 Abs. 2 SachsG-10; § 5 Abs. 2 LSAG-10; § 26a Abs. 1 SHVerfSchG iVm § 15 Abs. 5 G-10 (Bund); § 3 Abs. 2 ThürG-10.

[118] S. dazu schon o. III 2. Zum Gegenstand und Umfang dieser Kontrollbefugnis in räumlicher Hinsicht Kap. 3, III 1, 3.

[119] Zum insoweit vergleichbaren Augenschein *Lang*, in: Sodan/Ziekow, VwGO a. a. O., § 98 Rn 73.

[120] Dazu *Dammann*, in: Simitis u. a. (Hg.), BDSG a. a. O., § 24 Rn 41 am Beispiel des Auskunftsersuchens.

[121] Dazu *Dammann*, in: Simitis u. a. (Hg.), BDSG a. a. O., § 24 Rn 34, zur Verpflichtung zu Überstunden bei Prüfungen.

können, praktiziert.[122] Weder darf also eine vorherige Anmeldung verlangt noch beim Zutritt das Vorliegen einer vorherigen Anmeldung geprüft werden. Das Zutrittsrecht ist auch nicht auf bestimmte Räume beschränkt („alle Diensträume"). Dazu zählen alle Räume, in welchen relevante Informationen für die Kontrolle der Erhebung, Verarbeitung oder Nutzung von Daten, welche durch Abhörmaßnahmen erlangt werden oder worden sind, gewonnen werden können. Ob dies im Einzelfall und hinsichtlich einzelner Diensträume der Fall ist, lässt sich ohne deren Betreten bisweilen nicht entscheiden. In solchen Fällen mag sich die Frage nach der Auswahlbefugnis stellen, ob solche Räume betreten und kontrolliert werden dürfen oder nicht. Steht diese im Einzelfall den kontrollierenden oder den kontrollierten Stellen zu? Der Wortlaut der Norm („alle Diensträume") spricht für die zuerst genannte Alternative. Legt man den vom Landesgesetzgeber historisch intendierten Gedanken der Stärkung und Effektivierung der Kontrolle[123] zugrunde, so erfährt dieser Gedanke eine gewisse Stützung. Auch ein systematischer Vergleich zur gerichtlichen Augenscheineinnahme[124] spricht für diesen Gedanken: In solchen Fällen entscheidet das Gericht, welche Gegenstände an welchem Ort in Augenschein zu nehmen sind.[125]

Eine Parallele zu den notwendigerweise „gleichwertigen" Kontrollrechten der G-10-Kommissionen legt hier den Schluss nahe: Ist die Erlangung kontrollrelevanter Informationen in einem Raum im Einzelfall möglich, so besteht ein Kontroll- und damit ein Betretungsrecht. In solchen Fällen dürfen die Kontrollinstanzen prüfen, ob dort für ihren Kontrollauftrag relevante Informationen erlangt werden können oder nicht. Ausschlaggebend für das Kontrollrecht ist demnach schon die Möglichkeit einer solchen Informationsgewinnung: *Das Auswahlrecht der zu betretenden Räume steht im Zweifel den Kontrollinstanzen, nicht den zu kontrollierenden Behörden zu.* Der Frage, ob dies auch bei Offensichtlichkeit der Irrelevanz eines Raumes für den Kontrollzweck oder in Fällen offensichtlich missbräuchlichen Zutrittsbegehrens gilt, soll hier mangels entsprechenden Fallmaterials nicht weiter nachgegangen werden.

Als *Zwischenergebnis* bleibt festzuhalten: Dem Innenministerium und den Verfassungsschutzbehörden steht über die Identitätsprüfung der kontrollierenden Person hinsichtlich der Frage des Zutritts- und des Einsichtsrechts keine eigene Entscheidungsbefugnis hinsichtlich des „Ob" des Zutritts, einer möglichen Anmeldung oder der Auswahl der zu betretenden Räume zu. Das gesetzlich angeordnete „Gewähren"

---

[122] *Dammann*, in: Simitis u. a. (Hg.), BDSG a. a. O., § 24 Rn 32.
[123] Dazu o. III 2.
[124] Zu solchen systematischen Erwägungen gleichfalls o. III 2.
[125] Dazu *Lang*, in: Sodan/Ziekow, VwGO a. a. O., § 98 Rn 74.

des Zutrittsrechts kann sich demnach allein auf das „Wie" seiner Realisierung beziehen. Dabei kann es namentlich betreffen

- die Prüfung der Zugangsberechtigung der betreffenden Person durch Kontrolle von Dienst- oder sonstigen geeigneten Ausweisen,
- den Zutritt durch technische Hilfestellung (Aufschließen von Räumen, Betätigung von Sicherungssystemen u. a.) zu unterstützen.

Wie diese Maßnahmen von den zu kontrollierenden Behörden getroffen werden können, richtet sich nach ihren eigenen Vorkehrungen und Gegebenheiten. Dabei ist allerdings zu berücksichtigen: Das Kontrollverfahren und seine Ausgestaltung sind kein Selbstzweck, sondern Verwirklichungsbedingung des Kontrollrechts.[126]

Konkret bedeutet dies: Die Ausgestaltung des „Wie" des Zugangsrechts darf weder dessen „Ob" noch dessen gesetzlich festgelegte Modalitäten beeinträchtigen: Das Zugangsverfahren darf also das Zutrittsrecht ausgestalten, aber nicht einschränken. Dies bedeutet insbesondere:

(1) *Der Zutritt durch die Kontrollinstanzen ist „jederzeit" zu gewähren (und darf nicht etwa nur jederzeit begehrt werden).* Schon der Wortlaut des Gesetzes schließt demnach vorherige Anmeldepflichten oder aber ein Zutrittsverfahren aus, welches einer Anmeldepflicht gleichkommt. Insbesondere ist dadurch ausgeschlossen, das Zutrittsrecht von der vorherigen Information der betroffenen Behördenleitung oder der betroffenen Mitarbeiter abhängig zu machen. Gerade ein „jederzeitiges" Betretungsrecht *schließt einen gewissen Überraschungsmoment für die zu kontrollierenden Stellen nicht aus.*[127] Dies heißt zwar nicht, dass in der Praxis die Kontrollen immer überraschend durchgeführt werden müssten oder auch durchgeführt würden. Doch ist dies gesetzlich immerhin zugelassen, so dass in der Praxis jedenfalls die Möglichkeit einer überraschenden Prüfung bestehen bleiben muss. Eine Ausgestaltung des Zutrittsverfahrens durch Anmeldeformalitäten, Wartefristen oder Abholungsnotwendigkeiten, welche eine derart überraschende Prüfung generell ausschließen würde, wäre damit unvereinbar.

(2) Das Zutrittsverfahren muss Sinn und Zweck des Zutrittsrechts gewährleisten. Dieser liegt darin, dass der Zutrittsberechtigte sich selbst – und nicht allein durch optische, mündliche oder sonstige Vermittlung durch Dritte – einen Eindruck verschaffen kann von den kontrollrelevanten Zuständen, Arbeitsweisen und Verfahren und die Möglichkeit erlangt, das Auskunftsrecht iSd § 3 Abs. 5 S. 3 Nr. 1

---

[126] S. zu dieser Intention des Verfahrens im Verwaltungsrecht näher *Pünder*, in: Erichsen/Ehlers (Hg.), Allgemeines Verwaltungsrecht a. a. O., § 12 Rn 10 ff.
[127] *Dammann*, in: Simitis u. a. (Hg.), BDSG a. a. O., § 24 Rn 32, zur (fehlenden) Anmeldepflicht.

NRWG-10 gegenüber den handelnden Mitarbeitern selbst geltend zu machen.[128] Nicht erforderlich ist demnach, dass in dem Raum ein dort (regelmäßig oder ständig) Beschäftigter anwesend ist. Von deren Anwesenheit darf demnach das Kontroll- und damit das Zutrittsrecht nicht abhängig gemacht werden. Es entsteht unabhängig von der Anwesenheit solcher Personen und darf auch nicht von deren Anwesenheit abhängig gemacht werden.

(3) Das Zutrittsrecht muss die Ausübung des bereits dargestellten Auskunftsrechts ermöglichen.[129] Hierzu muss den kontrollierenden Personen zumindest Gelegenheit eingeräumt werden, mit den zu kontrollierenden Bediensteten selbst zu sprechen und sie zu befragen. Dies muss unter Umständen stattfinden können, welche den o. a. Anforderungen entsprechen. Insbesondere darf die Anwesenheit dritter Personen nicht Umstände herbeiführen, wonach eine unbeeinträchtigte Ausübung des Fragerechts nicht möglich wäre.[130]

Daraus folgt:

- Das Zutrittsrecht setzt ausschließlich die Kontrollberechtigung der Zutritt begehrenden Person voraus. Diese kann durch Kontrolle geeigneter (Dienst-) Ausweise sichergestellt werden.
- Das Zutrittsrecht ist von weiteren Anmeldungen oder Zulassungen – etwa durch die Behördenleitung – unabhängig. Ein Zuwartenlassen der Kontrollpersonen beim Einlass auf bestimmte Behördenmitarbeiter ist daher unzulässig.
- Die Mitwirkung der kontrollierten Dienststellen ist auf technische Maßnahmen (Aufschließen u. a.) beschränkt.
- Das Recht zum Betreten der Räume ist – ebenso wie die Ausübung des Fragerechts – von der Anwesenheit bestimmter Mitarbeiter der kontrollierten Behörden in den betroffenen Räumen unabhängig.
- Sofern die Anwesenheit anderer Behördenmitarbeiter die sachgerechte Ausübung des Zutrittsrechts beeinträchtigen kann, haben die Kommission bzw. deren Mitarbeiter auch das Recht, den Zutritt allein und ohne Anwesenheit solcher Personen zu verlangen.

---

[128] S. o. in diesem Abschnitt.
[129] Dazu o. III 2.
[130] Dazu gleichfalls o. III 2.

4. *Mögliche Kenntnisnahme von abhörfremden Informationen des*
    Verfassungsschutzes als Kontrollgrenze?

Die übergroße Mehrzahl aller Informationen, über welche die Verfassungsschutzbehörden des Bundes und der Länder verfügen, ist nicht nach den G-10 erlangt.
Sie unterliegen daher als solche auch nicht der Kontrollbefugnis der G-10-Kom-
missionen nach § 15 Abs. 5 BundG-10 bzw. § 3 Abs. 5 NRWG-10.
    Doch kann die Ausübung ihrer Kontrollbefugnisse im Einzelfall die Mög-
lichkeit mit sich bringen, auch solche Informationen zur Kenntnis zu erlangen. Im
Einzelfall können sich hier Abgrenzungsfragen stellen. Diese können und sollen
hier nicht diskutiert werden. Wichtig ist allerdings der Hinweis: *Die Möglichkeit*
einer solchen Kenntnisnahme abhörfremder Informationen schließt die Kontroll-
befugnisse der G-10-Kommissionen nicht von vornherein und generell aus. Dies
zeigt bereits die folgende Erwägung: Gegenstand ihrer Kontrollbefugnis ist nach
dem expliziten Text des § 3 Abs. 5 S. 2 NRWG-10 auch die „Nutzung" der erlangten Daten. Hierzu zählt nicht nur die Erhebung, sondern auch deren Verarbeitung,
etwa deren Übermittlung. Im Rahmen dieser Übermittlung sind auch bestimmte
Kennzeichnungspflichten hinsichtlich übermittelter Daten des Verfassungsschutzes
zu beachten.[131] Sie müssen „auch nach der Erfassung erkennbar (werden lassen),
dass es sich um Daten handelt, die aus Eingriffen in das Fernmeldegeheimnis
stammen."[132]
    Das gilt nicht nur bei der Übermittlung von Daten an andere Stellen, soweit
diese ihrerseits Abhörmaßnahmen nach den G-10 durchführen, sondern auch hinsichtlich sonstiger Übermittlungen an andere Behörden, auch Sicherheitsbehörden,
Verfassungsschutzbehörden oder andere Abteilungen des Verfassungsschutzes,
welche mit anderen Fragen als Abhörmaßnahmen befasst sind. Auch hier ist von
den G-10-Kommissionen die Einhaltung der Verwendungsregeln der Kennzeich-
nungspflicht zu prüfen. Soweit sie dadurch (notwendigerweise) auch von anderen
Informationen des Verfassungsschutzes Kenntnis erlangen, ist dies als notwendige
Begleiterscheinung von ihrem Kontrollauftrag mitumfasst. Solche Erscheinun-
gen finden sich im Datenschutzrecht häufiger, wenn Datenschutzbeauftragte mit
geschützten Daten Dritter oder anderer Behörden in Kontakt kommen können.[133]
    Solche Begleiterscheinungen sind auch dort nicht geeignet, den Kontroll-
gegenstand oder -umfang der Datenschutzbeauftragten zu begrenzen. Doch ist
die Kenntnisnahme von diesen anderen Informationen umgekehrt nicht geeignet,
den Kontrollumfang der G-10-Kommission zu erweitern. Die Rechtmäßigkeit der

---

[131] BVerfGE 100, 313, 360 f.
[132] BVerfGE ebd.
[133] Beispiele bei *Dammann*, in: Simitis u. a. (Hg.), BDSG a. a. O., § 24 Rn 14 ff.

Erhebung, Speicherung oder Verarbeitung solcher Daten unterliegt nicht – auch nicht als Annex – der Kontrollbefugnis der Kommission.

IV. Ergebnisse

Die Tätigkeit der G-10-Kommission ist weder Teil der parlamentarischen noch der justiziellen Fremdkontrolle der Nachrichtendienste und auch nicht Element ihrer exekutiven Selbstkontrolle. Ihre Tätigkeit lässt sich am ehesten als Kontrollorgan sui generis beschreiben.[134]

Die spezifische Aufgabe der G-10-Kommissionen liegt darin, an die Stelle des in Abhörfragen regelmäßig ausfallenden oder aber ineffektiven Rechtsweges zu treten. Daraus folgt namentlich das Gebot der „Gleichwertigkeit" der Kommissionstätigkeit mit dem Rechtsweg. Soll der in Art. 19 Abs. 4 S. 1 GG garantierte Rechtsweg ein „effektiver" sein, muss demnach auch der Grundrechtsschutz durch die G-10-Kommission effektiv sein.[135]

Die Aufgaben der G-10-Kommissionen beziehen sich auf alle Arten von Grundrechtseingriffen im Anwendungsbereich des G-10. Es gibt in der verfassungsgerichtlichen Rechtsprechung zahlreiche Indizien für, aber keinerlei Indizien gegen die Annahme, dass die Kontrollaufgaben und -befugnisse der G-10-Kommission bei Maßnahmen der Informationsverwendung ebenso intensiv ausgeprägt sein müssen wie bei Akten der Informationserhebung.[136]

Diese gemeinsame Mitwirkung von Verfassungsschutzämtern und G-10-Kommissionen an ein- und derselben Aufgabe begründet die Notwendigkeit des Zusammenwirkens, also ein rechtlich begründetes Kooperationsverhältnis. Auch dieses ist vom BVerfG in seinen Grundzügen umrissen worden. Ausgangspunkt ist die Verpflichtung beider Stellen zur korrekten und fairen Auslegung und Anwendung des geltenden Rechts.[137]

Die vom BVerfG konkretisierten Anforderungen an die Kontrolle nachrichtendienstlicher Abhörmaßnahmen sind vom Bundesgesetzgeber in § 15 BundG-10 umgesetzt worden. Sie sind darüber hinaus entsprechend den Vorgaben des § 16 BundG-10 auch vom Landesgesetzgeber für das Land umgesetzt worden, und zwar mit identischem Wortlaut und mit exakt identischer Regelungsintention. Die Vorgaben sind demnach von Bund und Land in gleicher Weise umgesetzt worden.[138]

---

[134] S. o. II 1.
[135] S. o. II 1 c).
[136] S. o. II 1 a).
[137] S. o. II 1 d).
[138] S. o. II 2 a).

Die G-10-Kommissionen nehmen teils rechtsschutzersetzende, teils daten-
schutzbeauftragtenersetzende Funktionen ein. Die Reichweite der Kontrollrechte
des § 15 Abs. 5 S. 3 BundG-10, des § 3 Abs. 5 S. 3 NRWG-10 und des § 24 Abs. 4
S. 2 BDSG entsprechen einander textlich und intentional. Ihre Reichweite ist daher
vergleichbar. Demgegenüber kommen rechtssystematische Einschränkungen der
Kontrollrechte des NRWG-10 durch ungeschriebene Grenzen, namentlich durch
rechtssystematische Übertragung anderer Rechtsgedanken des BDSG auf das
NRWG-10, aus methodischen wie rechtlichen Gründen nicht in Betracht.[139]

Die verfassungsrechtlich geforderte und gesetzlich garantierte Unabhängigkeit der G-10-Kommission verpflichtet diese auf Verfassung und Gesetz, stellt sie
zugleich frei von Weisungen und Verwaltungsvorschriften der Exekutive. Dies
gilt auch für die VSA des Innenministeriums, welche die G-10-Kommission weder unmittelbar noch mittelbar bindet. Die Kommission und ihre Mitglieder sind
nicht „Zugangsberechtigte" oder Personen, denen der Zugang zu bestimmten VS-
Unterlagen ermöglicht wird, iSd § 15 VSA. Dadurch unterscheiden sie sich von
sonstigen Kenntnisnehmern, Benutzern u. ä. Jene Ausnahme von der Bindung an
die VSA erstreckt sich auch auf die Mitarbeiter der Kommission, soweit diese für
die Kommission Kontrollfunktionen ausüben.[140]

Im Rahmen ihrer Bindung an Verfassungen und Gesetze ist die G-10-Kom-
mission selbst für ausreichende Sicherheitsstandards und deren Einhaltung verantwortlich. Dabei unterliegt sie keiner Aufsicht durch die Exekutive und auch nicht
solcher Behörden, zu deren Kontrolle die Kommission bestellt ist.[141]

Entstehungsgeschichte, Systematik sowie Sinn und Zweck des § 3 Abs. 5
S. 3 Nr. 1 NRWG-10 setzen demnach das Recht der G-10-Kommission voraus, zur
Ermöglichung und Durchführung ihres Kontrollauftrages nicht nur Auskünfte
irgendwelcher, ggf. vom Behördenleiter bestimmter Mitarbeiter einzuholen. Vielmehr sind sie berechtigt, auch Personen zu befragen, welche unmittelbar mit der
Bearbeitung der zu kontrollierenden Vorgänge befasst waren oder sind oder dazu
nach Einschätzung der Kommissionsmitglieder oder ihrer Mitarbeiter sachdienliche Auskünfte geben können. Das Kooperationsverhältnis zwischen Behörden
und Kommission untersagt umgekehrt den kontrollierten Behörden und ihren
Leitungen, dieses unmittelbare Auskunftsrecht unmöglich zu machen oder zu
beeinträchtigen. Sofern die Anwesenheit anderer Behördenmitarbeiter die sach-
oder wahrheitsgerechte Auskunftserteilung durch die befragten Personen beeinträchtigen kann, haben die Kommission bzw. deren Mitarbeiter auch das Recht,

---

[139] S. o. II 2 c).
[140] S. o. III 1.
[141] S. o. III 1 e).

Auskünfte der ihnen zu befragenden Personen allein und ohne Anwesenheit solcher dritter Personen zu verlangen.[142] Das Zutrittsrecht ist von weiteren Anmeldungen oder Zulassungen – etwa durch die Behördenleitung – unabhängig. Ein Zuwartenlassen der Kontrollpersonen beim Einlass auf bestimmte Behördenmitarbeiter ist daher unzulässig. Die Mitwirkung der kontrollierten Dienststellen ist auf technische Maßnahmen (Aufschließen u. a.) beschränkt. Das Recht zum Betreten der Räume ist – ebenso wie die Ausübung des Fragerechts – von der Anwesenheit bestimmter Mitarbeiter der kontrollierten Behörden in den betroffenen Räumen unabhängig. Sofern die Anwesenheit anderer Behördenmitarbeiter die sachgerechte Ausübung des Zutrittsrechts beeinträchtigen kann, haben die Kommission bzw. deren Mitarbeiter auch das Recht, den Zutritt allein und ohne Anwesenheit solcher Personen zu verlangen.[143]

Die Möglichkeit einer Kenntnisnahme abhörfremder Informationen im Zuge einer Kontrolle nach dem NRWG-10 schließt die Kontrollbefugnisse der G-10-Kommissionen nicht von vornherein und generell aus. Umgekehrt wird durch sie die Kontrollbefugnis der Kommission nicht erweitert.[144]

---

[142] S. o. III 2.
[143] S. o. III 3.
[144] Dazu o. III 4.

3. Kapitel:
Umfang und Grenzen der Kontrollbefugnisse der G-10-Kommission, namentlich im Hinblick auf gesperrte Daten

I. Das Problem

Aufgaben und Befugnisse der Kommission nach § 3 Abs. 1 des nordrhein-westfälischen Gesetzes zur Ausführung des Gesetzes zu Art. 10 GG (im Folgenden: NRWG-10) nehmen in der Rechtsordnung eine Sonderstellung ein. Weder lassen sie sich eindeutig als parlamentarische Kontrolle bezeichnen, denn ihr maßgeblicher Gegenstand ist namentlich die Rechts- und Grundrechtskonformität von Eingriffshandlungen der Exekutive. Noch sind sie als gerichtlicher Grundrechtsschutz zu begreifen, denn weder ist die Kommission als „Gericht" iSd Art. 97 GG konstituiert noch ist ihr Verfahren als „gerichtliches" iSd Rechtsweggarantie des Art. 19 Abs. 4 S. 1 GG konzipiert. Vielmehr nimmt die Kommission – ebenso wie die vergleichbaren Kommissionen im Bund und in den anderen Bundesländern – im Kontext der Staatsorgane eine Sonderstellung ein, deren genaue Umschreibung bis in die Gegenwart hinein offene Fragen aufwirft.[1] Schon die Terminologie ist uneinheitlich. Von „parlamentarischer Kontrolle" spricht § 14 des Bundesgesetzes zur Beschränkung des Brief-, Post- und Fernmeldegeheimnisses (im Folgenden: G-10) ebenso wie § 16 S. 1 G-10, letzterer in wörtlicher Übernahme des § 9 Abs. 5 G-10 a. F. § 9 a. F. regelte sowohl die Kontrolle im Sinne des gegenwärtigen § 14 G-10 als auch die G-10 Kommission nach § 15 G-10 n. F., so dass sich die alte Fassung möglicherweise noch auf beide Kontrollmechanismen bezog. Von „parlamentarischer Kontrolle" spricht explizit auch § 2 NRWG-10, nicht hingegen § 3 NRWG 10, der das Verfahren der Beschränkung des Post- und Fernmeldegeheimnisses regelt. Dies legt Unterschiede zwischen beiden Konzepten jedenfalls nahe,

---

[1] Grundlegende Ansätze hierzu etwa bei *Hirsch*, Die Kontrolle der Nachrichtendienste, 1996, S. 49 ff., 101 ff., *ders.* ebd., S. 133 ff., die „parlamentarische Kontrolle" der Kontrolle durch „besondere Gremien" (ebd., S. 158 ff.) gegenübergestellt. Grundlegend auch *Arndt*, Rechtsprobleme der Post- und Fernmeldekontrolle, in: Jekewitz (Hg.), Festschrift für Friedrich Schäfer, 1980, S. 147 ff.; *ders.*, Das G10-Verfahren, in: BMI (Hg.), Verfassungsschutz und Rechtsstaat, 1981, S. 43 ff.; *ders.*, Parlamentarische Kontrolle der Nachrichtendienste, in: Schneider/Zeh (Hg.), Parlamentsrecht und Parlamentspraxis, 1989, S. 1374 ff.; *Schelter*, Die parlamentarische Kontrolle des Verfassungsschutzes, in: BMI (Hg.), Verfassungsschutz: Bestandsaufnahme und Perspektiven, 1998, S. 146 ff.

doch besteht offenbar insoweit eine gewisse, auch historisch bedingte terminologische Schwankungsbreite.

Doch lässt sich als Ausgangspunkt festhalten: Unabhängig von der Frage, ob man den Funktionsbereich der Kommissionen primär vom Rechtsschutzzweck her begreift[2] oder aber jenen Bereich jedenfalls auch vom Rechtsschutzzweck geprägt sieht,[3] so zeigt sich doch eine verfassungsrechtlich begründete Sonderstellung der Kommission. Diese schlägt auf das Verständnis ihrer Aufgaben und Befugnisse, namentlich bei der Bestimmung des Inhalts, des Umfangs und der Grenzen ihrer Aufgaben und Befugnisse bei der Ausübung ihrer Kontrollrechte gegenüber der Exekutive unmittelbar durch. Der Umfang jener Kontrolle lässt sich aus diesem Grund auch nicht einfach aus den allgemeinen Grundsätzen über parlamentarische oder gerichtliche Kontrolle herleiten. Vielmehr bedarf es hierzu bereichsspezifischer Erwägungen, welche den sachlichen und rechtlichen Eigenarten der konkreten Aufgabe ebenso gerecht werden wie den Funktionsbedingungen und Arbeitsweisen der Kommissionen selbst.

II. Der maßgebliche Interpretationsrahmen

Maßgeblicher Bezugspunkt einer solchen Bestimmung ist zunächst das einschlägige Gesetzesrecht, namentlich das NRWG-10 wie auch das G-10 (Bund). Daneben ist deren rechtliches Umfeld sowohl in den einschlägigen Landes- und Bundesgesetzen wie auch das jeweils maßgebliche Verfassungsrecht zu berücksichtigen.

1.   Die Gesetze zur Beschränkung des Brief-, Post- und Fernmeldegeheimnisses

Aufgaben und Befugnisse der Kommissionen folgen unmittelbar aus den Bundes- und Landesgesetzen zur Beschränkung des Brief-, Post- und Fernmeldegeheimnisses. G-10 und NRWG-10 sind historisch und genetisch unmittelbar mit der Übertragung von Überwachungsaufgaben und -befugnissen auf die Nachrichtendienste und die zuständigen Ministerien einerseits und deren konkreter gesetzlicher Ausgestaltung andererseits verknüpft. Sie sind demokratische und rechtsstaatliche Korrelate der rechtlichen Anerkennung und Ausgestaltung jener Überwachungsbefugnisse unter dem Grundgesetz. In diesem Sinne stehen sie nicht nur in einem historisch-genetischen, sondern zugleich in einem rechtlich-systematischen Zusammenhang. Ist demokratisch und rechtsstaatlich ausgeübte

---

[2] So namentlich BVerfGE 30, 1, 18 ff., 30 ff.
[3] So z.B. *Gusy*, NJW 1981, 1581.

Staatsgewalt nach dem Grundgesetz stets rechtlich begründete und begrenzte, kontrollierte Staatsgewalt, so ergibt sich das im Einzelfall notwendige Maß an Steuerung und Kontrolle nicht allein aus dem Grundgesetz selbst, sondern aus dessen gesetzlicher Ausgestaltung bzw. Konkretisierung durch das Gesetzesrecht. Dieses Gesetzesrecht ist seinerseits mehr als bloßer Verfassungsvollzug, sondern stets auch eigenständige Gestaltung durch demokratische Entscheidung.[4] In diesem Sinne ist das NRWG-10 zunächst als eigenständige Rechtsgrundlage heranzuziehen und als solche auszulegen.

Doch steht dieses in der Rechtsordnung nicht isoliert, sondern im Kontext des G-10 (des Bundes). Dies zeigt einerseits § 16 G-10, welcher den Ländern zur Aufgabe macht, die parlamentarische Kontrolle der für die Anordnung von Beschränkungsmaßnahmen zuständigen obersten Landesbehörden und die Überprüfung der von ihnen angeordneten Beschränkungsmaßnahmen zu regeln.[5] Dadurch wird ein gewisser systematischer Zusammenhang zwischen dem Bundes- und dem Landesrecht evident. Mögen die einzelnen Bundesländer im Rahmen ihrer allgemeinen Gesetzgebungszuständigkeiten berechtigt sein, die Materie selbst zu regeln, so sind sie durch § 16 G-10 (des Bundes) dazu gleichzeitig verpflichtet. Doch beschränkt sich § 16 G-10 nicht bloß auf die Statuierung einer bloß formellen Gesetzgebungspflicht. Vielmehr ist er seinerseits zumindest auch materiell-rechtlich zu verstehen. Die dort genannte „parlamentarische Kontrolle" darf nicht bloß dem Namen nach existieren, sie muss auch bestimmten inhaltlichen und kompetenziellen Mindestanforderungen genügen. Diese können sich zunächst aus dem Grundgesetz in der maßgeblichen Auslegung durch das Bundesverfassungsgericht,[6] daneben aber auch aus dem G-10 selbst ergeben. Dass die Vorschrift auch materiell-rechtliche Gehalte aufweist, zeigt nicht zuletzt bereits die bloße Existenz des § 16 S. 1 G-10. Der genannte systematische Zusammenhang zwischen Bundes- und Landesgesetzen folgt aber auch aus zahlreichen Bezugnahmen des Landesgesetzgebers auf das Bundesrecht selbst (etwa: §§ 1 Abs. 2; 4 Abs. 1, 2, 4 NRWG-10). Darüber hinaus folgen diese aber auch aus dem fragmentarischen Charakter des NRWG-10, welches auf eine Vollregelung bewusst verzichtet hat und insoweit hinter dem bundesgesetzlichen Standard zurückbleibt.

Dieser Kontext von Bundes- und Landesgesetz kann nicht ohne Konsequenzen für die Interpretation des Landesgesetzes bleiben. Vielmehr stehen beide Gesetze in einem historischen und systematischen Kontext, welcher auf das Verständnis ihrer Normen durchschlagen kann:

---

[4] So zutr. *Wahl/Rottmann*, Der Staat 1981, 485; *dies.*, NVwZ 1984, 401.
[5] Dazu – anhand des früher geltenden, aber weitgehend mit § 16 S. 1 G-10 n. F. übereinstimmenden – § 9 Abs. 5 G-10 a. F. *Roewer*, Nachrichtendienstrecht der Bundesrepublik Deutschland, 1987, § 9 Rn 32.
[6] S. namentlich BVerfGE 30, 1 , 17 ff.; 67, 157, 171 ff.; 93, 181, 186 ff.; 100, 313, 401 f.; BVerfG, NJW 1988, 1075; NVwZ 1994, 367.

- Da ist zunächst der Gedanke der Eigenständigkeit des Landesgesetzgebers und des Landesrechts. Wo eine eigenständige politische Entscheidung des Landtags im Gesetzestext erkennbar ist, bildet diese den maßgeblichen Bezugspunkt der Auslegung. Dabei ist insbesondere die Tatsache zu berücksichtigen, dass der Bundesgesetzgeber dem Landesgesetzgeber nicht in allen Einzelheiten vorgeschrieben hat, wie die Länder die Kontrolle der Abhörmaßnahmen zu regeln haben. Dabei kann hier offen bleiben, ob der Bund zu einer solchen detaillierten Vorgabe überhaupt berechtigt gewesen wäre oder nicht. Jedenfalls hat er solche Vorgaben im G-10 nicht aufgenommen. In diesem Sinne ist das Landesrecht primär aus sich selbst heraus auszulegen.

- Da ist weiter der Gedanke der systematischen Verknüpfung von Bundes- und Landesgesetz. Jedenfalls dort, wo der Bundesgesetzgeber explizite oder implizite Vorgaben gemacht hat, sind diese bei der Auslegung des Landesgesetzes mit zu berücksichtigen. Die zahlreichen Bezugnahmen des Landes- auf das Bundesgesetz deuten darauf hin, dass der Landesgesetzgeber sich bei dem Erlass des NRWG-10 seiner bundesrechtlichen Verpflichtungen bewusst war. Dies legt den Gedanken einer bundesrechtskonformen Auslegung des Landesgesetzes jedenfalls in solchen Fällen nahe, in welchen dieses nach dem Wortlaut und der Intention des Landesrechts möglich ist.

Daraus folgt: Am Anfang hat stets die Idee der (relativen) Eigenständigkeit des Landesgesetzgebers zu stehen. Daraus folgt zunächst die Interpretation des Landesgesetzes aus sich heraus. Darüber hinaus ist sodann aber auch der bundesrechtliche Rahmen heranzuziehen, wo dies rechtlich notwendig und möglich ist.

2. Datenschutzrecht

Neben den Abhörgesetzen bilden die Datenschutzgesetze des Landes und des Bundes einen weiteren interpretatorischen Bezugsrahmen. Zwar ist die Problematik der Eingriffe in das Post- und Fernmeldegeheimnis früher erkannt und geregelt worden als das allgemeine Datenschutzrecht. So ist namentlich das G-10 in seiner ursprünglichen Regelungsintention wie auch in seiner früheren Textfassung älter als das Bundesdatenschutzgesetz. Doch zeigen sich jedenfalls inzwischen zahlreiche systematische Kontexte, welche bei der Auslegung zu berücksichtigen sind.

Diese beziehen sich zunächst auf die vergleichbare Problemlage. Sowohl die Abhörgesetze als auch die Datenschutzgesetze beziehen sich auf Materien, welche als Erhebung bzw. Verarbeitung von Daten zu qualifizieren sind. In diesem Sinne ergibt sich eine partielle Überschneidung der Regelungsgegenstände in dem Sinne, dass die Abhörgesetze als spezielle, die Datenschutzgesetze hingegen als generelle Regelungen zu qualifizieren sind. Dies bedingt einerseits eine Anwendungssperre der generellen Gesetze, die insoweit nicht anwendbar sind, als die Regelungs-gehalte und -intentionen der speziellen Regelungen reichen. Umgekehrt stehen beide Gesetze aber auch in einem Regelungskontext insoweit, als die partielle Identität der Regelungsgegenstände wie auch die dadurch bedingte Verknüpfung der Regelungsinhalte inhaltliche Parallelen jedenfalls nahe legt. Insoweit stellt sich die systematische Auslegung des spezielleren und des generelleren Gesetzes zugleich als eine Bestimmung der Reichweite der Spezialität des NRWG-10 und damit des Anwendungsbereichs beider Gesetze dar.

Dass jener systematische Kontext der beiden Materien auch dem Gesetzgeber selbst bewusst war, zeigt auch der Text der inzwischen geltenden Fassung des G-10. Namentlich der explizite Hinweis des § 3 Abs. 5 S. 5 NRWG-10 auf die Regelung des § 24 Abs. 2 S. 3 des Bundesdatenschutzgesetzes macht diesen Zu-sammenhang deutlich. Dies lässt sich nicht bloß als systematischer Bezugspunkt zum Bundesdatenschutzgesetz (BDSG) deuten. Eine vergleichbare Bezugnahme auf das NRW-Datenschutzgesetz (NRWDSG) schied vielmehr schon deshalb aus, weil dieses eine dem § 24 Abs. 2 S. 3 BDSG vergleichbare Regelung überhaupt nicht enthält und deshalb als Verweisungsobjekt ausschied.

Für einen systematischen Kontext von NRWG-10 und NRWDSG spricht die folgende Erwägung: Die G-10-Kommission des Landes nimmt Aufgaben wahr, welche in wesentlichen Teilen denjenigen des Landesbeauftragten für den Daten-schutz nach §§ 21 ff. NRWDSG entsprechen. Insoweit sind nicht nur die Regelun-gen des NRWG-10, sondern auch die Kontrollbefugnisse der G-10-Kommission des Landes spezieller als diejenigen des Landesdatenschutzbeauftragten.[7] Hier-aus entsteht ein notwendiger systematischer Zusammenhang: Da § 3 Abs. 5 S. 5 NRWG-10 die Kontrollbefugnisse der Landesdatenschutzbeauftragten einschränkt, kann theoretisch entweder ein positiver oder aber ein negativer systematischer Zusammenhang existieren:

- Im Falle eines positiven systematischen Zusammenhanges tritt die G-10-Kommission des Landes in demselben Umfang, in welchem die Datenschutz-beauftragten von eigenen Kontrollbefugnissen ausgeschlossen sind, an deren Stelle als maßgebliche Kontrollinstanz. In diesem Falle wäre der Umfang der Kontrollaufgaben der G-10-Kommission auch aus dem Umfang der Kontroll-aufgaben der Landesdatenschutzbeauftragten zu ermitteln. Konkret würde der Kontrollumfang der Kommission sich systematisch auch aus dem subsidiären Datenschutzrecht bestimmen lassen.
- Andernfalls – sofern also NRWG-10 und NRWDSG unabhängig nebenein-ander stünden – würde sich ein negativer systematischer Zusammenhang

[7] So *Borgs-Maciejewski/Ebert*, Das Recht der Nachrichtendienste, 1986, § 9 G-10 Rn 18 f.; unter Berufung auf *Arndt*, Das G10-Verfahren, in: BMI (Hg.) a.a.O., S. 43, 62 f.; *dies.*, NJW 1985, 107.

ergeben: In diesem Falle könnte der Aufgabenumfang der Kommission hinter demjenigen der Datenschutzbeauftragten zurückbleiben. Dadurch würde die Möglichkeit kontrollfreier Räume entstehen. Dies könnte jedenfalls in dem Umfang, in welchem Kontrolle staatlicher Datenverarbeitung verfassungs-rechtlich notwendig ist, zu grundgesetzwidrigen Datenschutzlücken führen.

Verfassungsrechtlich wie rechtssystematisch spricht mehr für die erste als für die zweite Lösung.[8] Angesichts der Eingriffsintensität von Abhörmaßnahmen nach § 3 G-10 besteht ein besonders hoher Kontrollbedarf, namentlich auch im Vergleich zu manchen anderen Formen staatlicher Datenerhebung.[9] Umso weniger liegt es nahe, gerade hier die Möglichkeit kontrollfreier Räume anzunehmen. Dass solche nicht gewollt sind, zeigt die Textgeschichte sowohl des G-10 als auch des NRWG-10, welche beide eine textliche Annäherung an die inzwischen etablierten datenschutzrechtlichen Standards aufzeigen und jedenfalls den expliziten Kon-trollumfang der G-10-Kommissionen in Bund und Ländern erheblich ausgeweitet haben. Dabei kann die Frage, ob darin die Idee einer gesetzlichen Ausweitung des Kontrollumfangs oder aber lediglich eine positiv-rechtliche Anerkennung einer schon zuvor implizit mitgedachten und mitgeregelten Praxis liegen sollte, an dieser Stelle offen bleiben.

3. Verfassungsrecht

Von prägender Bedeutung für die systematische Auslegung des NRWG-10 ist aber auch das Verfassungsrecht, namentlich Art. 10; 19 Abs. 4 S. 3 GG und das im Hinblick auf den Grundrechtsschutz insoweit inhaltsgleiche Verfassungsrecht des Landes Nordrhein-Westfalen (Art. 4 Abs. 1 Landesverfassung (NRWLV)).[10]
    Als landesspezifische Besonderheit ist darüber hinaus Art. 4 Abs. 2 NRWLV einzubeziehen, der – ungeachtet seiner in zahlreichen Einzelheiten noch nicht abschließend geklärten Bedeutung[11] – jedenfalls als ausdrückliche Selbstverpflich-tung des Landes gesehen werden kann, im Hinblick auf den Datenschutz nicht hinter das vergleichbare Niveau etwa des Bundes, der im Grundgesetz keine ent-sprechende ausdrückliche Bestimmung kennt, zurückzufallen.

---

[8] Dazu näher u. Kap. 3, II.

[9] Zur verfassungsrechtlichen Notwendigkeit und Rechtsstellung der Kontrolle durch unabhängige Datenschutzbeauftragte *Flanderka*, Der Bundesbeauftragte für den Datenschutz, Diss. 1988, S. 74 ff.

[10] Zu diesem Gebot verfassungssystematischer Auslegung – vielfach auch als Erscheinungsform der verfassungskonformen Auslegung qualifiziert – Nachw. bei *Schulze-Fielitz*, in: Dreier (Hg.), GG II, 2. A., 2006, Art. 20 Rn 87.

[11] Dazu *Menzel*, in: Löwer/Tettinger (Hg.), Kommentar zur Verfassung des Landes NRW, 2002, Art. 4 Rn 18 ff.

4. *Zusammenfassung*

Zusammenfassend bleibt festzuhalten: Die Bestimmungen des NRWG-10 sind wegen der eigenständigen Gesetzgebungskompetenz und der eigenständigen demokratischen Legitimation des Landesrechts primär aus sich selbst heraus auszulegen. Als rechtssystematischer Auslegungsrahmen sind dabei namentlich die Vorgaben des G-10 (des Bundes), der Datenschutzgesetze des Bundes und des Landes sowie die verfassungsrechtlichen Vorgaben des Grundgesetzes wie auch der NRWLV einzubeziehen.

III. § 3 Abs. 5 NRWG-10: Der Gegenstand der Kontrollaufgaben

1. *Adressaten der Kontrolle*

§ 3 Abs. 5 NRWG-10 enthält den maßgeblichen Anhaltspunkt für die Bestimmung des Umfangs von Kontrollaufgaben und -befugnissen der G-10-Kommission (im Folgenden: Kommission).[12] Die Regelung unterscheidet grundsätzlich zwei Aufgaben der Kommission:

- die Entscheidung über die Zulässigkeit und Notwendigkeit von Beschränkungsmaßnahmen (S. 1) und
- die Kontrollaufgaben und -befugnisse (S. 2).

Beide Aufgaben sind aufeinander bezogen und durch ihren Gegenstand miteinander verknüpft. Dieser betrifft die Durchführung von Abhörmaßnahmen und die damit notwendig einhergehenden Grundrechtseingriffe, namentlich durch Erhebung und Verwendung der dabei erlangten Daten. Diese Verbindung ist umso wichtiger, als die Verarbeitung von Informationen, welche durch Eingriffe in das Grundrecht des Art. 10 GG erhoben worden sind, den ursprünglichen Grundrechtseingriff fortsetzt und gleichfalls als Eingriff in das Post- und Fernmeldegeheimnis zu qualifizieren ist.[13] In diesem Sinne geht es um die Gewährleistung der Rechtmäßigkeit miteinander zusammenhängender Grundrechtseingriffe, also

---

[12] Entsprechend im Bund § 15 Abs. 5 G-10; in den anderen Bundesländern § 2 Abs. 4 BWG-10; Art. 2 Abs. 2 BayG-10; § 2 Abs. 2 BerlG-10; § 3 Abs. 1 BbgG-10; § 3 Abs. 1 S. 5 HBG-10; § 4 Abs. 1 HeG-10; § 2 Abs. 1 MVG-10; § 4 Abs. 2 NdsG-10; § 3 Abs. 4 SaarlG-10; § 2 Abs. 2 SachsG-10; § 5 Abs. 2 LSAG-10; § 26a Abs. 1 SHVerfSchG iVm § 15 Abs. 5 G-10 (Bund); § 3 Abs. 2 ThürG-10.
[13] Dazu BVerfGE 85, 386, 398; 100, 313, 366; *Gusy*, in: v. Mangoldt/Klein/Starck, GG I, 5. A., 2005, Art. 10 Rn 60, 69 (Nachw.).

die zusammenhängende Kontrolle zusammenhängender Eingriffsmaßnahmen von der Erhebung bis zur Löschung der Daten. Der Umfang jener Aufgaben wird durch die maßgeblichen Daten bestimmt. Erhebung, Verarbeitung und Nutzung der durch die Beschränkungsmaßnahmen erhobenen Daten konstituieren den Gegenstand der Kontrolle. Auffällig ist demgegenüber, dass die Frage danach, durch wen die jeweiligen Grundrechtseingriffe durchgeführt worden sind, im Wortlaut des § 3 Abs. 5 NRWG-10 keinen textlichen Niederschlag erlangt hat und deshalb jedenfalls im Kontext dieser Bestimmung keine eigenständige Begrenzungswirkung erlangen kann. Solche Grenzen können sich allenfalls aus sonstigen Vorschriften des NRWG-10 ergeben. Dabei fällt auf, dass die für die Durchführung des G-10 verantwortliche Stelle jedenfalls in Nordrhein-Westfalen nicht „der Verfassungsschutz" als eigenständige Behörde oder eigenständiger Teil des Ministeriums des Innern ist.[14] Vielmehr nennt § 1 Abs. 1 NRWG-10 als oberste Landesbehörde iSd § 10 Abs. 1 G-10 und damit als „zuständige oberste Landesbehörde" für die Anordnung von Abhörmaßnahmen den Innenminister. Wer eine Maßnahme anordnet, trägt auch die Verantwortung für deren Rechtmäßigkeit.[15] Ganz in diesem Sinne ist auch der Innenminister für die Unterrichtung des parlamentarischen Kontrollgremiums nach § 2 NRWG-10 zuständig. Seine Aufgaben enden auch nicht mit der Anordnung einer Maßnahme, wie sich explizit etwa aus § 5 NRWG-10 ergibt. Die dort vorgesehene Entscheidung über die Mitteilung der erhobenen Daten an Betroffene steht regelmäßig am Ende des Erhebungs- und Verarbeitungsvorgangs („nach [...] Einstellung" der Beschränkungsmaßnahmen). Der Zuständigkeits- und Verantwortungsbereich der Exekutive für Abhörmaßnahmen nach dem NRWG-10 ist also nicht auf die Verfassungsschutzabteilung beschränkt. Allerdings kommen ihr im Rahmen des Gesetzes zwar einzelne besondere Aufgaben und Befugnisse zu. Namentlich ist der Leiter der Verfassungsschutzabteilung die antragsberechtigte Stelle (§ 1 Abs. 2 NRWG-10) iSd § 9 Abs. 2 Nr. 2 G-10.[16]

---

[14] Als solche sind z. B. in § 1 Abs. 1 G-10 (Bund) „die Verfassungsschutzbehörden des Bundes und der Länder" angesprochen. S. a. a. § 10 Abs. 1 G-10, wo als „zuständige Behörde" ein besonders beauftragtes „Bundesministerium" genannt ist.

[15] S. zum insoweit gleichlautenden § 5 Abs. 1 G-10 a. F. näher *Roewer*, Nachrichtendienstrecht a. a. O., § 5 G-10 Rn 1, der allerdings stärker auf die politische Verantwortlichkeit abstellt, zugleich aber auch ausführt: „Die Vorschrift trifft zudem Verfahrensregeln zum Schutz des Betroffenen." S. a. *Borgs-Maciejewski/Ebert*, Recht der Nachrichtendienste a. a. O., Vor § 1 G-10 Rn 13: Danach „muss der Minister als Autor des Verwaltungsakts angesehen werden, weil im Verhältnis zur Kommission nur er die Entscheidung als eigene will." Der hier als „Autor" bezeichnete Minister ist dann aber auch dasjenige Organ, dem die verfahrensrechtlichen Pflichten im Hinblick auf die Prüfung der Rechtmäßigkeitsbedingungen der Maßnahme zukommen.

[16] In diesem Rahmen kommt der Behörde die Pflicht zu einer „möglichst intensiven und über die jeweilige Behördenspitze kanalisierte Rechtmäßigkeitsprüfung" zu; so *Roewer*, Nachrichtendienstrecht a. a. O., § 4 Rn 1.

Zudem kann die Verfassungsschutzabteilung die „erhebende Stelle" iSd § 4 Abs. 1 S. 1 NRWG-10 sein. Schließlich kommen deren Leiter bestimmte gesetzlich begründete besondere Aufgaben zu (s. etwa § 4 Abs. 3 NRWG-10). Das Gesetz geht demnach davon aus, dass es bei Abhörmaßnahmen hinsichtlich der Informationserhebung und -verarbeitung unterschiedliche, gesetzlich differenzierte Aufgaben, Befugnisse und Verantwortungen gibt. Sie betreffen teils den Innenminister, teils den Leiter der Verfassungsschutzabteilung, teils andere, näher bezeichnete Amtsträger (etwa: § 4 Abs. 5 S. 2 NRWG-10). Im Kontext des hier zu untersuchenden Zusammenhangs lässt sich aus jeden Einzelnormen jedenfalls Folgendes herleiten:

- Weder dem § 3 Abs. 5 NRWG-10 noch anderen Vorschriften dieses Gesetzes lässt sich entnehmen, dass die Kontrollaufgabe der Kommission auf Erhebungs- und Verarbeitungsmaßnahmen gerade der Verfassungsschutzabteilung begrenzt ist.
- Als Adressat von Kontrollmaßnahmen lässt sich hinreichend deutlich jedenfalls das Innenministerium des Landes identifizieren.
- Ob auch sonstige Stellen des Landes als Adressaten von Kontrollmaßnahmen des Landes in Betracht kommen und welche dies ggf. sein können, braucht im Rahmen der hier zu untersuchenden Frage nicht weiter entschieden zu werden.

Daraus folgt: Dass bestimmte Informationen, welche durch Überwachungsmaßnahmen nach dem NRWG-10 erlangt worden sind, bei anderen Stellen als der Verfassungsschutzabteilung des Innenministeriums aufbewahrt werden, schließt demnach die Kontrollzuständigkeit der Kommission nicht aus. Das ist auch unabhängig von der Frage, ob die Verfassungsschutzabteilung selbst noch Zugriff auf jene Informationen hat, sofern dieser Zugriff noch anderen, der Kontrollzuständigkeit der Kommission unterliegenden Stellen – etwa dem Ministerium des Innern – des Landes möglich ist.

2. Kontrolle der gesperrten Daten?

a) Sperrung als Datenverarbeitung

§ 3 Abs. 5 S. 2 NRWG-10 bezieht die Kontrollaufgaben auf „Erhebung, Verarbeitung und Nutzung der durch die Beschränkungsmaßnahmen erlangten personenbezogenen Daten". Die Begriffe der „Daten" sowie ihrer „Erhebung", „Verarbeitung" und „Nutzung" werden im NRWG-10 nicht definiert, sondern vorausgesetzt. Infolge der bereits dargestellten systematischen Bezüge von Abhörgesetzen und Datenschutzrecht[17] liegt es nahe, das dort zum Ausdruck gelangte Begriffsverständnis auch im Anwendungsbereich des NRWG-10 zugrunde zu legen. § 3 Abs. 2 S. 1 NRWDSG versteht unter „Datenverarbeitung [...] das Erheben, Speichern, Verändern, Übermitteln, Sperren, Löschen sowie Nutzen personenbezogener Daten".[18] Auch wenn einzelne terminologische Abweichungen zwischen § 3 NRWDSG einerseits und § 3 Abs. 5 NRWG-10 andererseits erkennbar sind – so wird etwa in § 3 Abs. 2 S. 1 NRWDSG die „Nutzung" als Form und damit als Unterfall der Datenverarbeitung qualifiziert, andererseits in § 3 Abs. 5 NRWG-10 die Verarbeitung und die Nutzung nebeneinander gestellt und somit als zwei unterschiedliche Fälle genannt –, so lässt sich hinsichtlich der Sperrung doch feststellen: Im Sinne des § 3 Abs. 2 S. 1 NRWDSG ist auch das „Sperren" eine Form der Datenverarbeitung. Jedenfalls insoweit ist auch im NRWG-10 kein abweichendes Begriffsverständnis erkennbar. Damit unterliegt die Sperrung erhobener Daten im Anwendungsbereich des G-10 dessen Regelungen über die „Verarbeitung" (§ 3 Abs. 5 NRWG-10) von Daten.

Würde man dieser Ableitung nicht folgen und die soeben angedeuteten terminologischen Unterschiede zwischen NRWG-10 und NRWDSG auch auf den Begriff der „Verarbeitung" erstrecken, würde dies für die hier verfolgten Ableitungen keinen Unterschied bewirken. Denn auch in diesem Falle wäre die „Sperrung" von Daten jedenfalls unter die „Nutzung" iSd § 3 Abs. 5 S. 2 NRWG-10 zu subsumieren. Dies wäre jedoch unschädlich, da „Verarbeitung" und „Nutzung" von Daten in § 3 Abs. 5 S. 2 NRWG-10 einander rechtlich gleichgestellt sind.[19]

Als *Zwischenergebnis* lässt sich festhalten: Die Sperrung von Daten ist ein Vorgang der Datenverarbeitung und insoweit der Kontrolle durch die G-10-Kommission NRW zugänglich. Dies kann unter zwei denkbaren Gesichtspunkten geschehen:

- Nach § 4 Abs. 1 S. 4 NRWG-10 ist die Sperrung lediglich zulässig, wenn einerseits die Voraussetzungen für ihre Löschung iSd § 4 Abs. 1 S. 2 NRWG-10 vorliegen und andererseits die Daten noch für die nachträgliche Benachrichtigung

---

[17] S. o. II 2.

[18] Zu diesen Begriffsbestimmungen näher *Stähler/Pohler*, Datenschutzgesetz Nordrhein-Westfalen, 2003, § 3 Rn 9 ff.; allgemeiner – anhand des etwas anderen Wortlauts des § 3 Nr. 4 BDSG – *Dammann*, in: Simitis u. a. (Hg.), BDSG, 6. A., 2006, § 3 Rn 114 ff.; noch allgemeiner *Schild*, in: Roßnagel (Hg.), Handbuch Datenschutzrecht, 2003, S. 501, 515 ff.

[19] Dazu näher *Stähler/Pohler*, NRWDSG a. a. O., § 3 Rn 16, welche die „Nutzung" als „Auffangtatbestand" bezeichnen, der gerade dann zur Anwendung komme, wenn der technische Fortschritt zu „einer Art der Datenverarbeitung (!)" führen sollte, die von den anderen im Gesetz genannten Datenverarbeitungsphasen nicht erfasst wird. In diesem Kontext bezeichnen sie die „Nutzung" als „irgendwie geartete Nutzung" durch „Handlungen mit erkennbarer Wirkung".

oder gerichtliche Verfahren benötigt werden.[20] In diesem Zusammenhang kann die Kommission prüfen, ob die genannten Voraussetzungen vorlagen, ob also die Daten zulässigerweise gesperrt wurden oder sie stattdessen (ganz oder teilweise) hätten gelöscht werden müssen. Dies kann auch die Einsichtnahme in die gesperrten Daten erfordern.

- Weiter kann die Kommission prüfen, ob die Daten tatsächlich gesperrt sind, ob also die erforderlichen rechtlichen und tatsächlichen Vorkehrungen getroffen worden sind, welche ihre sonstige Verarbeitung ausschließen.

b) Gesperrte Daten

aa) Wirkung der Sperre

Davon zu unterscheiden ist jedoch die Frage, ob sich diese Kontrollkompetenz auch auf gesperrte Daten bezieht. Das Problem resultiert aus der Umschreibung der Sperrung als „Verhinderung weiterer Verarbeitung gespeicherter Daten" in § 3 Abs. 2 S. 2 Nr. 5 NRWDSG.[21] Ist eine Information gesperrt, so ist – ordnungsgemäße Durchführung der Sperrung vorausgesetzt – die weitere Verarbeitung der betroffenen Daten verhindert und damit nicht mehr möglich. Ist dies der Fall, so drängt sich bei wörtlicher Betrachtung die Frage auf, ob eine Kontrolle der „Verarbeitung von Daten" sich auch auf solche Daten beziehen kann, deren (weitere) Verarbeitung gerade verhindert ist, also weder stattfinden darf noch stattfindet.

Jene grundsätzliche Frage würde sich in ihrer vollen Tragweite allerdings nur dann stellen, wenn die Sperrung eine absolute wäre und dadurch jede weitere Form der Datenverarbeitung ausgeschlossen wäre. Doch ist die gesetzliche Wirkung der „Sperrung" keine stets und überall absolute. Vielmehr ist sie bestimmten gesetzlichen Ausnahmen zugänglich. Soweit solche Ausnahmebestimmungen reichen, wäre dann im Einzelfall doch eine Datenverarbeitung zulässig und damit auch durch die G-10-Kommission kontrollierbar.

Die wichtigste *Regelung über Reichweite und Grenzen der Sperrung* findet sich in § 19 Abs. 2 S. 4 NRWDSG. Danach ist – im Anwendungsbereich dieses Gesetzes – die Verarbeitung gesperrter Daten in Ausnahmefällen zu bestimmten Zwecken doch zulässig. Doch vermag diese Regelung im Anwendungsbereich des NRWG-10 weder Datenverarbeitungsbefugnisse der Behörden noch – mittelbar –

---

[20] Entsprechend im Bund § 4 Abs. 1 G-10; in den anderen Bundesländern sind vergleichbare Vorschriften soweit ersichtlich nicht in Kraft.
[21] Vgl. § 3 Abs. 4 S. 2 Nr. 4 BDSG: Sperren: „Das Kennzeichnen gespeicherter personenbezogener Daten, um ihre Weiterverarbeitung oder Nutzung einzuschränken."

Kontrollbefugnisse der G-10-Kommission zu begründen.[22] Denn jene Vorschrift ist
für den speziellen Anwendungsbereich des NRWG-10 durch die speziellere Bestimmung des § 4 Abs. 1 S. 5 NRWG-10 verdrängt. Danach ist die Verwendung der nach
§ 4 Abs. 1 S. 4 NRWG-10 gesperrten Daten ausschließlich für diejenigen Zwecke,
aus welchen die Sperrung erfolgt ist, zulässig. Jede andere Form ihrer weiteren
Verarbeitung ist hier – im Unterschied zu § 19 Abs. 2 NRWDSG – ausgeschlossen.
Daher können sich aus den weiter gehenden Verarbeitungsermächtigungen des § 19
Abs. 2 NRWDSG keine Kontrollaufgaben der G-10-Kommission herleiten lassen.

Entsprechendes gilt auch, wenn als Anhaltspunkt für die Kontrollaufgaben
nach § 3 Abs. 5 S. 2 NRWG-10 nicht auf die „Verarbeitung", sondern auf die „Nutzung" der entsprechenden Informationen iSd dieser Bestimmung abgestellt wird.
Der im Anwendungsbereich des NRWG-10 wenig klare Begriff der „Nutzung"
kann sich hier sinnvoll nur auf Nutzungsformen beziehen, welche keine „Verarbeitung" von Daten darstellen. Dadurch unterscheidet sich die spezielle Regelung
des NRWG-10 von derjenigen des § 3 Abs. 2 S. 1 NRWDSG, wo die „Nutzung"
als Unterfall der „Verarbeitung" von Daten angegeben wird.

Doch setzt auch eine Begründung von Kontrollaufgaben durch das Merkmal
der „Nutzung" von Informationen voraus, dass zum Kontrollzeitpunkt überhaupt
Nutzungsmöglichkeiten hinsichtlich der erhobenen Daten erkennbar sind. Doch
sind diese durch die Verwendungsbeschränkung des § 4 Abs. 1 S. 5 NRWG-10
ebenso eröffnet und eingeschränkt wie die Verarbeitungsmöglichkeiten.[23]

Als *Zwischenergebnis* bleibt festzuhalten: Soweit § 3 Abs. 5 S. 2 NRWG-10 die
Kontrolle der „Datenverarbeitung" oder „Datennutzung" zulässt, ist dort keine
Kontrolle zulässig, wo Datenverarbeitung oder Datennutzung weder stattfinden
darf noch stattfindet. Daher stellt sich die Frage, inwieweit im Anwendungsbereich
des NRWG-10 die Verarbeitung oder Nutzung gesperrter Daten noch zulässig ist.
Dies ergibt sich – unabhängig von der Frage, ob das Merkmal der „Verarbeitung"
oder dasjenige der „Nutzung" einschlägig ist – aus § 4 Abs. 1 S. 5 NRWG-10.

bb) Verarbeitung gesperrter Daten?

Demnach stellt sich vorab die Frage, zu welchen Zwecken die gesperrten Daten
nach jener Vorschrift noch verwendet werden dürfen. Die Vorschrift selbst bezieht
sich auf „diese Zwecke", d. h. diejenigen Zwecke, zu welchen nach § 4 Abs. 1 S. 4
NRWG-10 die gespeicherten Daten gesperrt werden dürfen bzw. müssen. Die

---

[22] Dazu *Stähler/Pohler*, NRWDSG a. a. O., § 19 Rn 18.
[23] Entsprechend im Bund § 4 G-10.

Verwendungszwecke folgen demnach aus den Sperrungszwecken. Dabei ist die Sperrung – im Unterschied zur Löschung von Informationen – zulässig, wenn

- die (zu sperrenden) Daten für eine Mitteilung nach § 12 Abs. 1 G-10 (des Bundes) von Bedeutung sein können oder
- die (zu sperrenden) Daten für eine gerichtliche Nachprüfung der Rechtmäßigkeit der Beschränkungsmaßnahme von Bedeutung sein können.

Diese Zweckbestimmung gilt es im Folgenden näher zu konkretisieren. Der Sperrungszweck iSd § 4 Abs. 1 S. 4 NRWG-10 ist charakterisiert durch den Charakter der Maßnahme als Alternative zur Datenlöschung. Dabei ist die Löschung das weitestgehende Mittel zum Schutz der Rechte Betroffener, wenn die erhobenen und gespeicherten Daten nicht mehr benötigt werden. In diesem Sinne ist die Sperrung also nicht allein ein Instrument der Durchsetzung der Grundrechte, sondern stellt ihrerseits eine Abwägung zwischen jenen Rechten einerseits und der Notwendigkeit der weiteren Aufbewahrung der Daten für andere Zwecke als solche des Verfassungsschutzes andererseits dar. Diese zuletzt genannten Zwecke umfassen auch Belange Betroffener, so dass im Ergebnis die Datensperrung bei den Behörden zur sachgerechten Durchsetzung sowohl der materiellen Grundrechte – die inhaltlich auf Löschung der Informationen gerichtet wären – und ihrer formellen Rechte auf Durchsetzung jener Rechte durch Rechtsschutzinstrumente erfolgt. In diesem Sinne schränkt die Sperrung jener Daten die Rechte Betroffener im Interesse einer potentiellen Ermöglichung der gerichtlichen oder sonstigen Geltendmachung eben jener Rechte ein.[24]

Ungeachtet der – auch rechtsschutzbezogenen – Funktion der Datensperrung stellt diese aber nicht allein eine Verbesserung der Rechte Betroffener dar. Vielmehr bewirkt sie zugleich eine datenschutzrechtsspezifische Gefährdungslage: Informationen, welche für den gesetzlich zugelassenen Erhebungs- und Speicherungszweck nicht mehr benötigt werden und deshalb eigentlich nicht mehr vorhanden sein dürften, werden weiterhin aufbewahrt und stehen damit – wenn auch unter den stark einschränkenden rechtlichen Bedingungen der Sperrung[25] – noch zur Verfügung. Daraus entstehen datenschutzrechtliche Folgefragen, die ihrerseits durch den Umstand begünstigt werden, dass sowohl die Erhebung als auch die Aufbewahrung als auch die Sperrung jener Informationen heimlich und damit für den Betroffenen unbemerkt geschehen sind. Er kann sich also gegen keinen dieser Schritte rechtlich wehren – teils aus Sach-, teils aber auch aus Rechtsgründen.[26]

---

[24] Zu dieser Situation BVerfGE 100, 313, 400.
[25] S. dazu o. aa).
[26] S. zu § 13 G-10 näher BVerfGE 100, 313, 399 f.

Demnach erscheint die *Sperrung als eine Maßnahme mit Doppelwirkung*: Sie enthält einerseits grundrechtsschützende bzw. -verwirklichende Elemente, andererseits aber auch grundrechtsgefährdende und möglicherweise potentiell in den Grundrechtsschutz eingreifende Elemente.

Dieser hier allein subjektiv-rechtlich entwickelte Gedanke wird aber auch durch die objektiv-rechtlichen Aussagen der Abhör- und der Verfassungsschutzgesetze verstärkt. So begründet und begrenzt § 5 NRW-Verfassungsschutzgesetz (im Folgenden: NRW-VerfassungsschutzG) die Befugnisse der Verfassungsschutzbehörde einerseits im Interesse weit gespannter Verfassungsschutzinteressen, beschränkt sie aber andererseits zugleich auf das für diese Zwecke geeignete und erforderliche Maß. Dieser Gedanke kommt namentlich in § 5 Abs. 4 NRW-VerfassungsschutzG zum Ausdruck. Die Regelung verfolgt somit eine doppelte Zielrichtung: Einerseits das Ziel der Ermöglichung eines wirksamen Verfassungsschutzes, andererseits das Ziel seiner Einbindung in die rechtsstaatlichen und grundrechtlichen Grundgedanken des Grundgesetzes und der NRW-Landesverfassung. Ziel der Gesamtregelung ist nicht Informationsminimierung um jeden Preis, sondern die *Beschränkung der staatlichen Befugnisse auf das nötige Maß*.[27] Dieser Gedanke umfasst auch diejenigen Daten, welche nach dem NRWG-10 erhoben worden sind. Ungeachtet einzelner rechtlicher Sonderregelungen hinsichtlich ihrer Erhebung und Verarbeitung gilt doch: Auch die Abhörergebnisse sind Informationen des Verfassungsschutzes und unterliegen daher den dazu geltenden allgemeinen Bestimmungen, sofern keine einschlägigen Spezialregelungen erkennbar sind. Zu jenen allgemeinen Regelungen zählt auch § 5 NRW-VerfassungsschutzG.

Bestätigt werden jene Grundaussagen auch durch die Regelung des G-10 und des NRWG-10. §§ 3 ff. NRWG-10 enthalten zahlreiche Regelungen zur formellen und materiellen Begrenzung der Erhebungs- und Speicherungsbefugnisse, welche dem Verfassungsschutz durch die Ermächtigungen des G-10 (Bund) zugesprochen worden sind. Das gilt namentlich für die fortdauernde bzw. wiederkehrende Verpflichtung zur Prüfung der Notwendigkeit bzw. Angemessenheit fortdauernder Speicherung bzw. sonstiger Verarbeitung der erhobenen Daten durch unterschiedliche Amtswalter und Organe. Ganz ähnliche Rechtsgedanken enthält auch § 4 G-10 (des Bundes). Dass jene Mechanismen als vergleichsweise effiziente Mechanismen für die Kontrolle der Verfassungsschutzbehörden angesehen werden, zeigen nicht zuletzt die neuen Bestimmungen des § 5a Abs. 2 ff. NRW-VerfassungsschutzG, welche die neu eröffneten, als besonders intensiv eingreifenden Befugnisse des Verfassungsschutzes an die Kontrollmechanismen der §§ 3 ff. NRWG-10 binden. Das materiell-rechtliche Ziel aller jener Regelungen ist die Beschränkung der Informationsmenge auf das richtige Maß.

---

[27] Dies ist jedenfalls der Grundgedanke jener Regelung. Zur Umsetzung u. Kap. 3, III 2.

Ergänzt werden jene Grundsätze aber auch durch die formellen Elemente der genannten Regelungen. Interne Überprüfungspflichten, Vorbehalte für bestimmte Amtswalter – etwa solche mit Befähigung zum Richteramt oder den Behördenleiter – wie auch die Kontrollaufgaben der G-10-Kommission sind normalerweise nicht gegenläufig, sondern gleichgerichtet: Sie dienen der optimalen Verwirklichung des Grundrechtsschutzes in rechtsstaatlich geleiteter Abwägung mit den Aufgaben der Verfassungsschutzbehörden. Dabei sind die objektiv-rechtlichen formellen Kontrollmechanismen sinn- und zweckhaft mit dem materiellen Recht verbunden: Sie dienen der Verwirklichung der Rechte der Betroffenen in einer faktischen Situation, in welcher diese sie nicht selbst ausüben oder durchsetzen können.

Dieser Zusammenhang wird durch die Rechtsprechung des Bundesverfassungsgerichts in vielfacher Weise gefordert und bestätigt. Danach erfordert die Subjektqualität des Menschen nach dem Grundgesetz zwar normalerweise, dass er nicht nur Träger subjektiver Rechte ist, sondern auch zur Verteidigung und Durchsetzung seiner Rechte den Prozessweg beschreiten und vor Gericht seine Sache vertreten kann, in diesem Sinne also Grundrechtsschutz durch Gerichtsschutz genießt. Doch verletzt es die Menschenwürde danach nicht, wenn der Ausschluss von gerichtlichem Schutz nicht durch eine Missachtung oder Geringschätzung der menschlichen Person, sondern durch die Notwendigkeit der Geheimhaltung von Maßnahmen zum Schutze der demokratischen Ordnung und des Bestandes des Staates motiviert wird. Dies sei jedenfalls zulässig, sofern eine „zwar andersartige, aber gleichwertige Rechtskontrolle", die auch dem Schutz der Rechte des Betroffenen dienen soll, eingeführt werde.[28]

Zu den Anforderungen an Ziel, Organisation und Wirksamkeit jener „gleichwertigen Rechtskontrolle" hat sich das Bundesverfassungsgericht gleichfalls detailliert geäußert.[29] Zwar stehe diese grundsätzlich dem Gesetzgeber zur Ausgestaltung frei. Doch müsse sie sich „auf alle Schritte des Prozesses der Fernmeldeüberwachung erstrecken". In diesem Sinne kontrollbedürftig sei „sowohl die Rechtmäßigkeit der Eingriffe als auch die Einhaltung der gesetzlichen Vorkehrungen zum Schutz des Fernmeldegeheimnisses".[30]

Das Vorhandensein wirksamer Kontrollmechanismen hat demnach eine charakteristische Doppelfunktion. Einerseits sollen sie *Grundrechtsschutz soweit als möglich sicherstellen* und so die Rechte der Betroffenen wahren und durchsetzen. Andererseits sollen sie aber auch die *Wirksamkeit des Verfassungsschutzes steigern*, weil sie Grundlage für die Zulassung bestimmter Eingriffe sind, die nur dann grundrechtskonform sein können, wenn es bestimmte, situationsangepasste und -angemessene Organe und Mechanismen des Schutzes Betroffener gibt. Eben

---

[28] BVerfGE 30, 1, 27.
[29] S. grundlegend BVerfGE 30, 1, 23 f.
[30] BVerfGE 100, 313, 362.

dieser Zusammenhang ist in der jüngeren Verfassungsschutzgesetzgebung vielfach betont worden. So geht die gegenwärtige Rechtslage auf einen Entwurf „zur Stärkung des Verfassungsschutzes und seiner Kontrollorgane"[31] zurück. Dessen zentrales Anliegen lautete: „Wer den Verfassungsschutz stärkt und ihm neue Rechte gibt, der muss auch deren rechtsstaatliche Kontrolle im Blick behalten". Es geht darum, die Balance zu wahren zwischen dem, was zur Terrorismusbekämpfung einerseits notwendig ist, und der parlamentarischen Kontrolle zum Schutz der Bürgerrechte andererseits. Deshalb stärkt der Gesetzentwurf die Kontrollorgane, nämlich das Parlamentarische Kontrollgremium und die G-10-Kommission.[32] Rechtsfolgen erlangte jener Zusammenhang auch in § 16 G-10. Dort ist festgelegt, dass die Bundesländer bestimmte Befugnisse nur unter der Voraussetzung wahrnehmen dürfen, dass sie auch entsprechende Organe und Verfahren zum Schutz der Rechte Betroffener eingerichtet haben.[33] Auch hier gilt also: Ein möglichst wirksamer Grundrechtsschutz kann auch Bedingung bzw. Voraussetzung für die Ausweitung bzw. Ausübung staatlicher Befugnisse für Grundrechtseingriffe sein.

c)   Sperrungszwecke und Kontrollaufgaben

aa)   Informationsverarbeitungsgrenzen und Kontrollgrenzen

In diesem Sinne ist die Sperrung personenbezogener Daten gem. § 4 Abs. 1 S. 4 NRWG-10 Grundrechtsschutz und Grundrechtseingriff zugleich. Sie ist ein Mechanismus des Grundrechtsschutzes insofern, als sie Datenschutz durch Verfahren sicherstellen soll. Demgegenüber kann sich „die Pflicht zur Vernichtung personenbezogener Daten [...] auf die gerichtliche Kontrolle der Maßnahme nachteilig auswirken".[34] Zugleich ist die Sperrung – als Alternative zur Löschung – aber auch Grundrechtseingriff insofern, als die Daten – trotz des Umstands, dass sie für den Erhebungs- bzw. Speicherungszweck nicht mehr benötigt werden (§ 4 Abs. 1 S. 3 NRWG-10) – eben nicht vernichtet, sondern – wenn auch unter einschränkenden datenschutzrechtlichen Bedingungen – noch zur Verfügung staatlicher Stellen gehalten werden.[35] Dieser Grundrechtseingriff ist eine Maßnahme mit Dauerwirkung. Sie entsteht in dem Moment, in welchem die Löschungsvoraussetzungen eintreten und die

---

[31] Landtag Nordrhein-Westfalen, Drs. 13/2625.
[32] Innenminister *Dr. Behrens*, Landtag Nordrhein-Westfalen, Plenarprotokoll 13/62 vom 7.6.2002, S. 6378.
[33] Dazu BVerfGE 100, 313, 401 f.
[34] BVerfGE 100, 313, 367.
[35] S. o. III 2 b) aa), bb).

Informationen wegen § 4 Abs. 1 S. 4 NRWG-10 nicht gelöscht, sondern gesperrt werden. Sie setzt sich fort, wenn die gesperrten Daten im Rahmen der zugelassenen Zweckbestimmungen des § 4 Abs. 1 S. 5 NRWG-10 verarbeitet werden, indem auf ihrer Grundlage bestimmte Entscheidungen – etwa über die Mitteilung an den Betroffenen bzw. deren Unterlassung – getroffen werden. Sie endet mit der Vernichtung der gesperrten Daten in dem Moment, in welchem sie auch für die Zwecke der Sperrung nicht mehr benötigt werden. Derart ambivalente Wirkungen staatlicher Maßnahmen sind juristisch jeweils nach demjenigen rechtlichen Regime zu behandeln, welchem sie selbst angehören. Danach sind die begünstigenden Wirkungen nach dem Recht der staatlichen Begünstigungen, eingreifende Effekte hingegen entsprechend dem Recht der staatlichen Eingriffe zu beurteilen.[36] Dabei ist die zweckhafte Verknüpfung beider Wirkungen allerdings zu berücksichtigen: Soweit staatliche Begünstigungen Eingriffe erforderlich machen, kann der begünstigende Zweck zugleich als Rechtfertigung jener Eingriffe angesehen werden. Das gilt jedenfalls, soweit jener Zweck die allgemeinen Anforderungen an Eingriffsrechtfertigungen erfüllt, also insbesondere über eine ausreichende gesetzliche Ermächtigung verfügt und zur Erreichung seines begünstigenden Zwecks geeignet, erforderlich und verhältnismäßig ist. Die eingreifenden Wirkungen der Datensperrung erfüllen diesen Zweck. Nur wenn die Daten vorhanden sind, können sie – insgesamt oder in Teilen – Betroffenen oder Gerichten noch zugänglich gemacht werden. Dazu ist eine Sperrung auch notwendig, da eine weniger eingreifende Art, diese Unterlagen für den Mitteilungszweck aufzubewahren, nicht erkennbar ist.

Inwieweit diese Eingriffsrechtfertigung auch einen Ausschluss der Kontrollkompetenzen der G-10-Kommission hinsichtlich gesperrter Daten rechtfertigen kann, ist allerdings eine andere Frage. Denn im Datenschutzrecht gilt: Die Kontrollierbarkeit staatlicher Datenverarbeitung ist ein Korrelat des staatlichen Rechts heimlicher Datenverarbeitung.[37] Die Konsequenz dieser Feststellung auf die Kontrolle gesperrter Daten würde dann so lauten: Der Datenschutz bezieht sich auch auf die „Einhaltung der die Betroffenen unmittelbar schützenden Vorschriften, wie z. B. der Verarbeitungs- und Nutzungsverbote sowie der Auskunfts-,

---

[36] S. dazu am Beispiel des Verwaltungsakts eingehend *Ruffert*, in: Erichsen/Ehlers (Hg.), Allgemeines Verwaltungsrecht, 13. A., 2006, § 23 Rn 12.

[37] S. dazu BVerfGE 65, 1, 44: „Angesichts der [...] Gefährdungen durch die Nutzung der automatischen Datenverarbeitung hat der Gesetzgeber mehr als früher auch organisatorische und verfahrensrechtliche Vorkehrungen zu treffen, welche der Gefahr einer Verletzung des Persönlichkeitsrechts entgegenwirken." Konkretisierend BVerfG ebd., S. 46: „Wegen der für den Bürger bestehenden Undurchsichtigkeit der Speicherung und Verwendung von Daten unter den Bedingungen der automatischen Datenverarbeitung und auch im Interesse eines vorgezogenen Rechtsschutzes durch rechtzeitige Vorkehrungen ist die Beteiligung unabhängiger Datenschutzbeauftragter von erheblicher Bedeutung für einen effektiven Schutz des Rechts auf informationelle Selbstbestimmung."

Berichtigungs-, Sperrungs- (!) und Löschungspflichten".[38] Diese hier als für die Datenschutzbeauftragten relevant zitierte Erwägung ist insoweit für den Kontrollumfang der G-10-Kommission von Bedeutung, als die G-10-Kommission im Anwendungsbereich des Abhörgesetzes (mindestens) diejenigen Aufgaben wahrzunehmen hat, welche andernfalls dem Landesbeauftragten für den Datenschutz zustehen würden. Dies ergibt sich aus der systematischen Auslegung des NRWG-10 im Verhältnis zum Datenschutzrecht.[39]

In diesem Sinne würde auch und gerade im Anwendungsbereich der §§ 3 ff. NRWG-10 grundsätzlich gelten: Rechtliche Einschränkungen der Nutzbarkeit erhobener Informationen würden auch die Kontrolle einschränken. Ausschließen hingegen könnten sie die Kontrollrechte und -instanzen allenfalls dann, wenn entweder die behördliche Nutzung der vorhandenen Informationen völlig ausgeschlossen wäre – also nach abgeschlossener Löschung – oder aber wenn dafür ausnahmsweise eine hinreichende gesetzliche Ermächtigung vorhanden wäre, welche zu grundgesetzlich zugelassenen Zwecken mit hinreichender Bestimmtheit[40] geeignete, erforderliche und verhältnismäßige Regelungen zum Ausschluss der Kontrolle enthielte.

Eine solche ausdrückliche Regelung enthält das NRWG-10 weder in seinem § 4 noch an anderer Stelle. Stattdessen begrenzt § 4 Abs. 1 S. 5 NRWG-10 die Zulässigkeit der Verarbeitung gesperrter Daten auf diejenigen Zwecke, welche ihrerseits die Sperrung rechtfertigten. Dies legt es nahe, den Umfang der Kontrolle durch die G-10-Kommission auf eben diesen reduzierten Verarbeitungsumfang zu begrenzen, ihn hingegen nicht vollständig auszuschließen. Diese Überlegung bestätigt den bereits oben angedeuteten Befund: Der Kontrollumfang der G-10-Kommission wäre auf den Umfang der (noch) zulässigen Verarbeitung gesperrter Informationen zu begrenzen.

bb) Einzelheiten

Die gem. § 4 Abs. 1 S. 4 NRWG-10 gesperrten Informationen dürfen nach § 4 Abs. 1 S. 5 NRWG-10 nur für dort näher bestimmte Zwecke herangezogen werden. Dazu zählen:

---

[38] So tatsächlich für den Bundesbeauftragten für Datenschutz *Dammann*, in: Simitis u. a. (Hg.), BDSG a. a. O., § 24 Rn 10. Ganz ähnlich, aber abstrakter *Stähler/Pohler*, NRWDSG a. a. O., § 22 Rn 2: Kontrolle der „Einhaltung aller Datenschutzvorschriften im Landesbereich".
[39] S. dazu o. II 2.
[40] Dazu BVerfG, NJW 2004, 2213 ff.

(1) Die Zulässigkeit der (weiteren) Sperrung und Aufbewahrung der erhobenen Informationen: Im Kontext der Sperrung ist die G-10-Kommission berechtigt, deren Zulässigkeit (anstelle der Löschung) zu prüfen.[41] Infolge des Charakters der Sperrung als Dauermaßnahme[42] stellt sich die Frage nach deren Zulässigkeit nicht nur punktuell, sondern fortlaufend auch nach Beginn der Sperrung selbst. Sie stellt sich namentlich als Frage danach, ob die weitere Sperrung (noch) zulässig ist oder ob zwischenzeitlich Umstände eingetreten sind, welche deren Aufhebung zulässig machen und damit die Löschung der gesperrten Daten gebieten. Dies kann etwa der Fall sein, wenn die Informationen für ein gerichtliches Verfahren nicht mehr erforderlich sind, weil dieses abgeschlossen ist oder ein Stadium erreicht hat, in welchem eine Übermittlung gesperrter Daten nicht mehr erfolgen muss. Insoweit steht der G-10-Kommission also ein eigenes Kontroll- und Informationsrecht hinsichtlich der Fragen zu,

- ob nach Sperrung bestimmter Informationen die Sperrungsvoraussetzungen noch vorliegen oder aber die Löschung der Daten geboten ist,
- ob eine gebotene Löschung gesperrter Daten erfolgt ist und die zu löschenden Daten nicht mehr – auch nicht in gesperrter Form – aufbewahrt werden.

(2) Die Entscheidung über die Mitteilung an den Betroffenen gem. § 5 NRWG-10:[43] Vor der dort geregelten Mitteilung steht die Entscheidung über die Frage, ob eine solche rechtlich geboten oder zumindest zulässig ist. Dies ist der Fall, wenn die Tatbestandsvoraussetzungen des § 5 Abs. 1 S. 1 NRWG-10 erfüllt sind und umgekehrt keine Ausnahmetatbestände gem. § 5 Abs. 1 S. 3 NRWG-10 einschlägig sind. Diese Entscheidung ist keine punktuelle, die nur einmal – etwa bei der Einstellung der Maßnahme oder fünf Jahre später – im bejahenden oder verneinenden Sinne zu treffen wäre. Vielmehr ist sie eine zeitlich kontinuierliche. Ebenso kontinuierlich, wenn auch periodisch wahrzunehmen sind gem. § 5 Abs. 2 NRWG-10 auch Mitwirkungsrechte und Mitwirkungspflichten der G-10-Kommission. Sie ist in zwei Fällen in den Mitwirkungsvorgang einbezogen:

- Zunächst periodisch bei der Entgegennahme der Mitteilungen des Innenministeriums (§ 5 Abs. 2 NRWG-10). Dass sich hier die Rechtsstellung der Kommission nicht bloß auf Informationsrechte beschränkt, zeigt § 5 Abs. 2

---

[41] S. o. III 2 a), b).
[42] Dazu o. aa).
[43] Entsprechend im Bund § 12 Abs. 1 G-10; in anderen Bundesländern § 2 Abs. 3 BWG-10; Art. 1 Abs. 4 BayG-10; § 2 Abs. 3 BerlG-10; § 3 Abs. 2 BbgG-10; § 2 Abs. 2 MVG-10; § 4 Abs. 6 NdsG-10; § 5 RPG-10; § 5 SaarlG-10 (mit Abweichungen); § 2 Abs. 3 SachsG-10; § 6 LSAG-10; § 26a SHVerfSchG iVm §§ 15 Abs. 7; 12 G-10 (Bund).

S. 2 NRWG-10. Die Ausübung des dort vorgesehenen Entscheidungsrechts setzt eine eigene Willensbildung voraus.

- Sodann entscheidet die Kommission gem. § 5 Abs. 1 S. 3 NRWG-10 darüber, ob eine Mitteilung an den Betroffenen (endgültig) unterbleiben kann. Diese Entscheidung hängt u. a. davon ab, ob die Mitteilung zu einer Gefährdung des Zwecks des ursprünglichen Eingriffs, also der Telefonüberwachung, führen kann. Eine solche Entscheidung kann auch abhängig vom Inhalt der vorhandenen Informationen – etwa hinsichtlich des Zwecks der Maßnahme und seiner möglichen Gefährdung durch nachträgliche Information des Betroffenen – sein. Das gilt namentlich für die Entscheidung über die Voraussetzungen des § 5 Abs. 1 S. 3 Nr. 3 NRWG-10, also die Frage nach dem Vorliegen der Löschungsvoraussetzungen im Einzelfall.

Zwar statuiert § 5 NRWG-10 nicht, dass die in diesen Vorschriften genannten Entscheidungen der Kommission stets aufgrund eigener Kenntnisnahme vom Inhalt der gesperrten Daten stattfinden. Vielmehr wird als notwendige Informationsgrundlage lediglich ein Bericht des Innenministeriums genannt. Doch kann die G-10-Kommission ihre eigenständigen Entscheidungsrechte wie auch ihre Kontrollkompetenzen nach § 3 Abs. 5 S. 2 NRWG-10 („[...] einschließlich der Entscheidung über die Mitteilung an Betroffene") nur dann ausüben, wenn sie jedenfalls die Möglichkeit eines eigenständigen Informationsrechts anhand der gesperrten, aber noch vorhandenen Informationsbestände hat. In diesem Umfang begründen demnach die Entscheidungs-, Mitwirkungs- und Kontrollaufgaben der Kommission nach § 5 NRWG-10 zugleich eigenständige Informationsrechte hinsichtlich der gesperrten Informationen,

- ob nach den vorhandenen Informationen eine Mitteilung an Betroffene gem. § 5 Abs. 1 S. 1 NRWG-10 geboten ist oder eine solche Mitteilung (auch weiterhin) unterbleiben darf,
- ob nach den vorhandenen Informationen eine Mitteilung an den Betroffenen gem. § 5 Abs. 1 S. 3 NRWG-10 endgültig unterbleiben darf.

(3) Sobald das Recht zur Sperrung der erhobenen Daten nach § 4 Abs. 1 S. 4 NRWG-10 erloschen ist, sind die noch vorhandenen Daten zu löschen. Das gilt insbesondere, wenn die Informationen nicht mehr benötigt werden, weil die Mitteilung nach § 5 Abs. 1 S. 1 NRWG-10 oder an das Verwaltungsgericht erfolgt oder der Aufbewahrungszweck nach § 5 Abs. 1 S. 3 NRWG-10 nicht mehr erreichbar ist. In diesen Fällen dürfen die gesperrten Daten nicht mehr aufbewahrt werden und sind daher zu löschen. Dieser Löschungsvorgang ist seinerseits ein Vorgang

der Datenverarbeitung iSd § 3 Abs. 5 S. 2 NRWG-10[44] und unterliegt daher der Zuständigkeit der Kontrollkommission. Sie ist demnach zu einer Prüfung berechtigt,

- ob die Daten, welche nicht mehr aufbewahrt werden dürfen, nicht mehr unter den Bedingungen der Sperrung aufbewahrt werden,
- ob die entsprechenden Daten gelöscht worden sind.

d)   Zusammenfassung

Hinsichtlich gesperrter Daten ist die G-10-Kommission demnach berechtigt, folgende Nachprüfungen vorzunehmen:

- ob die Voraussetzungen des § 4 Abs. 1 S. 4 NRWG-10 vorliegen, ob also die Voraussetzungen für ihre Löschung iSd § 4 Abs. 1 S. 2 NRWG-10 erfüllt sind oder aber die Daten noch für die nachträgliche Benachrichtigung oder gerichtliche Verfahren benötigt werden,
- ob die Daten tatsächlich gesperrt sind, ob also die erforderlichen rechtlichen und tatsächlichen Vorkehrungen getroffen worden sind, welche ihre sonstige Verarbeitung ausschließen,
- ob nach Sperrung bestimmter Informationen die Sperrungsvoraussetzungen noch vorliegen oder aber die Löschung der Daten geboten ist,
- ob eine gebotene Löschung gesperrter Daten erfolgt ist und die zu löschenden Daten nicht mehr – auch nicht in gesperrter Form – aufbewahrt werden,
- ob nach den vorhandenen Informationen eine Mitteilung an Betroffene gem. § 5 Abs. 1 S. 1 NRWG-10 geboten ist oder eine solche Mitteilung (auch weiterhin) unterbleiben darf,
- ob nach den vorhandenen Informationen eine Mitteilung an Betroffene gem. § 5 Abs. 1 Nr. S. 3 NRWG-10 endgültig unterbleiben darf,
- ob die entsprechenden Daten gelöscht worden sind.

3.   Einzelne Kontrollrechte

a)   Kontrollrechte als Einsichtsrechte

Die genannten Kontrollrechte richten sich nicht allein an die Verfassungsschutzabteilung des Innenministeriums, sondern an die datenerhebenden und -verwen-

---

[44] S. o. 2 a).

denden Stellen. Dazu zählt namentlich das Innenministerium des Landes.[45] Die einzelnen Befugnisse der G-10-Kommission folgen aus § 3 Abs. 5 S. 3 NRWG-10. Dazu zählt nicht bloß das Recht auf Auskunft oder die Information über Dateien oder Datenbestände, sondern auch das Recht auf „Einsicht in alle Unterlagen, insbesondere in die gespeicherten Daten und die Datenverarbeitungsprogramme, [...] die im Zusammenhang mit der Beschränkungsmaßnahme stehen" (§ 3 Abs. 5 S. 3 Nr. 2 NRWG-10). Ein solcher „Zusammenhang" besteht insbesondere bei denjenigen Informationen, welche durch die Abhörmaßnahmen gewonnen worden sind.[46] Die „Einsicht" in Informationen zählt also zu den grundsätzlich garantierten Kontrollrechten der Kommission. Sie umfasst wesentlich die inhaltliche Kenntnisnahme von erhobenen Daten.[47]

Auch diese Rechte richten sich nicht ausschließlich an die Verfassungsschutzabteilung. Vielmehr bestehen sie gegenüber allen staatlichen Stellen, soweit der Kontrollauftrag der G-10-Kommission reicht. Ausdrückliche gesetzliche Ausschlusstatbestände dieses Rechts sind ebenso wenig erkennbar wie dessen Beschränkung etwa auf solche Akten, welche den Verfassungsschutzbehörden zugänglich wären. Solche Grenzen können also lediglich implizit bestehen.

Eine solche implizite Grenze ergibt sich auch nicht aus § 4 Abs. 1 S. 4, 5 NRWG-10. Indem dieser die Sperrung bestimmter Informationen anordnet, schließt er deren Kontrolle nicht aus. Denn das Recht der Kontrolle der Datenverarbeitung reicht so weit wie das Recht der Datenverarbeitung selbst.[48] Da aber die Verwendung der gesperrten Daten durch § 4 Abs. 1 S. 5 NRWG-10 nicht vollständig ausgeschlossen, sondern für bestimmte Fälle sogar ausdrücklich zugelassen ist, ist auch deren Kontrolle nicht ausgeschlossen. Fraglich kann daher nur sein, wie weit das verbleibende Kontrollrecht reicht. Bezieht es sich allein auf die Tatsache der Sperrung oder aber auch auf den Inhalt der gesperrten Informationen? Diese Frage lässt sich weder aus dem Begriff der Kontrolle noch aus demjenigen der Sperrung noch aus dem Text des § 3 Abs. 5 S. 3 NRWG-10 allein beantworten. Vielmehr bedarf es hierzu des Rückgriffs auf Sinn und Zweck der Kontrollrechte. Ist Gegenstand der Kontrollrechte zumindest die nach § 4 Abs. 1 S. 5 NRWG-10 noch zulässige Datenverarbeitung, so reicht ihr Inhalt so weit, wie dies zur wirksamen Ausübung jener Kontrollrechte erforderlich ist."[49] Dieser Satz

---

[45] S. o. III 1.

[46] S. a. BVerfGE 100, 313, 401: Danach muss die „Kontrolle den gesamten Prozess der Erfassung und Verwertung der Daten umfassen".

[47] So zum alten Gesetzesrecht *Borgs-Maciejewski/Ebert*, Recht der Geheimdienste a. a. O., § 9 Rn 15: „Die Kommission kann sich zu [...] Kontrollzwecken Akten, Tonbänder, Fotokopien u. ä. vorlegen lassen [...]".

[48] S. o. III 2 c) aa).

[49] Grundsätzlich BVerfGE 100, 313, 401: Danach muss die G-10-Kommission so ausgestattet sein, „dass sie ihrer Aufgabe in effektiver Weise nachkommen kann."

kann verallgemeinert werden. Insbesondere betrifft er nicht nur die Ausstattung mit personellen und sachlichen Ressourcen, sondern auch diejenige mit Kontrollrechten. Als Mindestbestand hat demnach zu gelten: *Ist die Kenntnisnahme vom Inhalt gesperrter Daten erforderlich, um eine wirksame Kontrolle auszuüben oder zu optimieren, so ist diese Kenntnisnahme durch das Kontrollrecht umfasst.* Ein solcher Zusammenhang lässt sich für eine Reihe der genannten einzelnen Kontrollrechte[50] begründen:

- So umfasst etwa die Kontrolle der Zulässigkeit der Sperrung nicht allein die Tatsache der Sperrung oder deren sachgemäße Durchführung. Sie umfasst vielmehr auch die Frage, ob (allein) solche Informationen gesperrt worden sind, welche zur Verfolgung der Zwecke des § 4 Abs. 1 S. 4 NRWG-10 erforderlich sind; nicht hingegen solche Daten(sätze), welche jene Voraussetzungen nicht erfüllen und daher nach § 4 Abs. 1 S. 3 NRWG-10 zu löschen waren. Die Ermöglichung einer solchen Kontrolle setzt jedenfalls die Möglichkeit inhaltlicher Kenntnisnahme voraus. Eine solche muss daher auch mit und nach der Sperrung von den verbleibenden Kontrollrechten umfasst bleiben.
- Ähnliches gilt für die Möglichkeit der nachfolgenden Prüfung im Hinblick darauf, ob die Sperrungsvoraussetzungen (noch) vorliegen.
- Vergleichbar ist aber auch die Prüfung, ob zu einem bestimmten Zeitpunkt die Mitteilung an den Betroffenen ergehen kann oder (noch) unterbleiben muss. Auch hier kann sich die Gefährdung des „Zwecks der Beschränkung" nicht allein aus dem Anlass der Abhörmaßnahmen, sondern auch aus dessen Ergebnissen begründen lassen. Das gilt etwa, wenn sich daraus herleiten lässt, dass Bestrebungen, Aktivitäten oder Organisationen, welche sich gegen den Bestand des Landes oder seine Verfassung richten, fortbestehen oder ihre Aktivitäten weiterführen. Eine solche Begründung kann allerdings nur dann wirksam überprüft werden, wenn der Inhalt dieser Begründungen überprüfbar ist. Da sich dieser auch aus dem Inhalt der Überwachungsprotokolle ergeben kann, ist insoweit auch die Ermöglichung einer entsprechenden Kontrolle durch die G-10-Kommission zu ermöglichen.
- Ähnliches gilt schließlich für die Löschung gesperrter Daten: Auch deren Durchführung kann nur dann wirksam überprüft werden, wenn festgestellt werden kann, dass keine gesperrten Daten mehr unter den Bedingungen der Sperrung aufbewahrt werden. Hierzu mag jedenfalls im Einzelfall eine bloße Besichtigung der gesperrten Bestände „von außen" oder auch der Sperrungsvorkehrungen allein nicht ausreichen.

---

[50] S. o. 2 d).

Als *Zwischenergebnis* bleibt festzuhalten: Zählt die Möglichkeit der Einsichtnahme in einzelne Datenbestände – auch solche, die aus den Überwachungsmaßnahmen erhoben worden sind – grundsätzlich zu den Kontrollrechten der Kommission und sind diese Rechte durch das NRWG-10 weder ausdrücklich eingeschränkt noch durch den Sinn und Zweck der Sperrung ausgeschlossen, so beziehen sich die Einsichtsrechte grundsätzlich auch auf die gesperrten Daten.

b)   Informationelle Selbstbestimmung als Kontrollgrenze?

Die Einsichtnahme der G-10-Kommission in gesperrte Unterlagen bewirkt die Bekanntgabe ihres Inhalts an andere als die datenspeichernden Stellen. Soweit diese Unterlagen personenbezogene Daten enthalten, wird daraus z. T. eine *zusätzliche Kontrollschranke* hergeleitet.[51]

Danach bewirke die Ausübung von Kontrollrechten – etwa durch externe Stellen, welche Aufgaben des Datenschutzes wahrzunehmen haben – regelmäßig zugleich die Übermittlung ggf. personenbezogener Daten an eine andere staatliche Stelle und erfülle damit die Voraussetzungen für einen Eingriff in das Recht der informationellen Selbstbestimmung. Datenschutz durch andere als behördeninterne Stellen eröffne somit vielfach zugleich Eingriffe in das zu schützende Recht und sei daher nicht (allein) nach den Maßstäben von Grundrechtsschutz durch Verfahren, sondern zugleich an denjenigen für Grundrechtsbeschränkungen zu messen. Die maßgebliche Frage sei weniger: „Wie schützt der Datenschutz?" als vielmehr: „Wer schützt vor dem Datenschutz?". Ein solcher Eingriff sei nur zulässig, wenn der Betroffene, um dessen Informationen es im Einzelfall gehe, zugestimmt habe oder aber eine hinreichend bestimmte gesetzliche Eingriffsermächtigung anwendbar sei. Eine solche Argumentation könnte die Kontrollaufgaben der G-10-Kommission einschränken in dem Sinne: Wenn hinsichtlich gesperrter Daten schon der Verfassungsschutz zu (weiteren) Eingriffen in die informationelle Selbstbestimmung nicht berechtigt sei, wie könne dies dann die zum Schutz vor solchen Eingriffen berechtigte Kommission sein?

Demgegenüber ist zunächst daran zu erinnern, dass die Behörden auch hinsichtlich gesperrter Daten nicht von jeder Nutzung ausgeschlossen sind, sondern sie diese zu bestimmten Zwecken nutzen dürfen.[52] Auch der Kontrolle dieser Nutzung dienen die Aufgaben der G-10-Kommission. Des Weiteren steht aber auch die Zweckbestimmung der Kontrolle durch die G-10-Kommission jener Argumentation entgegen. Sie dient gerade der Kompensation des Umstands, dass eine Kontrol-

---

[51] Grundlegend am Beispiel des Bundesbeauftragten für den Datenschutz *Zöllner*, Der Datenschutzbeauftragte im Verfassungssystem, 1995, S. 75 ff. (Nachw.).
[52] S. o. 2 b) aa) bb).

le heimlicher Informationseingriffe durch den Betroffenen selbst, die Gerichte oder sonstige Rechtsschutzinstanzen nicht möglich ist.[53] Wenn hier nicht vollständige Kontrollfreiheit herrschen soll, so bedarf es anderer, von der Kenntnis, der Zustimmung oder dem Auftrag der Betroffenen unabhängigen Kontrollmechanismen. Genau dies ist der Legitimationsmechanismus nicht nur für Richtervorbehalte im Anwendungsbereich des Art. 10 GG,[54] sondern auch für die Kontrolle durch die G-10-Kommission.[55]

Deren Kontrollaufgaben beziehen sich exakt auf solche Grundrechtseingriffe, die dem Betroffenen nicht mitgeteilt werden und daher weder auf seinen Antrag noch durch ihm eröffnete Rechtsschutzmöglichkeiten kontrolliert werden können. Die Kontrolle auf Antrag Betroffener – wie sie etwa § 25 NRWDSG vorsieht – kommt demnach als mildere Alternative zur Kontrolle durch die G-10-Kommission ohnehin nicht in Betracht. Soweit eine gesetzliche Kontrollermächtigung als Grundrechtseingriff zu qualifizieren wäre, käme daher als Ermächtigungsgrundlage für die G-10-Kommission immerhin § 3 Abs. 5 NRWG-10 in Betracht. Doch bleibt festzuhalten: Die Ausübung der Kontrollaufgaben von Datenschutzbeauftragten und G-10-Kommissionen ist nicht einfach mit behördlicher Verarbeitung personenbezogener Daten vergleichbar. Dies folgt bereits aus der Zweckrichtung der Kontrolle, welche nicht Datenverarbeitung zu Behördenzwecken, sondern zu Grundrechtsschutzzwecken ist. Dies folgt weiter aus der Tatsache, dass die Kontrollorgane zu besonderer Verschwiegenheit verpflichtet sind und die von ihnen erlangten Kenntnisse nicht für andere Zwecke verwenden oder an Dritte weitergeben dürfen. Dies folgt zuletzt aber auch aus der Tatsache, dass die Kontrolle staatlicher Datenverarbeitung Informationen voraussetzt, um ihren Zweck erfüllen zu können. Diese Informationen sind notwendiges Element wirksamer Grundrechtssicherung und damit als Teil rechtsschutzersetzenden Grundrechtsschutzes durch Verfahren zu qualifizieren. Damit ist er aber zumindest ansatzweise etwa den Gerichten vergleichbar, welche zur Ausübung der ihnen übertragenen Aufgaben auch personenbezogene Informationen Beteiligter und Dritter heranziehen dürfen, ohne dafür dem allgemeinen Datenschutzrecht zu unterliegen. Grenzen bestehen hier insoweit nur, als die verarbeiteten Daten nicht außer Verhältnis zum Verarbeitungszweck stehen dürfen. Dass dies bei der G-10-Kommission regelmäßig der Fall wäre, ist grundsätzlich nicht ersichtlich[56] und wäre im Einzelfall durch eine geeignete Auslegung der §§ 3 f. NRWG-10 sicherzustellen. Von daher steht auch das Grundrecht der informationellen Selbstbestimmung der Kontrolle gesperrter Daten aus Überwachungsmaßnahmen durch die G-10-Kommission nicht entgegen.

---

[53] Dazu näher u. Kap. 4.
[54] Dazu eingehend *Gusy*, GA 2003, 672 ff. (Nachw.).
[55] BVerfGE 30, 1, 26 ff.; 100, 313, 399.
[56] Zu den Anforderungen zuletzt BVerfGE 100, 313, 400, 401.

IV. Ergebnisse

Die G-10 Kommission hat nach § 3 Abs. 5 NRWG-10 sowohl Entscheidungs- als auch Kontrollaufgaben.[57]

Die Kontrollaufgaben beziehen sich auf Erhebung und Verarbeitung von Daten, die aus Beschränkungsmaßnahmen resultierten, ohne Rücksicht darauf, ob sie (noch) von den Verfassungsschutzbehörden des Landes gespeichert oder verarbeitet werden. Insbesondere bezieht sich der Kontrollauftrag auf den Zuständigkeitsbereich des Innenministeriums.[58]

Die Kontrollaufgaben der Kommission beziehen sich auf alle Maßnahmen der Datenverarbeitung iSd § 3 Abs. 5 S. 2 NRWG-10. Dazu zählt auch die Sperrung von Daten und die Nutzung gesperrter Daten unter den Aspekten,

- ob die Voraussetzungen des § 4 Abs. 1 S. 4 NRWG-10 vorliegen, ob also die Voraussetzungen für ihre Löschung iSd § 4 Abs. 1 S. 2 NRWG-10 erfüllt sind und die Daten noch für die nachträgliche Benachrichtigung oder gerichtliche Verfahren benötigt werden,
- ob die Daten tatsächlich gesperrt sind, ob also die erforderlichen rechtlichen und tatsächlichen Vorkehrungen getroffen worden sind, welche ihre sonstige Verarbeitung ausschließen,
- ob nach Sperrung bestimmter Informationen die Sperrungsvoraussetzungen noch vorliegen oder aber die Löschung der Daten geboten ist,
- ob eine gebotene Löschung gesperrter Daten erfolgt ist und die zu löschenden Daten nicht mehr – auch nicht in gesperrter Form – aufbewahrt werden,
- ob nach den vorhandenen Informationen eine Mitteilung an Betroffene gem. § 5 Abs. 1 S. 1 NRWG-10 geboten ist oder eine solche Mitteilung (auch weiterhin) unterbleiben darf,
- ob nach den vorhandenen Informationen eine Mitteilung an den Betroffenen gem. § 5 Abs. 1 S. 3 NRWG-10 endgültig unterbleiben darf,
- ob die Daten nach Information des Betroffenen gelöscht worden sind.[59]

Zumindest einzelne jener Kontrollrechte der Kommission bedingen auch die Kenntnisnahme vom Inhalt der gesperrten Daten. In solchen Fällen ist die Kommission auch zu dieser Kenntnisnahme berechtigt.[60]

---

[57] S. o. III 1.
[58] S. o. III 1.
[59] S. o. III 2 d).
[60] S. o. III 3 a).

4. Kapitel:
Richterliche Kontrolle des Verfassungsschutzes

Materielles Recht ist so viel wert wie diejenigen Mechanismen, welche das formelle Recht zu seiner Durchsetzung zur Verfügung stellt. Wichtigste formelle Mechanismen zu diesem Zweck sind die parlamentarische und die gerichtliche Kontrolle.[1] Beide Instrumente sind strikt voneinander zu unterscheiden. Sie prüfen nämlich an unterschiedlichen Maßstäben. Die parlamentarische Kontrolle fragt danach, ob die im Demokratieprinzip wurzelnden Bindungen an Gesetze (Art. 20 Abs. 3 GG) und Vorgaben der Regierung eingehalten sind. Demgegenüber prüfen die Gerichte gem. Art. 19 Abs. 4 GG, ob die Rechte der von der Tätigkeit einer Behörde betroffenen Bürger gewahrt sind. In diesem Sinne lässt sich abgekürzt formulieren: Parlamentarische Kontrolle prüft und sichert die Wahrung der Belange der politischen Mehrheit; gerichtliche die Wahrung der Belange der betroffenen Minderheit. Schon wegen dieser unterschiedlichen Kontrollperspektiven und -maßstäbe dürfen beide Mechanismen nicht gegeneinander aufgerechnet werden.[2]

I. Fragestellungen

Art. 19 Abs. 4 S. 1 GG iVm S. 3 GG und Art. 10 Abs. 2 S. 2 GG zeigen: Die Rechtsweggarantie des Grundgesetzes gilt auch bei Maßnahmen des Verfassungsschutzes.[3] Er ist weder wegen seiner besonderen Aufgaben noch wegen seiner besonderen Art ihrer Erfüllung aus dem Anwendungsbereich der Rechtsweggarantie ausgenommen. Für den Rechtsschutz gelten auch im Verfassungsschutzrecht nahezu uneingeschränkt die allgemeinen Bestimmungen. Und dennoch ist das Gefühl verbreitet: Gegen Maßnahmen der Nachrichtendienste ist der Bürger bei Gericht chancenlos.[4] Hierfür werden insbesondere zwei Gründe angegeben:

---

[1] Daneben können andere, aus behördlicher Sicht mindestens ebenso wichtige und bisweilen eher wirksamere Kontrollmechanismen treten; dazu zählt etwa diejenige durch den Rechnungshof.

[2] Dass eine solche Verrechnung parlamentarischer mit gerichtlichen Kontrollen gerade im Verfassungsschutzrecht nicht immer völlig vermieden wird, zeigt das G-10; dazu *Gusy*, NJW 1981, 1581.

[3] Dies hat das BVerfG schon in seiner ersten Entscheidung zu dieser Materie, dem Abhör-Urteil, festgestellt; BVerfGE 30, 1, 23.

[4] Hierzu und zum Folgenden *Rupp*, Rechtsschutz und Verfassungsschutz, in: BMI (Hg.), Verfassungsschutz und Rechtsstaat, 1981, S. 157, 168 f.

(1) Die Geheimheit der Geheimdienste: Sei ein solcher Dienst notwendig geheim, so wüssten die von seiner Tätigkeit Betroffenen regelmäßig nicht, dass Informationen über sie erhoben bzw. verarbeitet würden. Mangels tatsächlicher Kenntnis könnten sie deshalb nicht klagen. Und selbst wenn sie klagen könnten, fehlten ihnen und den Gerichten die erforderlichen Faktenkenntnisse, um den Sachverhalt hinreichend aufklären zu können. Wenn aber die Kenntnis des Sachverhaltes Voraussetzung jeden wirksamen Rechtsschutzes sei, so klafften rechtlicher Anspruch und prozessuale Wirklichkeit notwendig auseinander.

(2) Die Unbestimmtheit des maßgeblichen Rechts: Die Feststellung einer Rechtsverletzung setze die hinreichend klare Abgrenzung rechtmäßigen und rechtswidrigen Handelns durch das Gesetz voraus. Wo das Recht unklar und unbestimmt sei, fehle es an der Möglichkeit, Rechtsverstöße unzweideutig festzustellen und damit effektiven Rechtsschutz zu gewähren.

Eine umfassende Behandlung beider Fragenkomplexe würde das gesamte Verfassungsschutzrecht einbeziehen müssen und damit den hier abzuhandelnden Themenbereich überschreiten. Hier sollen nur diejenigen tatsächlichen und rechtlichen Besonderheiten dargestellt werden, die sich an den Schnittpunkten von Verfassungsschutz- und (Verwaltungs-)Prozessrecht stellen. Zunächst werden die Besonderheiten des Zugangs zum Gericht dargestellt. Hier wirkt sich die Tatsache aus, dass Geheimdienste nun einmal geheim arbeiten. Daher weiß der Betroffene regelmäßig nicht, dass und wogegen er Klage erheben kann (dazu II.). Sodann wird der Frage nachgegangen, welche Besonderheiten sich im Prozess stellen, wenn Maßnahmen des Verfassungsschutzes trotz der zuvor zu erörternden Schwierigkeiten tatsächlich einmal vor Gericht gelangen. Hier geht es dann nicht um den Zugang zum Gericht, sondern um die Besonderheiten des Verfassungsschutzes im gerichtlichen Verfahren (dazu III.).

II. Zugangsprobleme beim Beschreiten des Rechtsweges

Zugangsprobleme beim Rechtsschutz gegen Maßnahmen der Nachrichtendienste können aus zwei Ursachen resultieren: Einerseits aus tatsächlichen Schwierigkeiten der Sachverhaltsfeststellung; andererseits aus rechtlichen Sonderregelungen des Verfassungsschutzrechts. Die zweite Materie soll hier ausgeklammert werden. Ein gesetzlicher Ausschluss des Rechtsweges findet sich nur und indirekt in § 13 G-10.

Diese Einschränkung des Grundrechts aus Art. 19 Abs. 4 S. 1 GG hat das BVerfG wegen der Sonderregelung des Art. 19 Abs. 4 S. 3 GG für zulässig gehalten.[5]

Die tatsächlichen Zugangsschwierigkeiten zum Rechtsweg finden ihre Ursache darin, dass geheimdienstliche Tätigkeit regelmäßig geheim ist. Das Handeln des Verfassungsschutzes ist für Dritte zumeist als solches nicht erkennbar. Das daraus resultierende Zugangsproblem beim Beschreiten des Rechtsweges zeigt § 42 Abs. 2 VwGO. Danach ist vor den Verwaltungsgerichten lediglich klagebefugt, wer geltend macht, durch eine staatliche Maßnahme in seinen Rechten verletzt zu sein. Wer diese Maßnahme nicht kennt, kann eine Rechtsverletzung durch sie nicht geltend machen und daher auch nicht klagen. Demnach entsteht vor Beschreiten des Rechtsweges für die potentiellen Kläger die Frage, wie sie Kenntnis von denjenigen Handlungen erlangen können, welche sie darlegen müssen, wenn sie dagegen klagen wollen. Wenig überraschend ist dann auch, dass die Mehrheit aller Prozesse auf dem Gebiet des Verfassungsschutzrechts nicht um die Rechtmäßigkeit, sondern um die bloße Kenntnis von Maßnahmen der Bundes- bzw. Landesämter geführt wird.

1. Informationspflichten und Auskunftsansprüche

Die Anerkennung des Eingriffscharakters staatlicher Datenverarbeitung[6] hat ein Folgeproblem hervorgebracht, dem anfangs nur wenig Aufmerksamkeit gewidmet worden ist: nämlich die Anerkennung einer Art von Grundrechtseingriffen, welche der Betroffene nicht bemerken kann. Der traditionelle Eingriff vollzog sich so, dass der Betroffene davon erfahren musste. Wer zur Polizei vorgeladen wird, ein Bauverbot für die Garage erhält oder auch nur eine Betriebsbesichtigung durch die Gewerbeaufsicht dulden muss, weiß, was ihm geschieht. Maßgeblich dafür sind neben der tatsächlichen Wahrnehmbarkeit derartiger Eingriffe insbesondere die §§ 41, 43 VwVfG. Sie statuieren, dass Verwaltungsakte erst dann wirksam werden, wenn sie dem Betroffenen bekanntgegeben sind. Einen wirksamen Verwaltungsakt ohne Bekanntgabe kann es demnach gar nicht geben. Anders verhält es sich mit Maßnahmen des Verfassungsschutzes. Dessen Arbeit vollzieht sich für den Betroffenen grundsätzlich geheim. Er weiß nicht, dass er observiert wird, dass über ihn Dateien angelegt oder Informationen an Dritte weitergegeben werden.

---

[5] BVerfGE a.a.O.; s.a. EGMR, NJW 1979, 1755; zustimmend zum BVerfG *Kaiser*, NJW 1969, 18; *Rasenack*, DSt 1970, 272; ablehnend abw. Votum BVerfGE 30, 1, 33; *Alberts*, JuS 1972, 319; *Bettermann*, AöR 1971, 528; *Erichsen*, VerwArch 1971, 291; *Hall*, JuS 1972, 132; *Kalkbrenner*, BayVBl 1971, 146 f.; *Rupp*, NJW 1971, 275; *Schatzschneider*, Ermittlungstätigkeit der Ämter für Verfassungsschutz und Grundrechte, 1979, S. 241 ff.; *Schlink*, Der Staat 1973, 85; *Schwan*, NJW 1980, 1992.

[6] Ausdrücklich BVerfGE 65, 1, 41 ff.

Derartige Eingriffe werden ohne Bekanntgabe wirksam. Wer aber nicht weiß, dass in seine Rechte eingegriffen wird, kann dagegen auch keine Rechtsbehelfe einlegen. Die Rechtsweggarantie des Art. 19 Abs. 4 GG wird auf diese Weise nicht rechtlich eingeschränkt; sie läuft einfach faktisch leer.[7] Der damit aufgezeigten Entwicklung ist das BVerfG bereits frühzeitig grundsätzlich entgegengetreten. Da die Rechtsweggarantie das zentrale Mittel des Bürgers zum Schutz seiner Rechte darstelle, zugleich aber die Möglichkeit einer Anrufung der Gerichte von der Kenntnis einer Rechtsverletzung abhänge, dürfe der Staat seine Eingriffe nicht so ausgestalten, dass durch die Art und Weise ihrer Durchführung ein Rechtsschutz unmöglich werde. Daraus leitete es die grundsätzliche Verpflichtung des Staates ab, dem Bürger Eingriffe bekanntzugeben.[8] Ein gesetzlicher Ausschluss jeglicher Bekanntgabepflicht sei mit dem Grundgesetz unvereinbar. Bei strikter Durchführung dieses Grundsatzes wäre nachrichtendienstliche Arbeit praktisch unmöglich geworden: Ein Geheimdienst, der Betroffenen jeden Eingriff bekanntgeben muss, wäre kein Geheimdienst mehr. Diese Erkenntnis veranlasste das BVerfG, die Bekanntgabepflicht nur grundsätzlich anzuerkennen. Sie gilt danach nicht uneingeschränkt; sondern kann unter den allgemeinen Voraussetzungen eingeschränkt werden, welche das GG für die Begrenzung von Grundrechten ohne Einschränkungsvorbehalt aufstellt. Grenze der Bekanntgabepflicht sind somit insbesondere verfassungsrechtlich geschützte Rechtsgüter. Wenn Art. 10 Abs. 2 S. 2; Art. 87 Abs. 1 S. 2 GG geheimdienstliche Tätigkeit auch mit den Mitteln von Grundrechtseingriffen grundsätzlich zulassen, dann darf auch Art. 19 Abs. 4 GG nicht in einer Weise ausgelegt werden, welche eine Erfüllung dieser zulässigen Aufgabe unmöglich machen würde. Damit ist aber nur entschieden, dass die zulässige Staatsaufgabe „nachrichtendienstlicher Verfassungsschutz" jene grundsätzliche Bekanntgabepflicht einschränken darf. Noch offen sind dagegen die einzelnen Voraussetzungen und Grenzen, unter denen eine derartige Einschränkung zulässig sein kann. Deren Konkretisierung obliegt wegen des Gesetzesvorbehaltes für Grundrechtseingriffe der Legislative. Diese hat die einschlägigen Rechtsgrundlagen unterschiedlich ausgestaltet. Hier sollen zunächst einzelne Informationspflichten und ihre Grenzen dargestellt (dazu 2.) und sodann auf ihre verfassungsrechtliche Zulässigkeit überprüft werden (dazu 3.).

---

[7] Daraus wird bisweilen das Gebot hergeleitet, alle staatlichen Maßnahmen, welche in Rechte der Bürger eingreifen können, den Betroffenen bekanntzugeben. *Lorenz*, Der Rechtsschutz des Bürgers und die Rechtsweggarantie, 1973, S. 265 ff. Diese Auffassung hat sich allerdings im Datenschutzrecht im Allgemeinen ebenso wenig durchgesetzt wie im Verfassungsschutzrecht im Besonderen.

[8] BVerfGE 30, 1, 17 ff., 31 f. Eine Systematik von Informationsansprüchen findet sich bei *Gusy*, Informationsbeziehungen zwischen Staat und Bürger, in: Hoffmann-Riem/Schmidt-Aßmann/Voßkuhle (Hg.), Grundfragen des Verwaltungsrechts II, 2008, § 23 Rn 28 ff.

2. Einzelne Informationspflichten

a) Mitteilungspflicht nach § 12 Abs. 1 G-10

Die erst aufgrund verfassungsrichterlicher Beanstandung[9] geschaffene Vorschrift (früher: § 5 Abs. 5 G-10) begründet eine Mitteilungspflicht für bestimmte Eingriffe in das Post- und Fernmeldegeheimnis. Die Mitteilung hat zwei Wirkungen: In tatsächlicher Hinsicht erfährt der Betroffene erst durch eine solche Mitteilung von gegen ihn getroffenen Maßnahmen. In rechtlicher Hinsicht wird erst durch die Mitteilung der Rechtsweg eröffnet[10], der im Übrigen verschlossen ist (§ 13 G-10). Die Voraussetzungen der Mitteilungspflicht sind:

- Anordnung einer Maßnahme gegen eine Person nach § 3 G-10. Ist keine Maßnahme gegen eine bestimmte Person angeordnet, sondern wird der Betroffene von einer Maßnahme der strategischen Überwachung nach § 5 G-10 oder zum Schutz von Leib und Leben einer Person im Ausland (§ 8 G-10) betroffen, entsteht die Mitteilungspflicht nach § 12 Abs. 2 G-10.
- Einstellung der Maßnahme. Die Mitteilung noch laufender Eingriffe ist nicht vorgesehen, so dass Rechtsschutz erst nachträglich erlangt werden kann.
- Keine Gefährdung des Zwecks der Beschränkung. Zu dem „Zweck" zählen sämtliche möglichen Zwecke, zu welchen der Eingriff angeordnet wurde bzw. die dabei gewonnenen Daten verwendet werden dürfen.
- Kein Fristablauf: Die Frist, nach welcher es „einer Mitteilung nicht mehr bedarf", läuft 5 Jahre nach Beendigung der Maßnahme ab (§ 12 Abs. 1 S. 3 Nr. 1 G-10). Dann endet aber allein der Informationsanspruch des Betroffenen; seine Benachrichtigung wird auch dann nicht unzulässig.

Die gesetzliche Ausgestaltung der Mitteilungspflicht, der ein Informationsanspruch des Betroffenen korrespondiert, ist vom BVerfG grundsätzlich für verfassungsgemäß gehalten worden.[11] Da der Betroffene von der Anordnung der Maßnahme nichts weiß, kann er seinen Informationsanspruch nicht geltend machen. Die Mitteilungspflicht entsteht daher praktisch allein in dem Falle, wenn die auskunftspflichtige Behörde (§ 12 Abs. 3 G-10), auf deren Antrag die Überwachungsanordnung ergangen ist, von Amts wegen das Vorliegen der gesetzlichen

---

[9] BVerfGE 30, 1, 31 f.
[10] Bekanntester Fall, in welchem der Betroffene den Rechtsweg beschritten hat: VG Köln, NJW 1981, 1630; OVG Münster, NJW 1983, 2346 (Fall Günter Wallraff); dazu *Holtfort*, Der Fall Wallraff – Ein ganz gewöhnlicher Abhörfall, in: Böttcher (Hg.), Recht, Justiz, Kritik, FS R. Schmid, 1985, S. 271.
[11] BVerfG, NJW 1985, 121.

Voraussetzungen feststellt.[12] Der Grund dafür, dass das BVerfG den Ausschluss
der Bekanntgabepflicht in den übrigen Fällen für verfassungsgemäß gehalten
hat, ist eher in Besonderheiten des G-10-Verfahrens und darin zu suchen, dass
dieses Gesetz anstelle des Rechtsweges andere Kontrollmechanismen vorsieht.[13]
Wer – wie das BVerfG – diese Kontrollmechanismen als rechtlich und tatsächlich
dem Rechtsweg gleichwertig ansieht,[14] kann auf gerichtliche Kontrolle als zusätzliche Rechtsschutzinstanz eher verzichten. Die Gründe für die Verfassungsmäßigkeit
der stark eingeschränkten Mitteilungspflicht liegen demnach nicht primär darin,
dass § 12 Abs. 1 G-10 dem Art. 19 Abs. 4 GG genügt. Sie liegen vielmehr darin,
dass das G-10 nach Auffassung des BVerfG auf andere Weise als durch Mittei-
lungspflichten und gerichtlichen Rechtsschutz den Anforderungen des Art. 19
Abs. 4 GG genügt.

b)   Mitteilungspflicht nach § 12 Abs. 2 G-10

§ 12 Abs. 2 G-10 erweitert die zuvor beschriebene Mitteilungspflicht auf Personen, die von sonstigen Maßnahmen der Fernmeldeüberwachung nach §§ 5, 8
G-10 betroffen sind. Damit hat der Gesetzgeber die Folgerungen aus der neuen
Zwecksetzung und der erheblichen Ausweitung der Anwendung des G-10 gezogen.
Je höher deren Grundrechtsrelevanz, umso klarer müssen gesetzlich ihre Voraussetzungen und Grenzen und umso unmissverständlicher die Kontrollinstanzen
ausgestaltet sein. Aus diesem systematischen Kontext resultieren Unterschiede
hinsichtlich der Ausgestaltung der Verpflichtung. Da die strategische Überwachung – im Unterschied zu den Beschränkungsmaßnahmen nach § 3 G-10 – nicht
gegen einzelne Personen angeordnet wird, kann die Mitteilungspflicht auch nicht
an den Eingriffen durch die Überwachungsanordnung anknüpfen. Vielmehr bezieht sie sich hier auf die Erlangung von Daten über einzelne Personen. Gesetzliche
Voraussetzungen sind:

---

[12] *Borgs-Maciejewski/Ebert*, Das Recht der Geheimdienste, 1986, § 5 G-10 Rn 6.
[13] BVerfGE 30, 1, 23; BVerfG, NJW 1985, 121, 125; zustimmend *Arndt*, NJW 1985, 107; kritisch
Riegel, DÖV 1985, 314.
[14] So grundsätzlich BVerfG 30, 1, 27 ff.; ferner *Arndt*, NJW 1985, 107; *ders.*, Das G10-Verfahren, in:
BMI (Hg.), Verfassungsschutz und Rechtsstaat, 1981, S. 43 ff.; *ders.*, Rechtsprobleme der Post und
Fernmeldekontrolle, in: Jeckewitz (Hg.), FS für Friedrich Schäfer, 1980, S. 147 ff.; *ders.*, Parlamentarische Kontrolle der Nachrichtendienste, in: Schneider/Zeh (Hg.), Parlamentsrecht und Parlaments-
praxis, 1989, S. 1378 ff.; zurückhaltender *Glückert*, ZRP 1969, 176; *Schlink*, Der Staat 1973, 85, 107;
Gusy, NJW 1981, 1581.

- Stattfinden einer Maßnahme nach §§ 5, 8 G-10; bei Maßnahmen nach § 3 G-10 entsteht hingegen die schon beschriebene Mitteilungspflicht aus § 12 Abs. 1 G-10.
- Beendigung der Maßnahme: Bei noch stattfindenden Maßnahmen entsteht auch hier keine Mitteilungspflicht; insoweit entsteht kein Unterschied zu § 12 Abs. 1 G-10.
- Erlangung personenbezogener Daten über eine natürliche Person aus der Überwachungsmaßnahme: Dabei unterscheidet das Gesetz nicht nach der Staatsangehörigkeit der Betroffenen. Eine Mitteilung wird allerdings lediglich in Betracht kommen, wenn die Betroffenen im Inland ansässig sind.
- Keine Gefährdung des Zwecks der Beschränkung. Auch hier zählen zu dem „Zweck" sämtliche möglichen Zwecke, zu welchen der Eingriff angeordnet wurde bzw. die dabei gewonnenen Daten verwendet werden dürfen.
- Keine (unverzügliche) Löschung der Daten durch den BND und dritte Stellen, welchen die Daten gem. § 7 G-10 übermittelt worden sind. Zu den möglichen Empfängern übermittelter Informationen zählen auch die Verfassungsschutzbehörden. Sind die Daten an mehrere Stellen übermittelt worden, unterbleibt die Information, wenn sie bei allen Empfängern innerhalb der genannten Frist vernichtet worden sind.

Die inhaltliche Ausgestaltung dieser Mitteilungspflicht unterscheidet sich nicht prinzipiell von derjenigen des § 12 Abs. 1 G-10. In beiden Varianten ist die Erteilung der Auskunft die seltene Ausnahme, ihre Nichterteilung hingegen die Regel. Der Auskunftsanspruch läuft also faktisch weitgehend leer. Die Verfassungsmäßigkeit dieses Systems kann demnach nicht aus der (Regelmäßigkeit der) Auskunft, sondern lediglich aus der ausnahmsweisen Zulässigkeit gleichwertiger Kontrollsysteme ohne Auskunft hergeleitet werden.

c) Auskunftsanspruch nach § 15 BVerfSchG

§ 15 BVerfSchG enthält seit dem Jahre 1990 eine eigenständige spezialgesetzliche Regelung des Auskunftsanspruchs gegenüber dem Bundesamt für Verfassungsschutz.[15] Der Auskunftsanspruch ist als Surrogat der ansonsten fehlenden Bekanntgabe von Grundrechtseingriffen durch Datenverarbeitung konzipiert. Die Bestimmung soll die früheren Regelungen des § 13 BDSG 1977 und die Ermessens-

---

[15] Gegenüber den Landesämtern für Verfassungsschutz gelten die landesrechtlichen Auskunftsansprüche; s. etwa § 14 LVerfSchGNRW.

ansprüche des bisherigen Rechts ablösen.[16] Sie enthält sowohl materielle Regelungen zum Auskunftsrecht und seinen Grenzen als auch formelle Regelungen
hinsichtlich der Begründungspflicht bei Ablehnungen von Auskunftsbegehren. In
materieller Hinsicht geht die Norm vom prinzipiellen Auskunftsanspruch aus, der
gesetzlich ausgestaltet (Abs. 1) und begrenzt (Abs. 2) ist. Sie beseitigt dagegen die
frühere Kategorie der Auskunftserteilung nach pflichtgemäßem Ermessen. Doch
enthält § 15 BVerfSchG keine prinzipielle Abkehr von den früheren Grundsätzen.
Wie auch das alte Recht sucht er einen Kompromiss zwischen den Rechtsschutz-
(und Auskunfts-)Interessen der Bürger einerseits und einer Wahrung der Eigenheit
geheimdienstlicher Arbeit insbesondere gegenüber der vielfach betonten „Ausforschungsgefahr" andererseits. Letztere wird darin gesehen, dass Bürger mit
Auskunftsbegehren nicht nur den Kenntnisstand des Verfassungsschutzes aus-
forschen, sondern dadurch zugleich mittelbar Informationen über Arbeitsmittel
und -methoden erlangen. Eine rechtliche Ermöglichung solcher Ausforschung
würde einen „transparenten Geheimdienst" zumindest ermöglichen.

Inhaltlich beschränkt sich die Regelung weitgehend darauf, die tradierten
Grundsätze der Rechtsprechung in einem tendenziell verfassungsschutzfreund-
lichen Sinne nachzuzeichnen. Die Systematik des § 15 BVerfSchG gestaltet sich
folgendermaßen:

- § 15 Abs. 1 BVerfSchG regelt die Tatbestandsvoraussetzungen einer Auskunftspflicht und deren Umfang.
- § 15 Abs. 2 BVerfSchG enthält die Grenzen jenes Auskunftsanspruchs, also die
  Voraussetzungen, unter denen eine Auskunft verweigert werden darf.
- § 15 Abs. 3 BVerfSchG enthält die Rechtsfolgen der Norm, konturiert also – ein-
  schränkend – den Inhalt bestehender Auskunftsansprüche.
- § 15 Abs. 4 BVerfSchG enthält formelle Anforderungen an die Auskunftsverweigerung und besondere Kontrollrechte des Bundesbeauftragten für den
  Datenschutz im Falle einer Verweigerung.

aa) Voraussetzungen des Auskunftsanspruchs

§ 15 Abs. 1 BVerfSchG enthält drei Voraussetzungen für das Bestehen eines Auskunftsanspruchs.

(1) Erste Voraussetzung ist die „Speicherung personenbezogener Daten zu einer
Person". Inhaber des Auskunftsanspruchs ist derjenige, zu dessen Person die Daten

---

[16] Dazu *Gusy*, Richterliche Kontrolle des Verfassungsschutzes, in: BfV (Hg.), Verfassungsschutz in
der Demokratie, 1991, S. 67, 72 ff.

gespeichert worden sind. Dabei entspricht das Konzept der „personenbezogenen Daten" demjenigen des § 3 Abs. 1 BDSG.[17] Dabei kommt es auf den Inhalt der einzelnen Information an. Nicht vorausgesetzt wird dagegen, dass sie in einer Datei enthalten ist, die gerade zu der betroffenen Person angelegt worden ist, oder überhaupt in personenbezogenen Dateien enthalten ist. Es genügt vielmehr ihre Speicherung (auch) beim BfV. Unerheblich ist auch, ob die Daten aus eigener Informationserhebung des Verfassungsschutzes oder von anderen (öffentlichen oder privaten) Stellen stammen. Ebenso wenig maßgeblich ist, ob sie vom BfV an anderen Stellen weiter übermittelt worden sind, solange sie überhaupt noch (auch) beim BfV vorhanden sind.

Der Auskunftsanspruch bezieht sich sowohl auf Daten, welche automatisch verarbeitet worden sind, als auch auf solche Informationen, die in Akten enthalten sind. Für eine Begrenzung auf die erste Fallgruppe, wie sie zum früheren Datenschutzrecht noch postuliert worden ist, besteht gegenwärtig keine Veranlassung mehr. § 3 Abs. 2 S. 2 BDSG macht hinreichend deutlich, dass der Anwendungsbereich des Datenschutzrechts gegenwärtig weitergehen kann.

(2) Voraussetzung für das Entstehen des Auskunftsanspruchs ist ein Hinweis des Anspruchstellers auf einen „besonderen Sachverhalt". Dieses einschränkende Tatbestandsmerkmal ist die zentrale Ausprägung des Schutzes nachrichtendienstlicher Daten gegen die angesprochene „Ausforschungsgefahr". Es war schon früher von der Rechtsprechung als Anspruchsvoraussetzung grundsätzlich anerkannt und ist nun auch vom Gesetzgeber übernommen worden. Danach sollte im Allgemeinen die „Geheimhaltungsbedürftigkeit der für die Aufgabenerfüllung der Sicherheitsbehörden benötigten Unterlagen" einer Mitteilung entgegenstehen.[18] Somit ging die Rechtsprechung von einem grundsätzlichen Vorrang der Geheimhaltungsinteressen des Verfassungsschutzes vor den Informationsinteressen des Bürgers aus. Auskünfte sollen danach am ehesten erteilt werden, wenn „der Betroffene Angaben macht, die das Auffinden der Daten ermöglichen, und der für die Erteilung der Auskunft erforderliche Aufwand nicht außer Verhältnis zu dem vom Betroffenen geltend gemachten Informationsinteresse steht." Für eine Auskunft über gespeicherte Unterlagen können im Einzelfall folgende Belange sprechen:

- Der Verfassungsschutz ist bei der Erhebung der Informationen gegenüber dem Betroffenen in einer Weise hervorgetreten, die seine Informationserhebung nicht mehr zu einer „heimlichen", sondern einer „offenen" machte.[19] Wer offen handelt, kann sich nicht zugleich auf die Heimlichkeit seines Handelns

---

[17] Dazu *Dammann*, in: Simitis u.a. (Hg.), BDSG, 6. A., 2006, § 3 Rn 3 ff.
[18] So schon VGH München, BayVBl 1983, 402, 403; NVwZ 1985, 663 f.
[19] BVerwG, JZ 1986, 634, 635 f. S. a. OVG Münster, NWVBl 1994, 468.

berufen. Erst recht gilt dies, wenn die Informationen dem Verfassungsschutz vom Betroffenen selbst mitgeteilt worden sind.[20] Als Grundsatz kann hier gelten: Je substantiierter das Auskunftsbegehren, desto eher entsteht eine Auskunftspflicht.[21]

- Die Informationen stammen aus offenen Quellen.[22] Da offene Quellen sich gerade dadurch auszeichnen, dass sie jedermann und damit auch dem Verfassungsschutz zugänglich sind, kann eine Auskunft über Erkenntnisse aus offenen Quellen weder Besonderheiten der Arbeitsweise des Verfassungsschutzes bloßlegen noch eine unzulässige Ausforschung der vorhandenen Datenbestände bewirken.[23]

- Personenbezogene Informationen sind in ein Verwaltungs- oder gerichtliches Verfahren eingeführt worden. Gerichte und Behörden müssen den Beteiligten im Verfahren zu den von ihnen verwendeten Informationen regelmäßig Gehör gewähren (§ 28 VwVfG; Art. 103 GG). Dazu müssen sie die Informationen dem Berechtigten mitteilen. Wenn der Verfassungsschutz so Informationen in einer Weise verwendet, welche er dem Betroffenen mittelbar zugänglich machen kann, so kann er sich nicht gleichzeitig gegenüber dem Betroffenen auf die Geheimheit der Daten berufen.

- Personenbezogene Informationen des Verfassungsschutzes sind an Dritte weitergegeben worden und dem Betroffenen ist daraufhin ein rechtlicher Nachteil entstanden. In solchen Fällen ist jedenfalls dann, wenn der Nachteil begründungspflichtig ist – etwa die außerordentliche Kündigung eines Arbeitnehmers –, nicht ausgeschlossen, dass die Informationen gegenüber dem Betroffenen verwendet werden. Auch diese potentielle Öffentlichmachung von Daten schließt es regelmäßig aus, dass der Verfassungsschutz sich gegenüber dem Betroffenen auf die Geheimheit der Daten beruft.

Als Anhaltspunkt lässt sich demnach formulieren: *Je eher der Bürger konkrete Anhaltspunkte dafür hat, dass über ihn personenbezogene Daten gespeichert sind, desto stärker wiegen seine persönlichen Belange im Abwägungsvorgang.* In diesem Falle bedarf der Verfassungsschutz eines überwiegenden, rechtlich geschützten Belanges, welcher die Auskunft im Einzelfall ausschließt. Hat umgekehrt der Bürger keinerlei Anhaltspunkte für eine Speicherung von Daten über ihn, so wiegen seine individuellen Belange weniger schwer. Das Tatbestandsmerkmal ist in

---

[20] *Bäumler*, NVwZ 1988, 199, 202.

[21] Aufschlussreich zur Praxis *Roewer*, NVwZ 1989, 11, 15. Der genannte Grundsatz liegt umso näher, als er „Ausforschungsaktionen" gar nicht erst befürchten lässt.

[22] Im Ansatz so VG Köln, NVwZ 1989, 85, 89; *Bäumler*, NVwZ 1988, 199, 203.

[23] Die Kritik *Roewers*, NVwZ 1989, 11, 13 ff., an diesem Kriterium ist insoweit berechtigt, als sie eine spezifische Variante des Ansatzes des VG Köln und Bäumlers trifft; nämlich die Differenzierung nach unterschiedlichen Aufgaben der Dienste. Dieser Variante wird hier allerdings nicht gefolgt.

der Literatur nicht unkritisiert geblieben. Dabei wird insbesondere der Einwand der Selbstwidersprüchlichkeit erhoben. Wer von den Verfassungsschutzbehörden Auskunft über zu seiner Person gespeicherte Daten erhalten wolle, müsse ihnen zunächst seinerseits Informationen liefern. Doch ist dem stets mit dem Argument begegnet worden, nur so könne die prinzipielle Geheimheit nachrichtendienstlicher Informationen gewahrt bleiben. Gerade hier sei der Geheimheitsschutz die Regel, die Auskunft hingegen die Ausnahme.

(3) Schließlich setzt der Auskunftsanspruch ein „besonderes Interesse" des Anspruchstellers gerade an der Auskunft voraus. Dieses Interesse ist mit dem Antrag zu substantiieren. Es liegt vor, wenn das Interesse an der Auskunft im Einzelfall das generelle Geheimhaltungsinteresse des Verfassungsschutzes überwiegt. Tatbestandsvoraussetzung ist demnach eine Abwägung zwischen den beteiligten öffentlichen und individuellen Belangen.[24] Liegt ein möglicher Versagungsgrund vor, so sind im Rahmen der Ermessensentscheidung die öffentlichen Belange, welche der Auskunft entgegenstehen können, und die öffentlichen und privaten Belange, welche eine Mitteilung rechtfertigen, gegeneinander abzuwägen.[25] Diese Abwägung ist bereits im Tatbestand vorzunehmen. Die Systematik des § 15 Abs. 1, 2 BVerfSchG macht deutlich: Das öffentliche Interesse überwiegt nicht nur dann, wenn den Verfassungsschutzbehörden ein gesetzlich normierter Ausschlusstatbestand zur Seite steht. Vielmehr ist der Kreis der nach Abs. 1 zu berücksichtigen öffentlichen Interessen von demjenigen der nach Abs. 2 geschützten Rechtsgüter zu unterscheiden. Damit ist die Frage nach den zulässigen Ermessenserwägungen aber erst gestellt und noch nicht beantwortet. Die Antwort hat sich zwischen zwei Polen zu orientieren: (1) Einerseits der Einsicht des BVerfG, wonach eine Auskunftsverweigerung nicht bloß aus der „Natur der Sache" gerechtfertigt werden darf, sondern durch (fort-)bestehende Gefahren grundgesetzlich geschützter Belange legitimiert sein muss.[26] Demnach muss jede ablehnende Ermessensentscheidung auf einen rechtlich geschützten Belang gestützt werden. (2) Andererseits der Erkenntnis des BVerwG, wonach die Bestimmung des § 15 Abs. 1 letzter Halbsatz BVerfSchG überflüssig wäre, wenn sie allein die Auskunftsverbote des § 15 Abs. 2 BVerfSchG wiederholen würde; wenn also die Ermessensausübung lediglich auf ausdrücklich statuierte Bekanntgabeverbote gestützt werden dürfte. Daraus folgt: § 15 Abs. 1 BVerfSchG lässt die Auskunftsverweigerung in weiterem Umfang zu als § 15 Abs. 2 BVerfSchG, ohne sie allerdings wegen der „Besonderheiten des Verfassungsschutzes" stets auszuschließen. Ein solches besonderes Interesse des Antragstellers besteht etwa, wenn die Kenntnis von den gespeicherten Unterlagen

---

[24] Dazu *Riegel*, Datenschutz bei den Sicherheitsbehörden, 1992, S. 193.
[25] VG Köln, DVR 1981, 172, 174.
[26] BVerfGE 30, 1, 21.

zur Geltendmachung oder Durchsetzung individueller Rechte in einem Verwaltungs- oder Gerichtsverfahren erforderlich ist. Es besteht aber auch, wenn der Akt der Informationserhebung bereits längere Zeit zurückliegt oder abgeschlossen ist, so dass eine Gefährdung operativer Vorgänge oder Maßnahmen durch die Mitteilung praktisch ausgeschlossen ist.[27] Umgekehrt kommt keine Mitteilung an den Betroffenen in Betracht etwa in folgenden Fällen:

- Die Gewinnung von Informationen über den Antragsteller oder Dritte aus seinem persönlichen Umfeld ist noch nicht abgeschlossen, so dass diese im Falle einer Mitteilung bemerken könnten, dass sie Gegenstand der Beobachtung sind. In solchen Fällen wäre eine Versagung der Auskunft schon nach § 15 Abs. 2 Nr. 1 BVerfSchG zulässig.
- Personenbezogene Informationen werden vom Verfassungsschutz für laufende oder noch einzuleitende Verwaltungs- oder Strafverfahren gegen den Betroffenen oder Dritte benötigt. Hier wird zwar möglicherweise nicht die Erfüllung von Aufgaben der „speichernden Stelle" (§ 15 Abs. 2 Nr. 1 BVerfSchG), wohl aber diejenige dritter Behörden gefährdet. In solchen Fällen kommt eine Versagung nach § 15 Abs. 1 BVerfSchG in Betracht.
- Der Verfassungsschutz hat dem Betroffenen die Informationen bereits gem. § 15 BVerfSchG oder aufgrund anderer Vorschriften mitgeteilt.[28]
- Es liegen konkrete Anhaltspunkte dafür vor, dass das Auskunftsbegehren missbräuchlich gestellt worden ist.[29] Dies wäre etwa der Fall, wenn es nicht primär der Erlangung von Auskünften über personenbezogene Daten, sondern vielmehr der Ausforschung des Verfassungsschutzes dienen würde. Dafür müssen aber konkrete Hinweise vorliegen; die abstrakte Vermutung reicht dafür allein nicht aus.

Die Rechtsprechung bejaht ein subjektives Recht des Einzelnen auf fehlerfreie Entscheidung über die Auskunftserteilung.[30] Bei der Abwägung können sich durchaus Differenzierungen hinsichtlich der verschiedenen Aufgaben der Ämter für Verfassungsschutz ergeben.[31] So werden die Voraussetzungen für eine Auskunft in Fällen der Spionageabwehr praktisch nie, bei anderen Aufgaben eher vorliegen. Dafür sind aber eher die konkreten Belange im Einzelfall maßgeblich; weniger hingegen die allgemeinen, gesetzlich geregelten Aufgaben der Ämter.

---

[27] OVG Bremen, NJW 1987, 2393, 2396.
[28] BVerwG bei *Lichtenberg/Gilcher*, Entscheidungssammlung zum Datenschutzrecht, 1996, C 3, Nr. 2, S. 15.
[29] *Roewer*, NVwZ 1989, 11, 13.
[30] BVerwG a. a. O.; OVG Bremen, NVwZ 1983, 358, 359; DuD 1987, 305; OVG Münster, DVR 1985, 145; VG Köln, DVR 1981, 172. Zu diesem Anspruch generell *Pietzcker*, JZ 1989, 305.
[31] *Bäumler*, NVwZ 1988, 199, 202 f.

Zutreffend ist aber, dass der jeweilige Zweck der Datenerhebung und -speicherung im Einzelfall eine Folge der bei seiner Erhebung wahrgenommenen Aufgabe des Verfassungsschutzes ist. Insoweit werden die nach § 15 Abs. 1 BVerfSchG im Einzelfall maßgeblichen Belange durchaus auch von den Aufgabenregelungen des § 3 BVerfSchG mitgeprägt.[32]

bb) Grenzen des Auskunftsanspruchs

§ 15 Abs. 2 BVerfSchG regelt erstmals gesetzlich die Grenzen des Auskunftsanspruchs. Die Bestimmung setzt voraus, dass ein Auskunftsanspruch nach Abs. 1 prinzipiell entstanden ist. In diesem Falle ist das BfV zur Auskunftsverweigerung allein im Rahmen der gesetzlichen Grenzen jenes Anspruchs berechtigt. Die in Abs. 2 genannten Grenzen sind einerseits abschließend: Weitere Grenzen des Auskunftsanspruchs bestehen nicht. Sie sind aber auch absolut: Ist eine Anspruchsgrenze einschlägig, so ist die Auskunftserteilung rechtlich ausgeschlossen, sie „unterbleibt". Eine Abwägung findet in diesem Rahmen nicht mehr statt. Diese Grenzen sind:

(1) Eine Gefährdung der Aufgaben der speichernden Stelle durch die Auskunft.[33] Dazu zählt auch eine Gefährdung der Quellen, des Erkenntnisstandes oder der Arbeitsweise des BfV (§ 15 Abs. 2 Nr. 1, 2 BVerfSchG).[34] Nicht ausreichend ist die Absicht, rechtswidrige Handlungen des Verfassungsschutzes zu verbergen;[35] denn rechtswidrige Handlungen sind ebenso wie ihre Vertuschung kein rechtlich anerkannter Belang. Insbesondere streitet das „öffentliche Interesse" nicht notwendig stets für Geheimhaltung. Vielmehr ist im demokratischen Staat das öffentliche Interesse gerade auch auf Transparenz und Kontrollierbarkeit der Staatsgewalt gerichtet. Wie die Konkretisierung dieses Merkmals vorzunehmen ist, ist zunächst eine Frage der Auslegung des Gesetzesrechts; erst in zweiter Linie eine solche der Auslegung und Anwendung des Grundgesetzes.[36] Erste Hinweise vermag die Entstehungsgeschichte des früheren § 13 Abs. 2 BDSG zu geben. In der Begründung zum Regierungsentwurf[37] werden Nachteile für die Arbeitsmöglichkeiten der in der Vorschrift genannten Behörden befürchtet, „wenn ein Zwang zur Erteilung von Auskünften durch die einschlägigen Behörden an [...] überwachte oder in Strafverfolgung befindliche Personen darüber bestünde, ob und welche Informa-

---

[32] Dem widersprechen auch nicht die insoweit krit. Ausführungen von *Roewer*, NVwZ 1989, 11, 12.
[33] Dazu BVerwG, NVwZ 1994, 72.
[34] So für den Verfassungsschutz – im Anschluss an BT-Drs. 7/1027, S. 26 (zu § 11) – BVerwG, DVBl 1990, 707, 711.
[35] *Roewer*, Nachrichtendienstrecht der Bundesrepublik Deutschland, 1987, § 5 G-10 Rn 6.
[36] Richtig z. B. das Vorgehen bei OVG Münster, DVBl 1995, 371, 372 f.
[37] BT-Drs. 7/1027, zu § 11.

tionen über sie gespeichert werden." Wohlgemerkt: Die Nachteile werden nicht von der Erteilung der Auskunft, sondern erst von dem „Zwang zur Auskunft" befürchtet. Nicht jede Mitteilung stellt danach eine rechtlich relevante Gefährdung des Verfassungsschutzes dar; sondern allein die rechtliche Unmöglichkeit, Auskünfte zu verweigern. Damit indiziert die Entstehung der Norm: Maßgeblich ist keine pauschale Abwägung zwischen der „Effektivität der Nachrichtendienste" und dem „Grundrecht auf informationelle Selbstbestimmung" im Allgemeinen. Vielmehr kommt es auf den jeweiligen Einzelfall an.[38] Bestätigt wird dieser Befund durch die verfassungssystematische Auslegung. Der Grundrechtsschutz der informationellen Selbstbestimmung ist nicht absolut und nicht schrankenlos; sondern vielmehr Einschränkungen durch konkurrierende öffentliche Belange zugänglich.[39] Aber auch hier kann es wegen der Offenheit und Rahmenartigkeit des Selbstbestimmungsrechts keine pauschale Bestimmung von Vor- und Nachrang, sondern im Regelfall lediglich eine Abwägung im Einzelfall geben.[40]

(2) Eine Gefährdung der öffentlichen Sicherheit, der öffentlichen Ordnung oder des öffentlichen Wohls[41] durch die Auskunft.

(3) Die Geheimhaltungsbedürftigkeit der Daten oder der Tatsache ihrer Speicherung „nach einer Rechtsvorschrift oder ihrem Wesen nach". Maßgeblich ist hier regelmäßig das erste Tatbestandsmerkmal. Denn die Rechtsprechung geht von dem Grundsatz aus: Informationen des Verfassungsschutzes sind nicht stets „ihrem Wesen nach geheim".[42]

Die Auskunftspflicht bezieht sich allein auf die zu der Person des Anspruchstellers gespeicherten Daten. Sie erfasst insbesondere weder die Quellen jener Informationen noch die Empfänger von Übermittlungen. Der Berechtigte kann also lediglich erfahren, welche Daten zu seiner Person beim BfV vorhanden sind. Woher diese stammen oder was das BfV mit ihnen getan hat, erfährt er nicht. Unzulässig wäre es allerdings, wenn das BfV Daten zu dem Zweck abgibt, um selbst keine Auskünfte über vorhandene Datenbestände geben zu müssen.
    Sofern eine Auskunft nach den genannten Grundsätzen abgelehnt wird, steht dem Betroffenen das Recht zu, sich an den Bundesbeauftragten für den Daten-

---

[38] Anders VG Bremen, DVR 1981, 183, 187, wonach eine Auskunft „die Tätigkeit des Verfassungsschutzes ad absurdum führen würde" und deshalb nicht zu erteilen sei; dagegen OVG Bremen, NVwZ 1983, 358, 359.
[39] BVerfGE 65, 1, 43 ff.
[40] Richtig fragt schon VG Köln, DVR 1981, 172, 174, danach, ob die Behörde ihr Ermessen überhaupt betätigt hat.
[41] Dazu noch näher u. III 2.
[42] BVerwG, NVwZ 1994, 72, 73.

schutz zu wenden (§ 15 Abs. 4 S. 3 BVerfSchG). Dieser ist daraufhin berechtigt und verpflichtet, die Kontrollrechte nach § 15 Abs. 4 S. 4, 5 BVerfSchG wahrzunehmen.

cc) Begründungspflicht bei Auskunftsverweigerung

§ 15 Abs. 4 BVerfSchG regelt die Begründung für die Auskunftsverweigerung. Einer Begründung bedarf es danach insoweit nicht, als durch sie „der Zweck der Auskunftsverweigerung gefährdet" würde. Auch dies entspricht überwiegend der bisherigen Rechtsprechung und den von ihr entwickelten Grundsätzen zu § 39 VwVfG.[43] Für den Betroffenen ist regelmäßig nicht erkennbar, welche Gründe für die Ablehnung seines Antrages maßgeblich waren. Insbesondere vermag er nicht zu erkennen, ob die dargestellten materiellen Ermessensgrenzen eingehalten worden sind oder nicht. Der Grund hierfür liegt darin, dass die Begründung der ablehnenden Entscheidung regelmäßig formelhaft bleibt und nicht auf den Einzelfall eingeht. Formell-rechtliches Hauptproblem ist demnach die Frage nach einem Anspruch auf eine einzelfallbezogene Begründung der Ablehnung. Wegen der tatsächlichen Seltenheit der Auskünfte hat sich in der forensischen Praxis der Streit um die fehlerfreie Entscheidung nach § 15 Abs. 1, 2 BVerfSchG weitgehend auf den Nebenschauplatz des Streites um eine substantielle Begründung für die Ablehnung des Auskunftsantrages verlagert.

In der Diskussion um die Anspruchsgrundlage ist schon strittig, ob Eingriffs- oder Leistungsrecht anwendbar ist.[44] Stellt die Auskunftsverweigerung einen Grundrechtseingriff dar? Oder ist die Auskunftserteilung eine Leistung des Staates an den Bürger? Gegenstand der Auskunft sind „personenbezogene Daten" (§ 3 Abs. 1 BDSG). Die Verarbeitung solcher Daten durch staatliche Stellen stellt im Regelfall einen Grundrechtseingriff dar. Eine Rechtsordnung, welche einerseits gegen Grundrechtseingriffe den Rechtsweg garantiert (Art. 19 Abs. 4 GG), andererseits aber dem Betroffenen die Kenntnis vom Grundrechtseingriff vorenthält, setzt sich in einen Selbstwiderspruch. Da eine Auslegung, welche zu einem widersprüchlichen Ergebnis führt, unzulässig ist, ist der Widerspruch durch Auslegung zu beseitigen. Diese hat Grundrechtseingriff und Rechtsschutzgarantie zu harmonisieren. Eine solche Harmonisierung bedingt geradezu notwendig die Bekanntgabe des Eingriffs an den Betroffenen;[45] und das heißt im Recht der Datenverarbeitung: Die Bekanntgabe der Datenverarbeitung an den Betroffenen. Ist der Anspruch auf Auskunft grundrechtlich geboten, so stellt die Versagung

---

[43] BT-Drs. 11/4306, S. 46, bezeichnet den Inhalt der Regelung als „allgemeinen verwaltungsrechtlichen Grundsatz".
[44] Für die erstere Lösung *Bäumler*, NVwZ 1988, 199, 200; für die letztere *Roewer*, NVwZ 1989, 11, 15.
[45] BVerfGE 30, 1, 17 ff., 31 f.

der Auskunft ihrerseits einen Grundrechtseingriff dar. Ein solcher, zusätzlicher Eingriff ist nur grundrechtskonform, wenn er seinerseits formell und materiell verfassungsgemäß ist. Dies heißt insbesondere: Wenn er die gesetzlichen Anforderungen an einen derartigen Grundrechtseingriff erfüllt. Zu diesen gesetzlichen Anforderungen zählt gem. § 39 VwVfG prinzipiell auch die Begründungspflicht.[46] Diese bezieht sich neben den maßgeblichen tatsächlichen und rechtlichen Entscheidungsgrundlagen (§ 39 Abs. 1 S. 2 VwVfG) auch auf diejenigen Gesichtspunkte, von welchen die Behörde bei der Ausübung ihres Ermessens – und das heißt notwendig: im Einzelfall ausgegangen ist (§ 39 Abs. 1 S. 3 VwVfG). Für die Entscheidung nach § 15 Abs. 4 BVerfSchG besagt dies: Der Bürger hat grundsätzlich einen Begründungsanspruch, sofern die Auskunft durch Verwaltungsakt[47] versagt wird. Der rechtliche Grundsatz ist demnach die Begründungspflicht und nicht das Absehen von einer Begründung.

Das Absehen von einer Begründung ist demnach nur zulässig, soweit ein gesetzlicher Ausnahmetatbestand einschlägig ist. Hier knüpft § 15 Abs. 4 BVerfSchG an den Zweck des § 15 Abs. 1, 2 BVerfSchG an: Ein Auskunftsverweigerungsrecht, durch welches der Verfassungsschutz gezwungen ist, die verweigerte Information zur Begründung seiner Weigerung in den Gründen anzugeben, ist selbst widersprüchlich.[48] Diese Erwägung rechtfertigt allerdings nicht jedes Absehen von einer Begründung; sondern nur ein Absehen von solchen Begründungen, welche die abgelehnte Information enthalten oder doch Rückschlüsse auf sie zulassen. § 15 Abs. 4 BVerfSchG bezieht sich demnach eher auf das „Wie" als auf das „Ob" der Begründung. Beide Aspekte sind jedoch nicht völlig voneinander zu isolieren. Sind die Verfassungsschutzbehörden berechtigt, Auskünfte aus anderen als einzelfallbezogenen Gründen zu verweigern[49], so kann ein derartiges, „generalpräventives" Auskunftsversagungsrecht nicht ohne Auswirkungen auf den Inhalt der Begründung bleiben. Sind für die Ablehnung des Antrages keine einzelfallbezogenen Gründe maßgeblich, so können solche auch nicht in die Begründung

---

[46] Zu den formellen und materiellen Dimensionen der Begründungspflicht *Schoch*, DÖV 1984, 401. Die Frage nach einer unmittelbar aus dem GG herzuleitenden Begründungspflicht kann und soll hier offenbleiben; dazu *Lorenz*, Der Rechtsschutz des Bürgers und die Rechtsweggarantie, 1973, S. 259; *Lücke*, Begründungszwang und Verfassung, 1987; s. a. BVerwG, DVBl 1990, 707 f.; BVerwG bei *Lichtenberg/Gilcher*, Entscheidungssammlung zum Datenschutzrecht, 1996, C 3, Nr. 2, S. 16.

[47] Die dargestellte Begründung setzt voraus, dass – mit der Rechtsprechung – die Versagung der Auskunft einen Verwaltungsakt darstellt. S. etwa BVerwGE 31, 301, 306 f.; DVBl 1990, 707. Dies scheint mir nicht selbstverständlich: Wenn die Auskunft selbst kein Verwaltungsakt ist, ist schwerlich zu begründen, warum der actus contrarius einen solchen darstellen soll. Und eben dieser actus contrarius ist die Versagung. Diese Frage soll hier aber – angesichts der Einheitlichkeit der Rechtsprechung und der Diffizilität der Handlungsformenlehre – nicht weiter verfolgt werden.

[48] VG Bremen, DVR 1981, 183, 187; VG Berlin, DVR 1983, 351. Dazu plastisch *Roewer*, NVwZ 1989, 11, 13, im Hinblick auf „Ausforschungskampagnen" der DKP bzw. der DFU.

[49] S. u. dd) zum „Negativattest".

der Entscheidung aufgenommen werden. Ein Anspruch auf einzelfallbezogene Begründung kommt somit in zwei Fallgruppen nicht in Betracht: (1) wenn die Begründung die verweigerte Information enthalten müsste; (2) wenn für die Ablehnung des Antrages gar keine einzelfallbezogenen Erwägungen maßgeblich waren. Angesichts der tatsächlichen Häufigkeit dieser beiden Fallgruppen kehrt sich das rechtliche Regel-Ausnahme-Verhältnis in der Wirklichkeit um: Faktisch ist das Absehen von einer einzelfallbezogenen Begründung die Regel, die Begründung hingegen die Ausnahme.

Die Rechtsprechung hat diese Entwicklung nachvollzogen und formuliert als Leitsatz, „dass sich ohne das Vorliegen besonderer Umstände eine weitergehende Begründung für die Auskunftsverweigerung erübrigt".[50] Derartige besondere Umstände sind insbesondere dann anzunehmen, wenn ein spezielles Geheimhaltungsinteresse nicht besteht, da der Betroffene weiß, dass über ihn Daten gespeichert sind oder die gespeicherten Daten aus offenen Quellen stammen.[51] Daneben können solche Umstände vorliegen, wenn das Auskunftsinteresse des Bürgers das Geheimhaltungsinteresse des BfV überwiegt. Dies wird in der Rechtsprechung angenommen, wenn die gespeicherten Daten sich auf länger zurückliegende Vorgänge beziehen; wenn dem Betroffenen aus der Datenverarbeitung Nachteile entstanden sein können; etwa bei der Suche nach einer Arbeitsstelle oder durch drohende „Herabsetzung seines Bildes in der Öffentlichkeit".[52]

Die Schwierigkeit für den Antragsteller liegt regelmäßig darin, diese „besonderen Umstände" so zu konkretisieren, dass zumindest die Annahme nachvollziehbar wird, die ihm drohenden oder schon eingetretenen Nachteile seien gerade auf das Wirken der Verfassungsschutzbehörden zurückzuführen. Gelingt ihm dies nicht, gibt sich die Praxis mit formelhaften Begründungen zufrieden. Danach soll ausreichen, dass die Behörde mitteilt, die Bekanntgabe „gespeicherter Daten würde die Tätigkeit der Verfassungsschutzbehörden ad absurdum führen";[53] oder die „Begründung", dass „die Belange des Bürgers hinter dem öffentlichen Interesse an der Verweigerung der Auskunftserteilung zurücktrete";[54] schließlich sogar der „Hinweis auf die der Auskunftsverweigerung zugrunde liegenden Vorschriften und die Notwendigkeit der Geheimhaltung".[55]

---

[50] BVerwG, DVBl 1990, 707, 711; die Formel stammt wohl vom VG Köln, DVR 1981, 172, 174. VG Schleswig, RDV 1986, 93, 95 ff., hält wegen dieses prinzipiellen Fehlens einer Begründungspflicht die entsprechende Vorschrift des SHDSG wegen Verstoßes gegen Art. 1 iVm Art. 19 Abs. 4 GG für verfassungswidrig.

[51] Zum Folgenden OVG Bremen, NJW 1987, 2393, 2396.

[52] OVG Bremen, DVR 1983, 347, 352.

[53] VG Bremen, DVR 1981, 183, 187; anspruchsvoller allerdings OVG Bremen, DVR 1983, 347, 350.

[54] VG Berlin, DVR 1983, 351.

[55] BVerwG bei *Lichtenberg/Gilcher*, Entscheidungssammlung zum Datenschutzrecht, 1996, C 3, Nr. 2, S. 16.

dd) Insbesondere: Das „Negativattest"

Über die allermeisten Bürger hat der Verfassungsschutz keinerlei personenbezogene Daten gespeichert. Auskunftsbegehren könnten deshalb, wenn überhaupt, nur
mit einer „Fehlanzeige" beantwortet werden. Dieses sog. „Negativattest" unterfällt
gleichfalls der Regelung des § 15 BVerfSchG. Auch ein Auskunftsanspruch darüber, dass über eine Person nichts gespeichert ist, besteht demnach nur in dem beschriebenen Umfang.[56] Die soeben dargestellten Grundsätze für die Erteilung von
Auskünften über gespeicherte Informationen können hier zwar als Anhaltspunkt
herangezogen werden. Sie dürfen jedoch nicht einfach schematisch übertragen
werden. Maßgeblich hierfür ist der folgende Umstand: Liegt der Grund für den
Ausschluss auch des Anspruchs auf ein Negativattest gleichfalls in dem befürch-
teten Ausforschungseffekt, so enthält das Negativattest selbst keine Informationen,
welche eine Ausforschung des Verfassungsschutzes ermöglichen würden. Wäre
jedoch der Verfassungsschutz zur Erteilung von Negativattesten verpflichtet, wenn
keine Informationen über einen Bürger vorliegen, so wäre die Versagung eines
solchen Attestes gleichbedeutend mit dem Hinweis, dass Informationen vorliegen.
Aus dieser Gefahr des Ausforschungseffektes kraft Umkehrschluss folgt aber noch
keineswegs, dass auch der Negativattest im Regelfall versagt werden darf. Vielmehr folgt daraus nach der dargestellten Rechtsprechung des BVerfG[57] lediglich:
Auch Negativatteste dürfen nur in dem Umfang versagt werden, der erforderlich
ist, um den Ausforschungseffekt kraft Umkehrschluss zu vermeiden. Zu diesem
Zweck ist es keineswegs erforderlich, Negativatteste stets zu versagen. Eine quanti-
tative Grenze lässt sich hier zwar nicht schematisch ziehen. Doch würde es für
den dargestellten Zweck genügen, wenn etwa jedes fünfte oder zehnte Begehren,
welches mit einem Negativattest beschieden werden müsste, wegen der möglichen Ausforschungsgefahr abgelehnt würde. Eine solche Handhabung ist durch
das grundgesetzliche Übermaßverbot rechtlich geboten. Beim Negativattest darf
demnach nicht die Versagung der Auskunft der quantitativ häufigere Fall sein;
hier hat vielmehr deren Erteilung die zahlenmäßige Mehrheit zu bilden. Eine
solche, rechtlich gebotene Praxis ist auch in höherem Maße geeignet, Misstrauen
der Bürger gegen den Verfassungsschutz abzubauen und den Rechtsfrieden zu
sichern, als es die routinemäßige Ablehnung sein könnte.

---

[56] *Mallmann*, in: Simitis u. a. (Hg.), BDSG, 6. A., 2006, § 19 Rn 85.
[57] BVerfGE 30, 1, 21.

ee) Zusammenfassung

Der Erteilung von Auskünften an den Bürger stehen so nach § 15 BVerfSchG zahlreiche rechtliche Hindernisse entgegen. Ein Auskunftsanspruch besteht nur in engen Grenzen und bei Vorliegen überwiegender Gründe in der Person des Antragstellers. Auf dieser Grundlage werden Auskünfte „fast nie" erteilt. Zwar hat der Bürger einen grundsätzlichen Auskunftsanspruch; ob die Behörde diesen Anspruch allerdings erfüllt hat, kann er regelmäßig nicht überprüfen. Denn die Begründung ist zumeist von derart apodiktischer Kürze, dass sie die maßgeblichen Ermessenserwägungen im Einzelfall nicht enthält. Der Anspruch auf eine Begründung wird nur in Ausnahmefällen bejaht, deren Voraussetzungen kaum darzulegen sind. Denn sie setzen ihrerseits schon vorhandenes Wissen voraus, um dessen Erlangung es dem Antragsteller gerade geht. Ein geeignetes Mittel zur Erlangung des Wissens um Informationseingriffe und damit auf dem Wege zu einem effektiven Rechtsschutz ist § 15 BVerfSchG demnach jedenfalls bei Maßnahmen des Verfassungsschutzes im Regelfalle nicht.[58]

Praktische Folge des fehlenden Auskunftsanspruchs und des weiten Ermessens der Verfassungsschutzämter ist: Im Regelfall wird von einer Auskunft abgesehen.[59] Die Praxis wirkt sich dahin aus, dass der Verfassungsschutz nur äußerst selten Auskunft über gespeicherte Daten erteilt.[60] Auch in Fällen, in welchen im Einzelfall durch eine Auskunft keine rechtlich geschützten Belange der Dienste tangiert sind, wird nach einem generellen Schema vielfach keine Auskunft erteilt.

d) Sonstige Auskunftsansprüche

Neben § 15 BVerfSchG können im Verfassungsschutzrecht prinzipiell auch andere Auskunftsrechte Anwendung finden.

Ein Anspruch aus § 19 BDSG kommt regelmäßig nicht in Betracht, weil § 15 BVerfSchG ihm gegenüber die speziellere Regelung darstellt. Richtet sich dieser Anspruch demnach nur an andere (Bundes-)Behörden als das BfV, so gilt zudem die Sonderregelung des § 19 Abs. 3 BDSG: Andere Behörden dürfen die Übermittlung von Daten an das BfV und die sonstigen Nachrichtendienste Betroffenen nur unter der Voraussetzung mitteilen, dass der empfangende Nachrichtendienst

---

[58] Zusammenfassend BVerwG, DVBl 1990, 707, 711; BVerwG bei *Lichtenberg/Gilcher*, Entscheidungssammlung zum Datenschutzrecht, 1996, C 3, Nr. 2.
[59] BVerwG, DVBl 1990, 707, 711.
[60] *Bäumler*, NVwZ 1988, 199, 202; kritisch *ders.*, NVwZ 1991, 645 („unbefriedigend"); *Kröger*, JZ 1990, 563; *Kauß/Werkentin*, KJ 1991, 492. Anders *Gola/Schomerus*, BDSG, 9. A., 2007, § 19 Rn 24: „Die Auskunftsverweigerung ist tatsächlich eigentlich zur Ausnahme geworden".

zustimmt. Für Erteilung bzw. Versagung dieser Zustimmung gelten die Grundsätze des § 15 BVerfSchG entsprechend. Im Sachzusammenhang mit dem hier erörterten Thema steht auch der – allerdings überaus eng konzipierte – Auskunftsanspruch aus § 23 SicherheitsüberprüfungsG.[61]

Der Anspruch auf Akteneinsicht gem. § 29 VwVfG ist schon deshalb regelmäßig unanwendbar, weil beim Verfassungsschutz keine „Verwaltungsverfahren" iSd § 9 VwVfG durchgeführt werden. Die nach außen gerichtete Tätigkeit der Ämter für Verfassungsschutz ist allein auf die Erlangung und Verarbeitung von Informationen, nicht hingegen auf den Erlass von Verwaltungsakten oder den Abschluss öffentlich-rechtlicher Verträge gerichtet. Damit kann ein Betroffener weder „Beteiligter" an einem Verwaltungsverfahren iSd § 13 VwVfG noch Träger des Rechts auf Akteneinsicht sein.[62]

Nahezu keine eigenständige Bedeutung kommt dem Auskunftsanspruch aus § 1 Informationsfreiheitsgesetz (IFG) gegenüber dem Bundesamt für Verfassungsschutz zu.[63] Das Bundesgesetz hat den Anspruch an eine hohe Zahl von Ausnahmetatbeständen geknüpft, in denen „ein Anspruch nicht besteht" (§ 3 IFG). Von diesen sind für Verfassungsschutzbehörden gleich mehrere einschlägig; namentlich Nr. 1 b („militärische oder sicherheitsempfindliche Belange der Bundeswehr"), Nr. 1 c („Belange der inneren oder äußeren Sicherheit"), Nr. 2 („öffentliche Sicherheit"), Nr. 4 („besondere Geheimhaltungs- oder Vertraulichkeitspflicht"), Nr. 8 (Aufgaben im Rahmen einer Sicherheitsüberprüfung").[64] Auskunftsbegehren scheinen daher weitgehend erfolglos und können eher auf die zuvor genannten, ihrerseits schon eher schwachen Anspruchsgrundlagen gestützt werden.

Praktische Bedeutung hat dagegen der Auskunftsanspruch des § 26 Abs. 5 StVZO[65] erlangt. Mehrfach wurden gerichtlich Auskünfte über die Halter von Kraftfahrzeugen verlangt, weil der Kläger sich von ihnen – teilweise offen – observiert oder belästigt fühlte.[66] Voraussetzung der Halterauskunft nach § 26 Abs. 5 StVZO war, dass der Antragsteller ein „berechtigtes Interesse" geltend machte. Im Rahmen dieser Prüfung nahmen die Gerichte eine Abwägung zwischen seinen

---

[61] Dazu *Riegel*, BayVBl 1996, 358.
[62] BVerwG, DVBl 1990, 707.
[63] Auskunftsansprüche gegenüber Landesbehörden folgen demgegenüber allenfalls aus den IFGen der Länder, deren Systematik vom Bundesrecht partiell abweicht. Diese können hier nicht näher dargestellt werden.
[64] Dazu – krit. – *Schoch*, IFG-Kommentar, 2009, § 3 Rn 199 ff.
[65] § 26 Abs. 5 StVZO ist aufgehoben. Der Auskunftsanspruch findet sich in veränderter Form in § 39 iVm § 41 StVG.
[66] BVerwG, JZ 1986, 634; VGH Mannheim, NJW 1984, 1911; OVG Koblenz, DÖV 1985, 287. Den Sachverhalten ist nicht zu entnehmen, ob es sich um Maßnahmen der Verfassungsschutz-, der Polizei- oder sonstiger Behörden handelte. Darüber verlangte der Kläger von der KfZ-Zulassungsstelle gerade Auskunft.

Belangen und anderen, etwa von der Behörde geltend gemachten Interessen vor. Zu diesen, mit den Auskunftsinteressen konkurrierenden Gütern konnten auch Geheimhaltungsbedürfnisse staatlicher Stellen zählen.[67] Diese Grundsätze können auf § 39 iVm § 41 StVG übertragen werden. Im Verfahren ist jede Seite für diejenigen Belange, auf welche sie sich berufen will, darlegungspflichtig. Soweit der Bürger geltend machen kann, dass er in für ihn bemerkbarer Weise beobachtet worden ist und ggf. dagegen Rechtsbehelfe einlegen will, hat er sein Rechtsschutzinteresse als individuellen Belang dargelegt. In solchen Fällen wird die Darlegung staatlicher Geheimhaltungsinteressen, welche einer Auskunft entgegenstehen können, den Behörden auferlegt. Dabei können sich die Behörden nicht auf die notwendige Geheimheit nachrichtendienstlicher bzw. polizeilicher Maßnahmen berufen. Wer öffentlich, nämlich in vom Betroffenen bemerkbarer und bemerkter Weise gegen Dritte vorgeht, kann sich nicht nachher auf die notwendige Geheimheit seiner Handlungen berufen.[68] Dies entspricht dem Verbot selbstwidersprüchlichen Verhaltens. Daher müssen Polizei bzw. Verfassungsschutz hier Belange vortragen, welche rechtfertigen, dass der Urheber der öffentlichen Maßnahme dennoch geheim bleibt. An die Substantiierung dieser Belange durch die Behörde stellt das BVerwG hohe Anforderungen. Diese sind umso höher, je mehr Informationen über die jeweilige Observation schon bekannt sind und je länger die Maßnahme zurücklag.[69] Demnach reicht es insbesondere nicht aus, wenn sich die jeweilige Behörde auf die notwendige Geheimheit ihrer Arbeit, ihrer Methoden oder ihrer Daten beruft.

3. Verfassungsrechtliche Fragen

Die eingangs dargestellten faktischen Zugangshindernisse zum Gericht ergeben sich für den Bürger daraus, dass ihm zwar grundsätzlich Informationsansprüche auch gegen den Verfassungsschutz zur Verfügung stehen. Diese sind jedoch gesetzlich in derart weitem Rahmen eingeschränkt, dass es in der Praxis zu einer Auskunft nur äußerst selten kommt. Wenn die Auskunftsansprüche aus Art. 19 Abs. 4 GG folgen,[70] so stellt sich die verfassungsrechtliche Frage nach der Vereinbarkeit der Grenzen dieser Auskunftsansprüche mit der Rechtsweggarantie. Die

---

[67] BVerwG a.a.O. Zur Abwägung auch *Hirte*, NJW 1986, 1899.
[68] BVerwG, JZ 1986, 634, 635 f.; anders aber VGH Mannheim a.a.O. Deutlich OVG Koblenz a.a.O.: „Wer duldet, dass mit Hilfe seines Fahrzeugs unter Ausnutzung von Mobilität und Anonymität des Straßenverkehrs ein Straßenverkehrsteilnehmer anhaltend verfolgt und beobachtet wird, muss es hinnehmen, dass er durch Bekanntgabe seiner Identität in gewissem Umfang auch seine Anonymität verliert."
[69] BVerwG, JZ 1986, 634, 636; *Bull*, JZ 1986, 637, 638.
[70] S. dazu o. 1.

Frage nach den Grenzen des Auskunftsrechts setzt so die Frage nach den Schranken des Art. 19 Abs. 4 GG voraus. Das BVerfG hat die Einschränkbarkeit dieses Grundrechts im Interesse nachrichtendienstlichen Verfassungsschutzes nur unter restriktiven Voraussetzungen bejaht.[71] Diese Bedingungen seien erfüllt, wenn „das Gesetz eine Nachprüfung (vorsieht), die materiell und verfahrensmäßig der gerichtlichen Kontrolle gleichwertig, insbesondere mindestens ebenso wirkungsvoll ist." An diese „Gleichwertigkeit" stellte es hohe Anforderungen: Die anderweitige Kontrollinstanz muss (1) über die notwendige Sach- und Rechtskunde verfügen; (2) weisungsfrei sein; (3) kompetent sein, alle kontrollierten Organe und alle ihre Handlungen laufend zu überwachen; (4) zu diesem Zweck müssen dem Kontrollorgan alle für die Entscheidung erheblichen Unterlagen zugänglich gemacht werden. Diese Ausführungen bezogen sich explizit auf die verfassungsrechtlichen Schrankenbestimmungen des Art. 19 Abs. 4 S. 3 iVm Art. 10 Abs. 2 S. 2 GG. Daher sind jene Grenzen der Einschränkbarkeit des Grundrechts aus Art. 19 Abs. 4 S. 1 GG erst recht anwendbar, wenn andere Grundrechtseinschränkungen nicht auf ausdrückliche Schrankenbestimmungen, sondern auf ungeschriebene, verfassungssystematische Einschränkungstatbestände gestützt werden. Die Grenzen der Auskunftsansprüche sollen hier daher an den dargestellten Maßstäben des BVerfG gemessen werden.

Im Anwendungsbereich des Datenschutzgesetzes kommt als unabhängige Kontrollinstanz der jeweilige Bundes- bzw. Landesbeauftragte für den Datenschutz in Betracht.[72] Weitere Voraussetzung ist die umfassende Kontrollkompetenz der Datenschutzbeauftragten. Im Anwendungsbereich des BDSG ist keine Stelle des Bundes – und damit auch nicht das Bundesamt für Verfassungsschutz – aus dem Kontrollauftrag ausgenommen. Eine sachliche Ausnahme enthält jedoch § 24 Abs. 2 S. 3 BDSG. Er nimmt personenbezogene Daten, die der Kontrolle durch die Kommission nach § 15 G-10 unterliegen, von den Kompetenzen des Bundesbeauftragten aus. Dadurch sollen Kompetenzüberschneidungen zwischen mehreren Überwachungsgremien vermieden werden.[73] Insoweit stellt sich die Frage nach dem gesetzlich angeordneten Verhältnis zwischen den Zuständigkeiten der Überwachungsgremien nach dem G-10 einerseits und denjenigen des Bundesbeauftragten für den Datenschutz andererseits. Kompetenzüberschneidungen kön-

---

[71] BVerfGE 30, 1, 23 f.; zum Folgenden eingehend *Flanderka*, Der Bundesbeauftragte für den Datenschutz, Diss. 1988, S. 131 ff.

[72] Zu dessen Inhalt im Sicherheitsbereich und zur Kontrolle der Sicherheitsbehörden durch den Datenschutzbeauftragten kritisch *Krauß*, Der suspendierte Datenschutz bei Polizei und Geheimdiensten, 1989, S. 87 ff., 107 ff.; zur Effektivität der Kontrolle durch die Datenschutzbeauftragten im Sicherheitsbereich ferner *Bull/Lüdemann*, CuR 1989, 523; *Einwag*, Der Bundesbeauftragte für den Datenschutz, Bonn: Das Spannungsfeld zwischen Verfassungsschutz und Datenschutz, in: BMI (Hg.), Abwehrbereite Demokratie und Verfassungsschutz, 1989, S. 171.

[73] So BT-Drs. 11/4306, S. 48, unter Hinweis auf BVerfGE 30, 1, 23.

nen nämlich nur dort beseitigt werden, wo sie überhaupt bestehen. Doch bestanden sie nach altem Recht, welches keine derartige Ausnahme kannte, nicht. Vielmehr war die G-10-Kommission allein für bestimmte Maßnahmen der Informationserhebung zuständig; nicht hingegen für die Überwachung der späteren Verarbeitung solcher Daten, die nach dem G-10 gewonnen worden sind.[74] Demgegenüber war die weitere Verwendung der so gewonnenen Informationen im G-10 nur höchst ansatzweise geregelt (§ 7 Abs. 3 G-10 a. F.)[75] und unterfiel jedenfalls nicht vollständig der Zuständigkeit der nach diesem Gesetz eingerichteten Überwachungsinstanzen. In der Terminologie des § 24 BDSG hieß dies: (Erhobene) personenbezogene Daten unterlagen keiner Kontrolle durch die G-10-Kommissionen. Dies hat sich erst durch die Schaffung des § 15 Abs. 5 G-10 geändert, welcher nicht bloß die Erhebung, sondern zusätzlich Verarbeitung und Nutzung der erhobenen Informationen der Zuständigkeit der G-10-Kommission unterstellte.[76] Dem Gebot der lückenlosen Überwachung der Verarbeitung solcher Daten, die unter Ausschluss der Bekanntgabe gewonnen wurden, ist erst seitdem auch im Anwendungsbereich des G-10 Genüge getan. Im Bereich des G-10 ist somit die Kontrollkompetenz vollständig auf die jeweilige Kommission in Bund und Ländern (§ 16 S. 2 G-10) übergegangen. Die für ihre Arbeit maßgeblichen Bestimmungen müssen demnach den zuvor genannten Anforderung des BVerfG entsprechen, um insoweit Einschränkungen des Informationsanspruchs Betroffener legitimieren zu können.

Außerhalb des Anwendungsbereichs des G-10 ist dazu weiterhin die Kontrolle des Bundesbeauftragten für Datenschutz notwendig. Dessen Kontrollauftrag ist jedoch insoweit partiell eingeschränkt. Hier nimmt § 24 Abs. 4 S. 4 BDSG bestimmte Unterlagen aus, wenn die Einsichtnahme durch den Datenschutzbeauftragten „die Sicherheit des Bundes oder eines Landes gefährdet". Ein Anwendungsfall für diese Bestimmung lässt sich kaum denken: Wie die Einsichtnahme in Unterlagen einer Bundesbehörde durch den Bundesbeauftragten die Sicherheit des Staates gefährden könnte, ist schlechterdings nicht nachvollziehbar. Dies gilt umso mehr, als der Bundesbeauftragte seinerseits gesetzlich zur Amtsverschwiegenheit verpflichtet ist (§ 23 Abs. 5 BDSG); also gewährleistet ist, dass nicht jede Information, die er zu Gesicht bekommt, am Jahresende im allgemein zugänglichen Datenschutzbericht steht. Hier werden demnach kontrollfreie Räume geschaffen; ein Zustand, der mit den dargelegten Anforderungen an Einschränkungen des Art. 19 Abs. 4 GG unvereinbar ist. Gleichfalls unvereinbar mit dem Grundgesetz ist, dass die jeweils zuständige oberste Bundesbehörde über das Recht des Datenschutzbeauftragten

---

[74] Eine Zuständigkeit der G-10-Ausschüsse für spätere Datenverarbeitungsmaßnahmen nach der Erhebung wird denn auch nirgends behauptet; s. *Borgs-Maciejewski/Ebert* a. a. O., § 9 G-10 Rn 2 ff.; *Roewer*, Nachrichtendienstrecht a. a. O., § 9 G-10 Rn 5 ff.
[75] S. dazu etwa BVerfG, NJW 1988, 1075, 1075.
[76] Zu dieser Bestimmung und dem vergleichbaren Landesrecht näher o. Kap. 2, 3.

zur Einsichtnahme in jedem Einzelfall entscheidet. Diese oberste Bundesbehörde
ist diejenige Stelle, welche politisch für die kontrollierten Maßnahmen verantwortlich ist. Wenn sie zugleich über den Kontrollumfang entscheiden kann, so wird
hier der zu überwachenden Stelle partiell und ohne Kontrolle die Gelegenheit
eingeräumt, Möglichkeiten und Grenzen der Überwachung selbst zu bestimmen.[77]
Die grundgesetzlich vorgeschriebene Rechtskontrolle ist externe Fremdkontrolle,
nicht (bloß) interne Selbstkontrolle.

Im Ergebnis zeigt sich somit: Im Anwendungsbereich der Datenschutzgesetze
gibt es mit der G-10-Kommission bzw. den Datenschutzbeauftragten zwar die vom
BVerfG geforderten unabhängigen Kontrollinstanzen. Die Ausgestaltung ihrer
Rechtsstellung entspricht allerdings nicht in allen Teilen den Anforderungen, die
an Einschränkungen der Rechtsschutzgarantie zu stellen sind.[78] Das gilt gerade
im besonders sensiblen Bereich des Verfassungsschutzrechts.

Die verfassungsrechtliche Zulässigkeit eines Ausschlusses der Information
des Betroffenen über Grundrechtseingriffe führt demnach zu differenzierten
Ergebnissen. Die hier anwendbaren Maßstäbe des GG sind vom BVerfG schon
im Abhör-Urteil formuliert worden. Den dort genannten Anforderungen wird
die Rechtsordnung auch 40 Jahre später nur partiell gerecht. Der Ausschluss des
Mitteilungsanspruchs durch § 15 BVerfSchG und das parallele Landesrecht ist
nur mit Einschränkungen verfassungsgemäß. Zwar ist hier die vom BVerfG geforderte, kompensierende Rechtskontrolle vorhanden. Dieser sind allerdings nicht
alle grundgesetzlich notwendigen Aufgaben zugewiesen. Sie haben nämlich nicht
die Möglichkeit eines umfassenden Zugriffs auf alle für ihre Kontrollaufgaben
maßgeblichen Unterlagen. Deren Begrenzung durch § 24 Abs. 4 S. 4 BDSG ist
nach den dargestellten Maßstäben verfassungswidrig. Nur mit dieser Korrektur
lässt sich der Ausschluss des Mitteilungsanspruchs grundgesetzlich rechtfertigen.

III. Kontrollprobleme vor Gericht

Spezifische Kontrollprobleme entstehen aber nicht nur beim Zugang zu Gericht,
sondern auch dann, wenn eine Maßnahme des Verfassungsschutzes Gegenstand
gerichtlicher Überprüfung wird.[79] Dies ist am ehesten der Fall, wenn aufgrund von
Informationen eines Nachrichtendienstes Dritte – staatliche oder private Stellen –

---

[77] Dass solche Vorstellungen nicht ganz abwegig sind, zeigt BT-Drs. 11/4306, S. 48. Dort wurden die
Grenzen der Kontrollkompetenzen des Datenschutzbeauftragten u. a. damit gerechtfertigt, dass in
diesen Bereichen „die betroffenen Stellen (!) bisher eine Kontrollbefugnis des Bundesbeauftragten
für den Datenschutz verneint" hätten.

[78] So schon *Flanderka* a. a. O., S. 135 f.; Verbesserungsvorschläge machen *Geiger*, DVBl 1990, 748;
Hirsch, Die Kontrolle der Nachrichtendienste, 1996, S. 277 ff.

[79] Zu Rechtsschutzfragen und zum Fortsetzungsfeststellungsinteresse BVerwG, NJW 1997, 2534.

Maßnahmen gegen einen Bürger ergreifen, welche ihm bekannt werden und die er daher gerichtlich angreifen kann.[80] Solche Fälle treten etwa auf, wenn

- einem Bewerber für einen Arbeitsplatz im Einstellungsgespräch Informationen des Verfassungsschutzes entgegengehalten werden;[81]
- eine Sicherheitsüberprüfung angeordnet wird;[82]
- ein Sicherheitsbescheid oder die Ermächtigung zum Umgang mit Verschlusssachen versagt oder entzogen wird;[83]
- Informationen des Verfassungsschutzes in Verwaltungs-,[84] Straf-[85] oder verwaltungsgerichtliche Verfahren eingeführt worden sind.[86]

In diesen Fällen geht es in der Hauptsache nicht um die Kontrolle von Maßnahmen des Verfassungsschutzes, sondern um die Prüfung der Rechtmäßigkeit von Maßnahmen anderer Behörden. Diese sind materiell rechtmäßig, wenn sie auf Tatsachen gestützt sind, welche in Übereinstimmung mit dem geltenden Recht herangezogen werden durften. In diesem Kontext wird dann die Frage entscheidungserheblich, ob im Einzelfall Informationen des Verfassungsschutzes von den entscheidenden Behörden oder Gerichten verwendet werden durften. Bei der Prüfung dieser Frage können so mittelbar auch die Maßnahmen der Informationsgewinnung und -verarbeitung durch Verfassungsschutzbehörden Gegenstand gerichtlicher Nachprüfung werden.

1. *Gerichtliche Aufklärungs- contra nachrichtendienstliche Geheimhaltungsinteressen*

Nach verwaltungsrechtlichen Grundsätzen ist die Heranziehung von Informationen der Nachrichtendienste durch andere Behörden oder Gerichte nur zulässig, wenn diese Informationen vom Nachrichtendienst rechtmäßig erlangt, gespeichert und

---

[80] Dass hier der Schwerpunkt des Rechtsschutzes gegen Maßnahmen der Nachrichtendienste liegt, ist bereits vielfach erörtert; s. *Rupp* a.a.O., S. 160; *Gusy*, DÖV 1980, 431 ff.
[81] So oder ähnlich die Fälle des BVerwG, DVBl 1984, 443; OVG Berlin, NJW 1978, 1644; VGH Mannheim, DVBl 1983, 44; NJW 1984, 2429; OVG Bremen, NJW 1987, 2393; VG Köln, NJW 1978, 1649; VG Berlin, DVR 1983, 155, 162; VG Kassel, NJW 1977, 692; 969; s.a. OVG Münster, NWVBl 1994, 468.
[82] BVerfG, DVBl 1988, 530; BAG, NJW 1984, 824 f.; VG Stade, NJW 1987, 3148.
[83] OVG Münster, NJW 1985, 281; DVBl 1987, 96; s.a. VG Köln, DVBl 1980, 383.
[84] VG Schleswig, RDV 1986, 93, zum Einbürgerungsverfahren.
[85] BVerfGE 57, 250; BVerwGE 75, 1; BVerwG, DÖV 1983, 894.
[86] Hierzu zählen auch die Fälle, in welchen der Kläger von der Existenz von Unterlagen des Verfassungsschutzes über ihn erfahren hat und deren Sperrung, Löschung oder Vernichtung verlangt; s. dazu VG Hannover, NVwZ 1987, 826; s.a. VGH Kassel, NJW 1977, 1844.

weitergegeben worden sind.[87] Die Verwendung von Informationen des Verfassungsschutzes durch Dritte kann so mittelbar zu einer gerichtlichen Überprüfung des gesamten Datenerhebungs- und Verarbeitungsvorganges auch beim Verfassungsschutz führen. Dessen Überprüfbarkeit setzt jedoch Kenntnis des Gerichts von denjenigen Umständen voraus, welche für die Rechtmäßigkeitsprüfung erforderlich sind. Soweit Informationen vom Verfassungsschutz stammten, setzt die Kenntnis dieser Umstände weitere Informationen voraus, die das Gericht regelmäßig allein von den Verfassungsschutzbehörden erlangen kann. Lagen die Voraussetzungen für eine Maßnahme der Informationserhebung überhaupt vor? Stand kein anderes, milderes Mittel zur Verfügung? Warum erschien die Information als so wichtig, dass sie gespeichert wurde? Warum ist die Fortdauer der Speicherung noch zulässig? Durfte sie gerade für die jeweiligen Zwecke (noch) herangezogen werden? Solche und mögliche weitere Zusatzinformationen sind ihrerseits in hohem Maße geeignet, Licht in die Geheimheit nachrichtendienstlicher Arbeitsweisen und Methoden zu bringen. Schon deshalb stößt in derartigen Fällen das gerichtliche Aufklärungsinteresse vielfach auf das nachrichtendienstliche Geheimhaltungsinteresse. Dies gilt umso mehr, als sämtliche erheblichen Informationen, welche dem Gericht mitgeteilt werden, von diesem schon wegen der Ermöglichung rechtlichen Gehörs nach Art. 103 Abs. 1 GG auch den Beteiligten zugänglich gemacht werden müssen.[88]

  Der Konflikt zwischen dem Aufklärungsinteresse des Gerichts einerseits und dem Geheimhaltungsinteresse des Verfassungsschutzes andererseits kann unterschiedliche Rechtsfolgen nach sich ziehen. Im Verfahren der Beweiserhebung entsteht die Frage nach dem Umfang der gerichtlichen Sachverhaltsaufklärung und ihren Grenzen (dazu 2.). Im Verfahren der Beweiswürdigung entsteht die Frage, wie das Gericht zu entscheiden hat, wenn sich der Sachverhalt wegen der nachrichtendienstlichen Geheimhaltung als nicht vollständig aufklärbar darstellt (dazu 3). Beide Fragenkomplexe sind jedenfalls analytisch voneinander zu trennen.

2. Voraussetzungen des § 99 VwGO

Das Verwaltungsgericht klärt im Verfahren den Sachverhalt von Amts wegen (§ 86 VwGO). Die Beteiligten sind dabei heranzuziehen. Soweit erforderlich, erhebt das Gericht die zur Aufklärung erforderlichen Beweise (§ 96 VwGO). Der Umfang der

---

[87] *Eberle*, Zum Verwertungsverbot für rechtswidrig erlangte Informationen im Verwaltungsverfahren, in: Selmer u. a. (Hg.), GS für Wolfgang Martens, 1987, S. 351, 359 ff.; *Gusy*, DÖV 1980, 431.
[88] BVerwG, DVBl 1990, 707, 711; BVerwG bei *Lichtenberg/Gilcher*, Entscheidungssammlung zum Datenschutzrecht, 1996, C 3, Nr. 2, S. 16. Nach VGH München, DÖV 1990, 530, 531, ändert daran auch ein Verzicht des Klägers auf sein Akteneinsichtsrecht nichts.

Sachverhaltsaufklärung im Einzelfall wird durch das materielle Recht bestimmt: Aufzuklären sind alle, aber auch nur die Tatsachen, welche für ein Urteil über den geltend gemachten Anspruch erheblich sind. Soweit die Sachverhaltsermittlung nicht allein aufgrund freiwilliger Mitteilungen der Beteiligten bzw. eigener Kenntnisse des Gerichts möglich ist, stellen die Prozessordnungen den Gerichten besondere Befugnisse zur Verfügung, welche ihnen die Möglichkeit einräumen, die erforderlichen Informationen zu erlangen. Hierzu zählen insbesondere die Beweismittel nach § 96 Abs. 1 S. 2 VwGO. Diese Befugnisse zur Erlangung von Informationen sind jedoch nicht unbegrenzt. Für das Verfassungsschutzrecht maßgeblich sind insbesondere das Recht zur Versagung von Auskünften und Aktenvorlage (§§ 5 Abs. 2 Nr. 2 VwVfG; 99 Abs. 1 S. 2 VwGO; 96 StPO) und das Recht zur Versagung von Aussagegenehmigungen für Beamte (§ 37 Abs. 4 S. 1 BeamtStG).

Das Recht zur Versagung von Aussagegenehmigungen und Aktenvorlage entsteht nach den genannten Bestimmungen, wenn andernfalls für das Wohl des Bundes oder eines deutschen Landes Nachteile entstehen oder die Erfüllung öffentlicher Aufgaben wesentlich erschwert würde.[89] Liegen diese Tatbestandsmerkmale nicht vor, so steht den Gerichten ein Aktenvorlageanspruch zu (§ 99 Abs. 1 S. 1 VwGO). Diesem gesetzlichen Anspruch dürfen allein die gesetzlichen Auskunftsverweigerungsrechte entgegengehalten werden; ein Rückgriff auf allgemeine Versagungstatbestände oder gar ungeschriebene Regeln ist unzulässig.[90] Die genannten Tatbestandsmerkmale rechtfertigen nicht per se eine Versagung. Das „öffentliche Wohl" der Bundesrepublik ist nämlich nach dem GG auf ein rechtmäßiges Handeln des Staates und seiner Organe gerichtet (Art. 20 Abs. 3 GG). Dazu zählt die Rechtmäßigkeit des Handelns der Behörden, welche Auskunft erteilen sollen, ebenso wie diejenige des Handelns der Gerichte, welchen Auskunft erteilt werden soll.[91] Ist diese Dimension des „öffentlichen Wohls" zentral auf die Herstellung richtiger Gerichtsentscheidungen und damit die Erteilung von Auskünften gerichtet, so ist eine Versagung unter Berufung auf jenes Rechtsgut nur zulässig, wenn ihnen im Einzelfall überwiegende, rechtlich geschützte Belange gegenüberstehen. Demnach ist schon im Anwendungsbereich des „öffentlichen Wohls" eine Abwägung kollidierender Belange vorzunehmen. Weder die Aufgaben der Sicherheitsbehörden als solche[92] noch der Umstand, dass solche Behörden tätig geworden sind, vermag für sich eine Auskunftsversagung zu begründen.[93] Vielmehr muss im Einzelfall ein entgegenstehender Belang vorhanden sein, wel-

---

[89] Daneben rechtfertigt § 99 Abs. 1 S. 2 VwGO eine Auskunftsversagung, wenn die konkreten Vorgänge „ihrem Wesen nach geheim zuhalten" sind. Zur Frage, ob und wann Verfassungsschutzvorgänge diese Voraussetzung erfüllen, BVerwG, NJW 1978, 1643; VGH Kassel, NJW 1977, 1844.
[90] BGH, JZ 1981, 150; s. a. a. BVerfG, NJW 1981, 1719.
[91] BVerfGE 57, 250, 284; BVerwGE 75, 1, 10.
[92] BVerfG a. a. O.
[93] BVerwG, JZ 1986, 634, 636.

cher die Versagung der Auskunft rechtfertigt.[94] Ein derartiger Belang kann sich demnach allein aus der konkret wahrgenommenen Aufgabe oder der im Einzelfall vorgenommenen Handlung des Verfassungsschutzes ergeben.

Als solche Belange können etwa gelten, wenn aufgrund des Bekanntwerdens einer Information eine Auskunftsperson des Verfassungsschutzes konkret bedroht ist[95] oder wenn die Ermittlungen, auf welche sich das Auskunftsersuchen bezieht, noch nicht abgeschlossen sind. Das „Bekanntwerden" der Informationen kann sich auf zwei unterschiedliche Referenzgruppen beziehen: (1) zunächst das bekanntwerden bei Gericht, also denjenigen entscheidungsbefugten Mitgliedern des jeweils zuständigen Spruchkörpers, denen die Information zugänglich gemacht wird; daneben (2) aber auch die Beteiligten im Gerichtsverfahren, denen im Wege der Akteneinsicht (§ 100 VwGO) oder der richterlichen Hinweise (§ 103 Abs. 2 VwGO) übermittelte Informationen zugänglich gemacht werden müssen. Die Notwendigkeit der Geheimhaltung wird regelmäßig gegenüber den Prozessbeteiligten, nur in Einzelfällen auch gegenüber den Richtern begründbar sein.

Je länger die Vorgänge, über welche das Gericht Auskunft verlangt, zurückliegen,[96] abgeschlossen oder bereits bekannt sind, desto eher ist die Auskunft zu erteilen. Konkretisierend ist schon frühzeitig in der Literatur folgende Dreiteilung vorgeschlagen worden: „Normale Verwaltungsvorgänge", welche keinen spezifischen Bezug zur nachrichtendienstlichen Tätigkeit haben, sollen daher stets vorgelegt werden; „besondere Verfassungsschutzvorgänge", die jenen spezifischen Bezug aufweisen, seien grundsätzlich nicht mitzuteilen; das gesammelte Nachrichtenmaterial sei schon deshalb mitzuteilen, weil seine Mitteilung an andere staatliche Stellen „ohnehin alltägliche Praxis" sei.[97] Diese Differenzierung vermag erste Anhaltspunkte zu liefern, stellt aber keinen eigenständigen Maßstab für die geforderte Abwägung dar. Das gilt insbesondere, wenn das gesammelte Nachrichtenmaterial auch Rückschlüsse auf „besondere Verfassungsschutzvorgänge" zulässt. Auch kann die Mitteilung des Materials an andere Behörden oder aber an das Gericht und damit wegen Art. 103 Abs. 1 GG mittelbar an den Betroffenen selbst durchaus geeignet sein, rechtlich erhebliche Unterschiede zu begründen.

Die Gründe für eine Auskunftsverweigerung unterliegen der richterlichen Nachprüfung durch das Gericht der Hauptsache, sofern die Beteiligten einen solchen Antrag stellen (§ 99 Abs. 2 VwGO). Sie sind daher jedenfalls in dem Umfang darzulegen, welcher für die Ausübung dieses Nachprüfungsrechts erforderlich

---

[94] Zu Einzelheiten: BVerwGE 18, 58; 34, 252; 66, 39; 75, 1, 8 ff.; BVerwG, DVBl 1996, 814, 815; OVG Koblenz, NJW 1977, 266; VGH München, DÖV 1990, 530.

[95] BVerfGE 57, 250, 284 f.

[96] So entschied BVerwGE 75, 1, im Jahre 1987 über einen Fall, in welchem der Vorsitzende einer Strafkammer im Jahre 1981 erstmals vom Verfassungsschutz Auskünfte über Vorgänge u. a. aus dem Jahre 1974 angefordert hatte.

[97] *Ehmke*, DÖV 1956, 417, 420 f.; *Schneider*, NJW 1978, 1601, 1605.

ist.[98] Früher hat das BVerwG wegen Art. 103 Abs. 1 GG eine eigene richterliche Nachprüfung des Vorliegens der Versagungstatbestände unter Ausschluss der Beteiligten abgelehnt[99] und die politische Verantwortung der für Entscheidungen über Erteilung bzw. Versagung der Auskunft zuständigen obersten Bundes- oder Landesbehörde betont.[100] Demgegenüber hat das BVerfG[101] eine gerichtliche Nachprüfung ohne die Beteiligten (sog. „in camera Verfahren")[102] gleichsam als milderes Mittel gegenüber der unüberprüfbaren Auskunftsversagung für notwendig gehalten. Demnach steht nunmehr jedenfalls den Verwaltungsgerichten die Möglichkeit offen, die Versagungsgründe selbst überprüfen zu können. Demgegenüber haben die ordentliche Gründe eine Übertragung jener Grundsätze auf § 96 StPO nicht für geboten gehalten.[103] Soweit die Verwaltungsgerichte die Versagungsgründe nach Überprüfung für unzulässig halten, muss die zurückhaltende Stelle ihre Entscheidung überprüfen und erneut rechtsfehlerfrei entscheiden; eine unmittelbare Verpflichtung zur Übermittlung der Informationen besteht dagegen nicht. Sofern hingegen die Versagungsgründe für zureichend angesehen werden, ist das Ausgangsverfahren ohne die betroffenen Informationen fortzuführen.

3. *Rechtsfolgen der Versagung von Aussagegenehmigungen bzw. Aktenvorlage*

Sofern die Übermittlung von Beweismitteln versagt worden ist, umgekehrt das Gericht für seine Entscheidung auf versagte Beweismittel aber nicht verzichten kann, entsteht bei der Herstellung des maßgeblichen Tatbestandes eine Lücke. Sie klafft zwischen den Informationen, welche das Gericht nach dem materiellen Recht bedarf; und denjenigen, welche es nach dem Prozessrecht infolge der gesetzlich zugelassenen Auskunftsverweigerung eines Beteiligten erlangen konnte. Prozessrecht und materielles Recht geraten so in einen Widerspruch. Die Auflösung dieses Widerspruchs ist aus den Rechtsfolgen des § 99 VwGO zu leisten.

---

[98] BGHSt 31, 149, 155; BVerwG, JZ 1986, 634, 635 f.; BVerwGE 75, 1, 11, VGH München a.a.O.
[99] Vgl. *Kopp/Schenke*, § 99 Rn 2.
[100] Erforderlich ist eine Erklärung des Ministeriums, nicht des Ministers oder des Staatssekretärs persönlich. BVerwG, DVBl 1996, 814, 815; VGH München, MDR 1975, 873, 874. Mit dieser Kompetenzordnung wird der eingangs (Vor I) dargelegten Gefahr, justizielle gegen politische Kontrolle aufzurechnen, jedenfalls nicht entgegengewirkt.
[101] BVerfGE 101, 106, 128 ff.
[102] Zu Einzelheiten dieses Verfahrens: BVerwG, NVwZ 2004, 486; NWVBl 2004, 18; DVBl 2004, 254; *Beutling*, DVBl 2001, 1252; *Birkenbach*, BayVBl 2003, 295.
[103] BGH, NStZ 2000, 265.

a) Rechtsfolgen des § 99 VwGO für die Beweiserhebung

Im Verfahren der Beweiserhebung stellt § 99 VwGO solche Behörden, welche berechtigt von dem Auskunftsverweigerungsrecht Gebrauch machen, von den gesetzlichen Sanktionen der Unterstützungspflicht frei. Auskünfte brauchen nicht erteilt, Unterlagen nicht vorgelegt und Aussagen nicht gemacht zu werden (§ 67 Abs. 3 BBG).[104] Zwangsmaßnahmen gegen jene Behörden oder Bedienstete sind unzulässig; Vorführung, Ordnungsgelder und Beugehaft dürfen nicht angeordnet werden.

b) Rechtsfolgen des § 99 VwGO für die Beweiswürdigung

Hat sich eine Behörde unter Hinweis auf § 99 VwGO oder andere, parallele Bestimmungen geweigert, bei der Sachverhaltsaufklärung oder der Beweisaufnahme mitzuwirken, so kann für das Gericht bei der Feststellung des entscheidungserheblichen Sachverhaltes eine Lücke entstehen. Dies ist der Fall, wenn das Gericht nach dem anwendbaren materiellen Recht eine Frage für aufklärungs- oder beweisbedürftig hielt; sie aber wegen der rechtlichen Grenzen der Beweiserhebung aus § 99 VwGO nicht aufklären durfte. Hier können das anwendbare materielle und das anwendbare formelle Recht in einen Widerspruch geraten. Dies ist etwa der Fall, wenn eine Behörde sich auf eine Information des Verfassungsschutzes berief und dem Gericht die Zulässigkeit der Erhebung oder Verarbeitung dieser Information klärungsbedürftig erschien. Beruft sich nun die Behörde oder der zuständige Verfassungsschutz auf § 99 VwGO, so kann die Rechtmäßigkeit jenes Vorganges und damit ggf. die Zulässigkeit der Verwendung jener Information im Prozess ungeklärt bleiben. In derartigen Fällen stellt sich die Frage nach den Rechtsfolgen dieser Unaufklärbarkeit.

Keine Probleme dieser Art stellen sich, wenn das Gericht die Tatsache oder den Beweis aus Rechtsgründen für unerheblich hält. Dann kann es ohne weitere Aufklärung entscheiden; einer Würdigung jener Tatsache oder des Beweisergebnisses bedarf es für ein rechtmäßiges Ergebnis nicht. Gleichfalls keine Sonderprobleme entstehen, wenn eine Tatsache auf andere Weise aufgeklärt oder eine Feststellung anderweitig bewiesen werden kann. In diesen Fällen ist eine weitere Aufklärung oder ein zusätzlicher Beweis nicht erforderlich. Dahingehende gerichtliche Aufklärungen sind prozessual nicht geboten; dahingehenden Anträgen der Beteiligten braucht nicht nachgegangen zu werden. Offen bleibt also lediglich die Frage nach den Folgen prozessrechtlich bedingter Unaufklärbarkeit erheblicher, nicht anders festzustellender oder zu beweisender Tatsachen. Diese Frage nach den

---

[104] Dazu BVerwG, DÖV 1983, 894.

Rechtsfolgen des § 99 VwGO bei der Beweiswürdigung bereitet erheblich größere Schwierigkeiten als diejenige nach seinen Rechtsfolgen bei der Beweiserhebung. Auch sie ist primär eine Frage des maßgeblichen Prozessrechts; nicht hingegen eine solche des Verfassungsrechts.

aa) Die Rechtsprechung, insbesondere der Strafgerichte, hat unter Anerkennung durch das BVerfG[105] eine beweisrechtliche Lösung gesucht.[106] Sei der Beweis nicht mit den in der StPO vorgesehenen Beweismitteln zu erbringen, weil § 96 StPO die Behörde zur Versagung der erforderlichen Beweismittel berechtige,[107] so dürfe das Gericht zu anderen, außerordentlichen Beweismitteln greifen. Schreibe also die StPO prinzipiell den „unmittelbaren Beweis" vor, so sei in Fällen zulässiger Versagung von Aussagegenehmigungen oder Aktenvorlagen ausnahmsweise ein mittelbarer Beweis zulässig (§ 251 Abs. 2 StPO). In solchen Fällen wird dann etwa auf „Zeugen vom Hörensagen" oder andere, sonst höchstens als einfache Informationsmittel zulässige Hilfsmittel zurückgegriffen. Charakteristikum dieser Lösung ist demnach, dass an die Stelle eines grundsätzlich vorgeschriebenen, aber rechtlich unerreichbaren Beweismittels ein anderes, nur ausnahmsweise zulässiges, aber im Einzelfall erreichbares Beweismittel tritt. Die Lösung basiert demnach auf einem Verzicht auf bestimmte Beweismittel, nicht hingegen auf einem Verzicht auf den Beweis selbst.

Diese Lösung hat den Vorteil, dass das Beweisproblem prozessrechtsimmanent gelöst wird. Der Beweis wird überhaupt noch geführt; und er wird mit prozessrechtlich prinzipiell zulässigen Mitteln geführt. Der „mittelbare Beweis" hat aber den Nachteil, dass sein „Beweiswert" geringer ist als der unmittelbare Beweis. Der Grund hierfür liegt darin, dass mit dem Grad der Mittelbarkeit des Beweises die Kriterien für deren Beweiswert ansteigen. Am Beispiel: Hat außerhalb des Prozesses ein Ereignis stattgefunden, über welches im Prozess ein Zeuge vernommen wird, der das Ereignis selbst wahrgenommen hat, so ist dieses Zeugnis verwendbar, wenn die Aussage glaubhaft ist. Die Verwendbarkeit der Aussage durch das Gericht setzt also eine Glaubhaftigkeitsprüfung einer Zeugenaussage voraus. Soll der Zeuge etwa wegen § 96 StPO nicht präsentiert werden und an seiner Stelle ein mittelbarer „Zeuge vom Hörensagen" vernommen werden, so hat das Gericht bereits zwei Glaubhaftigkeitsprüfungen vorzunehmen: Diejenige

---

[105] BVerfGE 57, 250, 273 ff.

[106] Kritische Überblicke bei *H. P. Müller*, Behördliche Geheimhaltung und Entlastungsvorbringen des Angeklagten, 1992; *Velten*, Befugnisse der Ermittlungsbehörden zu Information und Geheimhaltung, 1995.

[107] Voraussetzung dafür ist jedoch, dass die Bestimmung des § 96 StPO überhaupt angewandt worden ist; BGH, JZ 1981, 150. Danach ist „ein Zeuge nicht schon deshalb unerreichbar, weil das Gericht ohne weiteres annimmt, dass die Behörde die Identität des Beamten aus berechtigt erscheinenden Gründen geheim halten werde".

des mittelbaren und diejenige des unmittelbaren Zeugen. Mit jeder weiteren Stufe der Mittelbarkeit steigt die Zahl der Glaubhaftigkeitsprüfungen um eine weitere an. Damit potenziert der Übergang vom unmittelbaren zum mittelbaren Zeugen den Umfang der Beweisaufnahme. Dies ist nicht nur ein quantitatives Problem angesichts der begrenzten Arbeitskraft auch des Justizpersonals, sondern zugleich ein qualitatives: Die Prüfung der Glaubhaftigkeit einer Zeugenaussage hat gleichfalls mit den prozessual zugelassenen Beweismitteln zu erfolgen. Auch wenn man hier wegen § 96 StPO vom Erfordernis der Unmittelbarkeit erneut absieht, so steht das Gericht bei der Prüfung der Dignität solcher Beweismittel letztlich stets neu vor dem Dilemma einer Überprüfung dessen, was geheim gehalten werden soll. Solange auf diese Weise der erforderliche Beweis mittelbar geführt werden kann, entstehen keine Sonderprobleme. Dann wäre der unmittelbare Beweis nämlich nichts anderes als ein Beweis, der schon auf andere Weise erbracht worden ist. Schwierigkeiten entstehen erst dann, wenn der Beweis wegen der Geheimheit des Mittels nicht erbracht werden kann.

Jene Rechtsprechung trifft demnach zu dem eigentlichen Problem keine eigene Aussage. Sie setzt vielmehr voraus, dass zwei voneinander relativ unabhängige, beide rechtlich nicht ausgeschlossene Wege vorhanden sind, um den im Prozess notwendigen Beweis zu erbringen. Die „Lösung" besteht in solchen Fällen darin, dass in Fällen des § 96 StPO an die Stelle des prinzipiell zulässigen Beweises ein nur ausnahmsweise zulässiger treten darf. Der Fall des Fehlens alternativer zulässiger Beweismittel bleibt damit ungelöst.

bb) Ist kein alternatives Beweismittel vorhanden oder zulässig, so führt die Anwendung der §§ 96 StPO, 99 VwGO und vergleichbarer Bestimmungen dazu, dass ein Sachverhalt nicht hinreichend aufgeklärt werden kann. Diese – im prozessualen Alltag nicht ungewöhnliche – Konstellation führt zu den für solche Fallgestaltungen anwendbaren Regeln. Hier gibt es keinen ersichtlichen Grund, von den allgemeinen Grundsätzen des Prozessrechts abzuweichen. In Fällen der Unaufklärbarkeit des Sachverhaltes hat demnach die Entscheidung nach den Grundsätzen der Beweislast zu erfolgen. Diese Grundsätze finden prinzipiell auch im Verwaltungsprozessrecht Anwendung.[108]

Mit der Anwendung der Beweislastgrundsätze im Allgemeinen ist aber noch nicht entschieden, welcher dieser Grundsätze im Einzelfall heranzuziehen ist. Eine Anwendung der allgemeinen Grundsätze der Beweislast, auch im Falle der Anwendung des § 99 VwGO, würde die Folgen der Geheimhaltung derjenigen Partei aufbürden, welche im jeweiligen Prozess allgemein das Risiko der Un-

---

[108] Der Strafprozess nimmt insoweit eine Sonderstellung ein, auf welche hier nicht näher eingegangen werden soll. In ihm liegt wegen der Unschuldsvermutung die Beweislast grundsätzlich beim Staat. Dies schließt bestimmte Mitwirkungsobliegenheiten auch des Angeklagten aber prinzipiell nicht aus.

beweisbarkeit zu tragen hat.[109] Dies hätte zur Konsequenz, dass ein Beteiligter am Verfahren – nämlich die Behörde – die Möglichkeit hätte, durch Berufung auf notwendige Geheimhaltung im Interesse des „öffentlichen Wohls" die Beweismöglichkeiten der anderen Seite zu erschweren. Damit würde die Behörde partiell über die Möglichkeiten ihres prozessualen Gegners disponieren können, seiner Beweislast im Verfahren zu genügen. Aus der Sicht des Bürgers würde sich die Berufung auf § 99 VwGO wie eine Beweisvereitelung darstellen.

Für diesen Fall kennt die Rechtsordnung eine Sonderregelung hinsichtlich der Beweislastverteilung: Wer sich auf eine Tatsache beruft und zugleich die Möglichkeit des Nachweises dieser Tatsache in zurechenbarer Weise erschwert, muss selbst das Risiko der Unerweislichkeit tragen.[110] Dabei müssen sich die Behörden das Verhalten anderer staatlicher Stellen zurechnen lassen, soweit sie deren Hilfe bei der Erfüllung eigener Aufgaben in Anspruch nehmen. Konkret bedeutet dies im Verfassungsschutzrecht: Beruft sich eine Behörde auf eine Tatsache, deren Nachweis wegen der Anwendung des § 99 VwGO oder paralleler Vorschriften nicht möglich ist, so muss sie sich diese Unmöglichkeit zurechnen lassen. Bei der im Rahmen des § 99 VwGO erforderlichen Abwägung[111] haben die Verfassungsschutzbehörden als Element des „öffentlichen Wohls" demnach auch das Risiko einer falschen gerichtlichen Entscheidung einzubeziehen. Dieses Risiko kann darin bestehen, dass im Strafprozess ein materiell ungerechtfertigter Freispruch, im Verwaltungsprozess eine materiell ungerechtfertigte Verurteilung der öffentlichen Hand ergeht. Das Risiko kann vermieden werden, wenn der Verfassungsschutz seine Erkenntnisse in einer Weise gerichtlich nachweisbar macht, welche einen Hinweis auf geheimhaltungsbedürftige nachrichtendienstliche Methoden ausschließt.

IV. Schluss

Der eingangs geäußerte Befund, wonach Maßnahmen des Verfassungsschutzes gem. Art. 19 Abs. 4 GG wie jedes andere Handeln der Exekutive einer gerichtlichen Kontrolle unterliegen,[112] erweist sich nur auf der Ebene des GG als zutreffend. Durch Gesetze unterhalb der Verfassungsebene sind Sonderregelungen geschaffen, welche den Rechtsschutz des Bürgers gegen Maßnahmen der Nachrichtendienste teils rechtlich, teils faktisch erschweren, teils ausschließen. Der Betroffene erfährt entweder gar nicht oder nur unter großen Schwierigkeiten von Maßnahmen gegen ihn; er kann deshalb nur im Ausnahmefall Klage erheben. Im Prozess können die

---

[109] BVerwG, DVBl 1996, 814, 816, lässt dies nur unter „strengen Voraussetzungen" zu.
[110] So grundsätzlich BGH, JZ 2004, 922; zustimmend *Müller*, JZ 2004, 926.
[111] S. o. III 2.
[112] S. o. I.

Behörden unter Berufung auf das „öffentliche Wohl" unter weiten Voraussetzungen Informationen des Verfassungsschutzes zurückhalten oder einer gerichtlichen Nachprüfung partiell entziehen. Die Rechtsweggarantie des Bürgers bleibt unter diesen Umständen vielfach theoretisch.

Die hier dargestellten Einschränkungen des Rechtsschutzes hat das BVerfG, soweit es damit bislang befasst war, unter partiell engen Kautelen für zulässig gehalten. Soweit diese Kautelen eingehalten sind, sind die Einschränkungen demnach nicht verfassungswidrig. Doch sind auch 40 Jahre nach dem Abhör-Urteil[113] noch nicht in allen Gesetzen die genannten Anforderungen erfüllt.[114] Und dennoch: Auch bei Erfüllung dieser grundgesetzlichen Mindestanforderungen verbleibt nicht nur bei potentiell Betroffenen nachrichtendienstlicher Arbeit, sondern auch in der Rechtswissenschaft nicht nur in Einzelfällen ein „ungutes Gefühl".[115] Der Grund hierfür liegt darin, dass zwar der Rechtsschutzgarantie des Art. 19 Abs. 4 GG Genüge getan sein mag; dass aber gerade wegen der zulässigen Beschränkungen dieses Grundrechts die „Funktionen" bzw. Wirkungen der Rechtsschutzmöglichkeiten nicht verwirklicht werden können.[116] Hierzu können gerechnet werden:

- Die Befriedungsfunktion, welche den Streit durch Einschaltung einer neutralen Instanz zu schlichten versucht. Der Bürger hat dann nicht das Gefühl, dem Staat wehrlos gegenüberzustehen; sondern kann notfalls Hilfe durch Gerichte in Anspruch nehmen. Und es ist sogar besser, wenn man von einem Unparteiischen Unrecht bekommt, als wenn dem Bürger nur der materielle Gegner ein Recht abspricht.
- Die Legitimationsfunktion: Zählt die Rechtsbindung von Behörden und Gerichten zu den Grundelementen ihrer demokratischen Legitimation,[117] so wird diese Legitimationswirkung durch eine Kontrolle der Einhaltung ihrer Rechtsbindung gestärkt. Zu diesen Kontrollinstanzen zählen die Gerichte. Ihr partieller Ausschluss von der Kontrolle schwächt demnach die Legitimation des Handelns des Verfassungsschutzes.

Beide Rechtsschutzfunktionen sind aus Art. 19 Abs. 4 GG zu begründen; sie sind in ihm und nicht unabhängig von ihm verbürgt. Ein zulässiger Rechtswegausschluss

---

[113] BVerfGE 30, 1.

[114] S.o. II 3; s.a. VG Hannover, NVwZ 1987, 826; VG Schleswig, RDV 1986, 93; zweifelnd VG Köln, NVwZ 1989, 85, 88; *Bäumler*, AöR 1985, 30, 36 ff.

[115] *Flanderka* a.a.O., S. 115; nicht anders ist auch die o. I. zitierte Äußerung von *Rupp* a.a.O. zu verstehen.

[116] Zu „objektiven Wertentscheidungen" des Art. 19 Abs. 4 GG Nachweise bei *Flanderka* a.a.O., S. 112 f.

[117] So für die Rechtsprechung *Gusy*, Parlamentarischer Gesetzgeber und Bundesverfassungsgericht, 1985, S. 135 ff.

schließt damit allerdings zugleich diese Funktionen aus. Umso nachhaltiger stellt sich die Frage nach Möglichkeiten, wie beide auch bei Ausschluss des Rechtsweges möglichst verwirklicht werden können. Die Berufung auf einen gesetzlichen Ausnahmetatbestand verwirklicht jene Funktionen nicht, sondern beeinträchtigt sie. Und dies heißt: Die Akzeptanz des Verfassungsschutzes leidet, wenn er die Kontrolle meidet; und zwar auch dann, wenn die Berufung auf einen gesetzlichen Ausnahmetatbestand möglich ist. Was getan werden kann, um die Rechtsschutzfunktionen zu verstärken, lässt sich so zusammenfassen:

- Stärkung der Kontrollmechanismen, welche ohne Gefährdung der Heimlichkeit nachrichtendienstlicher Arbeit agieren können.[118]
- Berücksichtigung der Rechtsschutzfunktionen bei der Ermessensausübung. Ist Ermessen hinsichtlich der Bekanntgabe von Informationen eingeräumt, so ist bei jeder Ermessensentscheidung zu berücksichtigen, wie sich ein Absehen von der Bekanntgabe auf Akzeptanz und Legitimation des Verfassungsschutzes über den Einzelfall hinaus auswirkt.

Gerade deshalb, weil ein transparenter Geheimdienst ein Widerspruch in sich ist, bleibt ein unauflösbarer Rest: Eine Rechtsordnung, die geheime Informationssammlung hinnimmt, muss Abstriche bei der Kontrollierbarkeit jedenfalls durch potentiell Betroffene machen. Eine Rechtsordnung, die vollständige Kontrollierbarkeit staatlichen Handelns auf Antrag des Betroffenen intendiert, muss sich gegen geheime Nachrichtendienste entscheiden. Solange sie sich – wie das GG – zwischen beiden Polen bewegt, geht es nicht um das „Ob", sondern primär um das „Wie" der Kontrolle.[119] Jedenfalls die dargestellten Rechtsschutzfunktionen intendieren auch im Rahmen des gesetzlich Zulässigen hier den Grundsatz: So viel Kontrollierbarkeit wie möglich, so wenig kontrollfreie Bereiche wie nötig.

---

[118] S. o. II.
[119] Zu diesem Konflikt grundlegend *Bäumler*, DuD 1996, 537.

5. Kapitel:
Parlamentarische Kontrolle der Nachrichtendienste im demokratischen Rechtsstaat

Jüngere Nachrichtendienstaktivitäten (El Masri, Kurnaz u. a.) haben nicht nur das materielle Verfassungsschutzrecht und seine Durchsetzung, sondern auch die Frage nach einer ausreichenden parlamentarischen Kontrolle der Dienste[1] erneut in die Diskussion geraten lassen. Hier soll das Grundanliegen der aktuellen rechtspolitischen Anläufe einer – erneuten – Modifikation der Instrumente verfassungsrechtlich und rechtspolitisch diskutiert werden.

I. Von der Spionageabwehr zur Mitwirkung bei der Kriminalitätsbekämpfung

Die Aufgaben der Nachrichtendienste in der Bundesrepublik Deutschland haben sich seit ihrer Gründung Anfang der fünfziger Jahre erheblich verschoben. Dadurch stellten sich Legitimations-, Kontroll- und Rechtsschutzfragen neu. Dabei hat sich gezeigt: Die Rechtsbindung der Dienste ist gegenwärtig nicht (mehr) streitig. Umso offener sind die Diskussionen über die Mechanismen zur Durchsetzung und Kontrolle ihrer Einhaltung.

1. Aufgaben

Die Geschichte der Nachrichtendienste der Bundesrepublik Deutschland zeichnet sich durch zwei zentrale Entwicklungen aus: Die Erweiterung ihrer Aufgaben und die Verrechtlichung ihrer Befugnisse. Dieser Prozess soll hier überwiegend am Beispiel des Bundesamtes für Verfassungsschutz (BfV) nachgezeichnet werden, wobei Seitenblicke auf parallele Entwicklungen bei den anderen Nachrichtendiensten nicht fehlen dürfen.

Die Aufgaben des BfV folgten in den fünfziger Jahren den Eigenarten der politischen Lagen und Herausforderungen der Zeit. Was das Grundgesetz in Art. 73

---

[1] Älterer Überblick bei *Arndt*, Parlamentarische Kontrolle der Nachrichtendienste, in: Schneider/Zeh (Hg.), Parlamentsrecht und Parlamentspraxis, 1989, S. 1369. Jünger *Mayntz*, Die parlamentarische Kontrolle der Nachrichtendienste, 2. A., 2004.

Nr. 10 GG a. F. („Zusammenarbeit des Bundes und der Länder in Angelegenheiten [...] des Verfassungsschutzes") noch weitgehend offen gelassen und die Alliierten durch ihren „Polizeibrief" noch zu begrenzen versucht hatten,[2] wurde durch das Gesetz zur Zusammenarbeit des Bundes und der Länder in Angelegenheiten des Verfassungsschutzes[3] ansatzweise konkretisiert. Hierbei ging es zentral um zwei Aufgaben: Nämlich die Spionageabwehr, also den Schutz der jungen Bundesrepublik gegen nachrichtendienstliche Aufklärung durch andere Staaten, und – damit seinerzeit in engem Zusammenhang gesehen – den Schutz von Bund und Ländern gegen sicherheitsgefährdende oder verfassungsfeindliche „Bestrebungen".[4] Was das bedeuten sollte, ergab sich aus dem Kontext der Zeit: Die Urheber gegen die Bundesrepublik gerichteter Spionagetätigkeit sah man seinerzeit in der Sowjetunion und ihren Verbündeten einschließlich der damaligen DDR. Als Träger verfassungsfeindlicher Bestrebungen kamen vornehmlich dieselben Staaten, ihre politischen Parteien und Organisationen sowie – wichtig für den Verfassungsschutz als Inlandsnachrichtendienst – deren politische Ableger und Verbündete in Westdeutschland in Betracht, welche sich in der KPD und – nach deren Verbot[5] – in teils legalen, teils illegalen Nachfolge- und Tarnorganisationen fanden.[6] Im Grundsatz war man sich damals einig: Spionage und Spionageabwehr fanden gleichsam im rechtsfreien Raum statt; Ermittlungsverfahren waren nicht Aufgabe des Verfassungsschutzes,

---

[2] Die heutige Fassung des Artikels basiert auf den Grundgesetzänderungen v. 28.7.1972, BGBl I 1305. Zur Textgeschichte des Art. 73 Nr. 10 GG *Werthebach/Droste*, in: Dolzer/Graßhoff (Hg.), Bonner Kommentar zum GG, Stand: 1998, Art. 73 Nr. 10 Rn 2 ff. Zur Geschichte des Polizeibriefs der Alliierten *Gusy*, ZRP 1987, 45.

[3] BundesG v. 27.9.1950, BGBl I 682. Die übrigen Nachrichtendienste waren damals noch in Verwaltungsvorschriften, sog. „Zusammenarbeitsrichtlinien" geregelt. Zum MAD *Gusy*, DÖV 1983, 60; zum BND *ders.*, DV 1984, 273.

[4] Zu diesen Aufgaben näher *Borgs-Maciejewski/Ebert*, Das Recht der Geheimdienste, 1986, § 3 Rn 49 ff. („Bestrebungen"), Rn 87 ff. („Spionageabwehr"); *Gusy*, DÖV 1983, 61 f.; *Roewer*, Nachrichtendienstrecht in der Bundesrepublik Deutschland, 1987, § 3 BVerfSchG Rn 15 ff. („Bestrebungen"), Rn 46 („Spionageabwehr"); *Schafranek*, Die Kompetenzverteilung zwischen Polizei- und Verfassungsschutzbehörden in der Bundesrepublik Deutschland, 2000, S. 59 ff. („Bestrebungen"), 63 ff. („Spionageabwehr") m. w. N.

[5] BVerfGE 5, 85. Das Urteil enthält übrigens auch sehr sensible Passagen zu den Aufgaben des Verfassungsschutzes, s. ebd., S. 133 ff.

[6] Dem entsprach dann auch das Verständnis der verfassungsfeindlichen „Bestrebungen" als organisiertes Handeln: Im Vordergrund stand weniger die Beobachtung von Einzelpersonen, sondern eher von Parteien und Vereinen (s. dazu auch die rechtlichen Anknüpfungspunkte in Art. 21 Abs. 2; 9 Abs. 2 GG, welche ihrerseits zum Schutz der „verfassungsmäßigen Ordnung" bzw. der „freiheitlichen demokratischen Grundordnung" ermächtigen und in diesem Kontext zu den wenigen Artikeln des GG zählen, welche das Verfassungsschutzthema explizit – und dazu noch im Bereich des materiellen Rechts – aufnehmen. Zur Auslegung jener Begriffe näher *Bauer*, in: Dreier, GG I, 2. A., 2004, Art. 9 Rn 57; *Grundmann*, Das fast vergessene öffentliche Vereinsrecht, 1999, S. 114 ff. m. w. N.; *Lameyer*, Streitbare Demokratie, 1978.

sondern der Polizei, die hierfür über ein eigenes rechtliches Instrumentarium verfügte. Und die betroffenen Personen waren klar umgrenzbar: Es handelte sich vornehmlich um KPD-Funktionäre und aktive Mitglieder, also einen klar abgrenzbaren und im Wesentlichen bekannten Kreis von Personen. „Verfassungsschützer" und „Verfassungsgegner" waren also gleichsam unter sich; Außenstehende waren kaum je betroffen, und in der politischen Eiszeit des Kalten Krieges rechtfertigten sich jene staatlichen Aktivitäten gleichsam von selbst.

In das Zentrum der Aufmerksamkeit einer breiteren Öffentlichkeit traten jene Behörden einerseits durch einzelne publizitätsträchtige Skandale, welche zu erhöhter Medienöffentlichkeit, Untersuchungsausschüssen und vereinzelten Gerichtsurteilen führten. Andererseits warfen die Debatten um die Notstandsgesetze Schlaglichter auf die Tätigkeit jener Stellen: Nun fand sich im Gesetzblatt, was bislang innenpolitisch stets verschwiegen worden war, dass nämlich auch der Bundesnachrichtendienst im Inland Informationen erhob und zu diesem Zweck in Grundrechte der Bürger eingriff. Und die Mitwirkung der Ämter für Verfassungsschutz bei der Fernhaltung „Radikaler" vom öffentlichen Dienst ließ erstmals in breiteren Bevölkerungskreisen – über den überschaubaren Kreis der erwähnten „Stammkundschaft" hinaus – das Gefühl aufkommen, man könnte selbst zum Kreis der Beobachteten zählen.[7] Auch wenn einige Einzelfälle symbolhafte, zumeist negative Berühmtheit erlangten, bleibt aus der Rückschau festzuhalten: Wie wenig damals die Verfassungsschutzämter im Milieu außerhalb der etablierten Kommunisten orientiert waren, zeigte sich spätestens bei der Fahndung nach den RAF-Tätern: Hier, wo es wirklich um Nötigung von Verfassungsorganen, Angriffe auf den demokratischen Rechtsstaat und die grundgesetzliche Ordnung ging, hatten die Nachrichtendienste sehr wenig beizutragen.

Die Zeit einer inhaltlichen und funktionellen Neuorientierung reifte heran. Mit dem Ende der Ost-West-Konfrontation und dem Fall der Berliner Mauer war die alte raison d'être der deutschen Nachrichtendienste mehr als befragungsbedürftig geworden. Zugleich wurde der Wandel der Informationsbedürfnisse anderer Stellen immer offenkundiger. Die anwachsende NPD, die Terroristen der RAF, Teile der Organisierten Kriminalität, welche Parallelstrukturen zur geltenden Rechtsordnung zu etablieren trachtet,[8] die als Thema neu entdeckte Korruption im Öffentlichen Dienst, schließlich und nicht zuletzt die Aufklärung fundamentalistischer Herausforderungen der westlichen Demokratien durch unterschiedlichste – keineswegs nur islamische – Weltanschauungs- und Religionsgemeinschaften

---

[7] Aufschlussreich hierfür etwa *Dress* (Hg.), Wir Verfassungsfeinde, 1977. Zu diesem Zeitpunkt war allerdings der Höhepunkt der Diskussion über „Berufsverbote" schon überschritten.
[8] Dazu näher *Gusy*, KritV 1994, 242. Zum Ganzen apologetisch *Droste*, Handbuch des Verfassungsschutzrechts, 2007; kritisch *Roggan* und *Zöller*, in: Roggan/Kutscha (Hg.), Handbuch zum Recht der Inneren Sicherheit, 2. A., 2006, S. 412 ff., 448 ff.

stellten und stellen Fragen, auf welche die „alten" Nachrichtendienste keine Antworten hätten geben können. Die neuen Herausforderungen legitimierten weit reichende rechtliche, organisatorische und infrastrukturelle Änderungen. Für unsere Fragestellung bleibt festzuhalten: Die Aufgaben der Nachrichtendienste haben sich denjenigen der Polizei partiell angenähert. Die Aufklärung der Entstehungsbedingungen und Umfelder von Organisierter Kriminalität, Korruption oder Terrorismus lassen deren Charakter als Straftaten unberührt. Damit reicht ihre Aufklärung – übrigens ebenso wie ihre sog. „Bekämpfung" – an die polizeilichen Aufgaben der Aufklärung von Straftaten und der Abwehr von Gefahren heran. Was sich früher als mitunter skandalträchtiges Neben- oder gar Gegeneinander erwiesen hatte, wenn Nachrichtendienstler und Polizisten dieselben Sachverhalte aufklärten und dabei zumindest nichts voneinander wussten, manchmal sogar gegeneinander agierten,[9] sollte nun einem Verhältnis wechselseitiger Arbeitsteilung und Unterstützung Platz machen.[10] Das gewandelte Verständnis einer – wie auch immer abzustimmenden – „Neuen Sicherheitsarchitektur"[11] schlug sich auch im Nachrichtendienstrecht nieder. Verstärkte juristische Bemühungen um die Entdeckung von Parallelen zwischen Strafrecht und verfassungsfeindlichen Bestrebungen, etwa im Bereich der Organisierten Kriminalität; Bemühungen um optimierte Abgrenzung und Kooperation bei der Beobachtung legaler und illegaler Aktivitäten, etwa bei Parteien und Religionsgemeinschaften; bei der Aufklärung von persönlichen Umfeldern politisch-krimineller oder verfassungsfeindlicher Aktivitäten; bei der Informationserhebung im „Vorfeld" bzw. im Versuchsstadium von Straftaten – alles dies zeigt funktionelle Annäherungen von Polizei und Nachrichtendiensten. Ihren gesetzlichen Niederschlag fanden jene Bestrebungen zunächst in denjenigen Bundesländern, welche ihren Verfassungsschutzbehörden Mitwirkungsaufgaben bei der Bekämpfung der „Organisierten Kriminalität" zuerkannten (namentlich: Art. 3 Abs. 1 Nr. 5 BayVSG; § 2 Abs. 2 Nr. 5 HessVSG; § 3 Abs. 1 Nr. 4 SaarlVSG; § 2 Abs. 1 Nr. 5 SächsVSG a. F. [gestrichen durch G. v. 28.04.2006]; § 2 Abs. 1 Nr. 5 ThürVSG).[12] Nach dem 11.9.2001 fanden sich vergleichbare Bestrebungen auch auf der Ebene der Bundesgesetze.[13]

---

[9] Dass solche Verhältnisse auch gegenwärtig noch nicht ausgeschlossen sind, zeigen etwa jüngere Berichte aus NRW; vgl. dazu Neue Westfälische v. 29.8.2007, S. 3; 5.9.2007, S. 1; u. ä.

[10] Sinnfälligster Ausdruck dafür sind die sog. Gemeinsamen Lagezentren von Polizei und Nachrichtendiensten zum Informationsaustausch. Dazu grundlegend und gründlich *Zöller*, JZ 2007, 763, 767 ff.

[11] Hierzu *Nehm*, NJW 2004, 3289.

[12] Dazu SachsVerfGH, NVwZ 2005, 1310; s. a. BayVerfGH, BayVBl. 1998, 142, 143. Ausführlich zur bayerischen Regelung: *Roggan*, in: Roggan/Kutscha (Hg.), Handbuch zum Recht der Inneren Sicherheit, 2. A., 2006, S. 412 ff.

[13] S. etwa Begründung zum Terrorismusbekämpfungsgesetz 2002, BT-Drs. 14/7386, S. 42 (zu Art. 3 Nr. 1 [§ 2 Abs. 1a BNDG), worin auf die Finanzierung von Terrorismus z. B. durch Drogenhandel hingewiesen wird, weshalb der BND die Möglichkeit haben müsse, Finanztransaktionen zu über-

2. Befugnisse

Auf der Ebene der Befugnisse verlief der Wandel vergleichbar, wenn auch anders akzentuiert. Ausgangspunkt hierfür war die Auffassung, die Nachrichtendienste seien allein zur Beobachtung, nicht hingegen zur Abwehr von Gefahren oder Bedrohungen zuständig. Da in der jungen Bundesrepublik aber allein imperative Maßnahmen zur Beseitigung von Gefahren – und namentlich die dem Verfassungsschutz vorenthaltenen „polizeilichen Befugnisse"[14] – als Grundrechtseingriffe qualifiziert wurden, galt die Tätigkeit der Nachrichtendienste ganz überwiegend als grundrechtsfrei. Daher bedurften sie auch kaum gesetzlicher Eingriffsermächtigungen; die ersten Nachrichtendienstgesetze waren so auch vergleichsweise kurz. Abhörmaßnahmen, V-Leute, Observationen, Aufzeichnung des öffentlich oder nicht-öffentlich gesprochenen Wortes, Informationsverarbeitung auch bei personenbezogenen Daten: Sie kamen in den damaligen Gesetzen nicht vor. Das galt seinerzeit allerdings gleichermaßen für das Nachrichtendienstrecht, die Polizeigesetze und – weitgehend – die Strafprozessordnung. Tastende und unsichere Versuche einer Neuorientierung im Verfassungsschutzrecht fanden sich hier erst in den sechziger Jahren.[15]

Von daher wäre der Schluss zumindest voreilig, welcher aus der zunehmenden Zahl gesetzlicher Eingriffsermächtigungen auf eine parallele Zunahme nachrichtendienstlicher Grundrechtseingriffe schließen würde. Vielmehr ist die Verrechtlichung mindestens gleichermaßen Ausdruck der sich ausbreitenden Erkenntnis von der Grundrechtsrelevanz staatlicher Informationserhebung und -verarbeitung. Hier war das Volkszählungsurteil zwar ein wichtiger Meilenstein, doch hatte sich diese – heute selbstverständliche – Einsicht bereits früher angebahnt und seitdem kontinuierlich fortgesetzt.[16]

---

wachen. *Droste*, Handbuch a. a. O., 2007, S. 24, 202, 204 betrachtet die „organisierte Kriminalität" als eine Form des Extremismus, dessen Beobachtung an sich zu den Aufgaben des Verfassungsschutzes gehöre. Sie bedauert, dass sich der Gesetzgeber auch im Zuge des Terrorismusbekämpfungsgesetzes 2002 nicht habe „durchringen können", das BfV explizit mit dieser Beobachtungskompetenz auszustatten (S. 25).

[14] Zu diesem Begriff näher *Denninger*, Amtshilfe im Bereich der Verfassungsschutzbehörden, in: BMI (Hg.), Verfassungsschutz und Rechtsstaat, 1981, S. 37; *Lisken*, NVwZ 1982, 1481, 1482 f.; *Roewer*, Nachrichtendienstrecht a. a. O., 1987, § 3 BVerfSchG Rn 200.

[15] Eine Pionierleistung stellte auf diesem Gebiet das Buch von *Evers*, Privatsphäre und Ämter für Verfassungsschutz, 1960, dar, das zugleich den erheblichen Abstand von der allgemeinen und erst recht der späteren Grundrechtsdogmatik markiert.

[16] BVerfGE 65, 1. Zum verfassungsrechtlichen Erkenntnisstand vor dem Urteil Überblick bei *Gusy*, VerwArch 1983, 91; zur vergleichbaren europäischen Rechtslage am Beispiel des Art. 8 EMRK *ders.*, DVR 1984, 289.

Die gesetzliche Anerkennung und Ausgestaltung jener neuen Rechtslage[17] war spätestens in dem Moment notwendig geworden, als die Übergangsfrist des BVerfG abzulaufen drohte. Wichtig war: Diese galt nicht nur – und nicht einmal primär – für die Nachrichtendienstgesetze, sondern gleichermaßen für sonstige staatliche Informationserhebungs- und -verarbeitungsmaßnahmen, namentlich auch solche der Polizei. Die Gesetzgebung konnte also auf diesen Gebieten parallel verlaufen und für jede Einzelmaterie aus den Erkenntnissen anderer Bereiche schöpfen. Von daher lag es nahe, dass die Rechtsetzungsbemühungen hinsichtlich der Nachrichtendienste[18] denjenigen für die Bundes- und Länderpolizeien partiell entsprachen. Namentlich die großen Neuregelungswerke der achtziger/neunziger Jahre zeigten erhebliche Parallelführungen mit den Ermittlungsbefugnissen der Polizei auf.[19] Insbesondere zeigte sich,

- dass die Aufklärungsmethoden von Polizei und Nachrichtendienst sehr wohl vergleichbar waren: Observationen, die Aufzeichung von Beobachtungen und Gesprächen mit optischen und akustischen Mitteln, V-Leute u. a. fanden sich jeweils in beiden Materien. (s. etwa §§ 27–28 BGSG i. d. F. v. 19.10.1994, BGBl I, 1994, 2978; §§ 16–21 PolG NRW i. d. F. d. Bekanntmachung v. 22.02.1990, GV NRW, S. 70; § 8 Abs. 2 BVerfSchG i. d. F. v. 20.12.1990, BGBl I 2954, 2970; § 4 Abs. 1 MADG i. d. F. v. 20.12.1990, BGBl I 2954, 2977; § 3 BNDG i. d. F. v. 20.12.1990, BGBl I 2954, 2279.),
- dass es offenbar kaum „nachrichtendienstliche Methoden" i. S. spezifischer Aufklärungsbefugnisse gab, welche allein den Diensten, hingegen der Polizei nicht auch zur Verfügung standen,
- dass sich der Einsatz von Aufklärungsmitteln der Polizei und der Nachrichtendienste nur unter Schwierigkeiten voneinander abgrenzen ließ: Einander überschneidende Aufgaben- und Befugnisnormen zeigten, dass die Wirklichkeit vom Recht schwer eingeholt und noch schwerer wirksam gesteuert werden konnte.

Seit den vergleichsweise „großen" Reformen der achtziger und neunziger Jahre findet sich eine vergleichbar enge Parallelführung von Befugnisnormen des Polizei- und des Nachrichtendienstrechts: Was in einer Materie eingeführt wurde, wird später auch von der anderen übernommen (etwa: Der große Lauschangriff). Und

---

[17] Zwischenbilanzen für die achtziger Jahre bei *Borgs-Maciejewski/Ebert*, Das Recht der Geheimdienste, 1986, BVerfSchG Einl. Rn 6; *Roewer*, Nachrichtendienstrecht a. a. O., A Vor § 1 Rn 13.

[18] BundesverfassungsschutzG v. 20.12.1990, BGBl I 2954, 2970; MADG v. 20.12.1990, BGBl I 2954, 2977; BNDG v. 20.12.1990, BGBl I 2954, 2979. Charakteristischerweise enthält dasselbe Mantelgesetz auch Neuregelungen des BDSG und zum SGB X.

[19] S. dazu seinerzeit etwa *Gusy*, DVBl 1991, 1288.

bisweilen wird eine Materie als Experimentierfeld für Ermächtigungen genutzt, die später dann auch in anderen Rechtsgebieten eingeführt werden sollen (etwa: Durchsuchung von Festplatten in § 5 Abs. 2 Nr. 11 NRW VSG 2006[20]).

3. *Zwischenfazit*

Aufgaben und Befugnisse von Polizei und Nachrichtendiensten haben sich angenähert, sind aber auch gegenwärtig keineswegs identisch. Doch lassen sich die wichtigsten Entwicklungen so zusammenfassen: Die Erkenntnis von der rechtlichen, insbesondere auch grundrechtlichen Relevanz ihrer Tätigkeit ist inzwischen Allgemeingut und nicht mehr umstritten. Die weiten Überschneidungsbereiche ihrer Aufgaben, aber auch deren jeweilige Eigenheiten werden als Auftrag zu Kooperation und wechselseitiger Unterstützung begriffen. Die Aufklärungsbefugnisse unterscheiden sich immer weniger, nur die spezifisch polizeilichen Befugnisse (Vernehmung, Durchsuchung, Festnahme) sind allein dieser vorbehalten. Und der Datenfluss ist derart intensiv, dass sogar Gerichtsurteile von allenfalls noch bescheidenen rechtlichen Hindernissen bei ihrer Übermittlung sprechen. Einigen stellt sich sogar schon die Sinnfrage: Das Trennungsgebot zwischen Polizei und Nachrichtendiensten wird bisweilen schon infrage gestellt, von anderen aber auch – mehr denn je – betont und konkretisiert.[21]

Die skizzierte Annäherung war keine Symbiose. Und sie ist hier nur beschrieben, aber nicht bewertet worden. Jeder ihrer Schritte, der gegangenen wie der unterlassenen, war stets auch von verfassungsrechtlicher und politischer Kritik begleitet.[22] Was den einen zu wenig an Staats- und Verfassungsschutz war, war den anderen schon zuviel. Für die einen ist das Trennungsgebot ein Hindernis auf dem Weg bei der Bekämpfung von Verfassungsfeinden, für die anderen hingegen wächst dort zusammen, was nicht zusammen gehört. Und ganz allgemein bleibt die offene Frage: Wenn die Bindung an das geltende Recht den Grundbestand des formellen Rechtsstaates ausmacht, wer kontrolliert und gewährleistet dies im

---

[20] Gesetz i. d. F. v. 20.12.2006, GVNRW 620. Vgl. dazu Entscheidung des BVerfG, NJW 2008, 822.

[21] Überblick und Konsequenzen bei *Zöller,* Informationssysteme und Vorfeldmaßnahmen von Polizei, Staatsanwaltschaft und Nachrichtendiensten, 2002.

[22] S. z. B. apologetisch *Droste,* Handbuch a. a. O., S. 24 f.; krit. *Lisken,* Nachrichtendienste und „organisierte Kriminalität", in: Grundrechte-Report 1997, S. 192 ff.; krit. z. B. zum „Großen Lauschangriff" *Roggan* in: Roggan/Kutscha a. a. O., S. 106 ff.; zur Novellierung des G 10 G; *ders.,* Strategische Rasterfahndung des BND als Bundesgeheimpolizei, in: Roggan/Kutscha a. a. O., S. 427 ff.; zum Terrorismusbekämpfungsgesetz: *ders.,* in: Roggan/Kutscha a. a. O., S. 439 ff.

Bereich der Nachrichtendienste,[23] zumal doch ein transparenter Geheimdienst ein Widerspruch in sich sein soll?

II. Parlamentarische Kontrolle – Legitimation oder Behinderung nachrichtendienstlichen Handelns?

1. Ausgangspunkte

Parlamentarische Kontrolle[24] ist ein wesentliches Element des grundgesetzlichen Demokratieprinzips (Art. 20 Abs. 1 GG). Wenn im Staat des Grundgesetzes Demokratie eine mittelbare, repräsentative ist und der wichtigste, vielfach sogar einzige Repräsentationsstrang über das Parlament verläuft, dann ist demokratische Legitimation parlamentarische Legitimation.[25] Sinn und Zweck dieser Legitimation ist wesentlich,

*   die Staatsgewalt – und zwar „alle" Staatsgewalt iSd Art. 20 Abs. 2 S. 1 GG – auf den Willen des Volkes bzw. seiner Repräsentanten zurückzuführen,
*   dadurch die Legitimation staatlicher Tätigkeit zu sichern und
*   namentlich die Duldungspflicht von Minderheiten gegenüber Eingriffen in ihre Rechtssphäre, welche von Mehrheiten beschlossen worden sind, zu begründen und zu begrenzen.

In diesem Sinne ist parlamentarische Kontrolle ein zentrales Bindeglied zwischen Gewaltenteilung und Demokratieprinzip. In der grundgesetzlichen Logik, die insoweit der Tradition westlicher Verfassungsstaaten folgt, ist sie also nicht etwa Ausdruck eines speziellen Misstrauens gegen die Exekutive oder bestimmte Behörden, sondern vielmehr eine allgemeine, im Einzelfall nicht näher begründungsbedürftige Funktionsbedingung der parlamentarischen und gewaltenteilenden Demokratie. Als solche steht sie unabhängig neben der Rechtskontrolle, welche überwiegend durch die Gerichte ausgeübt wird (Art. 92; 19 Abs. 4 GG). Auch wo und wenn es zwischen beiden Überschneidungen gibt: Kontrollinstanzen, Kon-

---

[23] Überblick bei *Hirsch*, Die Kontrolle der Nachrichtendienste: Vergleichende Bestandsaufnahme, Praxis und Reform, 1996.
[24] Überblick bei *Stern*, Das Staatsrecht der Bundesrepublik Deutschland I, Grundbegriffe und Grundlagen des Staatsrechts, Strukturprinzipien der Verfassung, 2. A. 1984, S. 973 ff.; s.a. ebd., Bd. II, Staatsorgane, Staatsfunktionen, Finanz- und Haushaltsverfassung, Notstandsverfassung, 1980, S. 51 ff. Jüngster Systematisierungsansatz bei *Teuber*, Parlamentarische Informationsrechte, 2007.
[25] Grundlegend: *Böckenförde*, Demokratische Willensbildung und Repräsentation, in: Isensee/Kirchhof (Hg.), Handbuch des Staatsrechts III, Demokratie – Bundesorgane, 3. A., 2005, § 34; exemplifiziert bei *dems.*, Verfassungsfragen der Richterwahl, 1974.

trollrichtungen und Kontrollmaßstäbe sind grundsätzlich verschieden. Insoweit kann auch die eine nicht gegen die andere Kontrolle aufgerechnet werden. In der Diktion traditioneller Staatsrechtswissenschaft gesprochen: Demokratie und Rechtsstaat haben unterschiedliche normative Gehalte und Funktionsmodi, welche zumindest partiell unterschiedliche Verwirklichungs- und Durchsetzungsmechanismen und -instanzen erfordern.

In jener gegenwärtig nicht mehr grundsätzlich in Frage gestellten Logik stellt sich demnach nicht mehr die Frage danach, warum die Nachrichtendienste eigentlich kontrollbedürftig sein sollen. Begründungsbedürftig ist nicht die Regel, sondern die Ausnahme: Warum also sollen Nachrichtendienste kontrollfrei bleiben?[26] Im Kontext unserer Fragestellung ließe sich etwa die provozierende These formulieren: *Wenn die Nachrichtendienste vergleichbare Aufgaben und Befugnisse ausüben wie die Polizei, dann müssen sie auch in vergleichbarer Weise einer parlamentarischen Kontrolle unterliegen.* Diese These ist insoweit aufschlussreich, als es Sonderregelungen über die parlamentarische Kontrolle der Polizei in der Rechtsordnung nicht gibt.

2. *Legitimation durch Kontrolle*

Art. 20 Abs. 2 S. 1 GG erfordert die demokratische Legitimation aller „Staatsgewalt", also alles dessen, was der Staat tut. Dazu zählen nicht nur Grundrechtseingriffe, wie der Begriff „Gewalt" nahelegen könnte.[27] Vielmehr zählen hierzu auch nicht-eingreifende Handlungen aller Art, sofern sie nur der öffentlichen Hand zuzurechnen sind. Zum Vergleich: Auch die demokratische Wahl bezieht sich nicht allein auf die Legitimation von Grundrechtseingriffen, sondern der gesamten Politik der jeweiligen Körperschaften. Das gilt ungeachtet der Erkenntnis, dass die meisten politischen Handlungen gerade nicht aus Grundrechtseingriffen bestehen. Insoweit hat die allmähliche Erkenntnis vom Eingriffsgehalt nachrichtendienstlicher Mittel[28] das Kontrollbedürfnis nicht vergrößert, sondern eigentlich unangetastet gelassen.

Dass das Kontrollthema in der deutschen Staatsrechtswissenschaft und Verfassungsrechtsprechung zeitweise unterbelichtet erschien, hatte einen naheliegenden Grund: Das Verhältnis von Parlament und Exekutive stand lange unter dem

---

[26] So zu Recht die provozierende Einleitungsfrage der Antrittsvorlesung vom 18.7.2007 von *H. A. Wolff*, „Zu geheim für das Parlament?" Jüngst *Bull*, DÖV 2008, 751. Schon früher *Penner*, Lassen sich Nachrichtendienste durch das Parlament kontrollieren?, in: BfV (Hg.), Bundesamt für Verfassungsschutz, 2000, S. 101, 117.
[27] Zu dieser Parallele namentlich mit Art. 19 Abs. 4 S. 1 GG („öffentliche Gewalt") s. näher *Krebs*, in: v. Münch/Kunig, GG I, 5. A., 2000, Art. 19 Rn 52.
[28] S. o. I. 2).

Leitstern des traditionellen Zentralthemas der deutschen Verfassungsdiskussion: Dem Gesetzesvorbehalt.[29] Er grenzt die Kompetenzbereiche ab, fragt aber nicht weiter nach den Verbindungen und Überschneidungen zwischen Erster und Zweiter Gewalt, wenn das Gesetz einmal da ist. Vielmehr erscheint hier jetzt die Kontroll-perspektive verschoben, gilt doch die Überwachung der Gesetzeskonformität der Exekutive als zentrale Aufgabe der Justiz. Doch darf jene traditionsverhaftete Dogmatik gegenwärtig als überholt gelten; im Gegenteil: Parlamentarische Kontrolle ist wesentlich auch Überwachung der Gesetzmäßigkeit der Verwaltung; und zwar umso eher, je weniger individuelle Klagerechte im Einzelfall bestehen. Gerade hier hat das Nachrichtendienstrecht eine gewisse Schwachstelle: Da die Betroffenen regelmäßig von der Tätigkeit der „Geheimdienste" nichts erfahren – weil diese eben geheim sind –, ist hier die Rechtskontrolle von vornherein eingeschränkt und defizitär. Umso wichtiger ist dann die parlamentarische Überwachung.

Für die Nachrichtendienste gilt aber noch ein anderer Aspekt. Bekanntlich enthalten die für sie relevanten Gesetze eine erhebliche Zahl unbestimmter Rechtsbegriffe, welche auch durch fortschreitende Auslegung nur eingeschränkte Steuerungswirkung begründen können. Dafür gibt es zahlreiche Gründe, die hier nicht näher diskutiert werden können. Fest steht jedoch: Je unbestimmter ein Gesetz, desto geringer ist die Legitimationswirkung, welche die gesetzesausführende Exekutive aus ihm beziehen kann. Vage Generalklauseln legitimierten eben weniger als konkrete Regeln. Der Grund hierfür ist einfach: *Je geringer die Steuerungswirkung des Gesetzes im Einzelfall, umso höher sind die Zahl und die Freiräume eigener Entscheidungen der gesetzesanwendenden und dabei -auslegenden Exekutive.* Und solche eigenen Entscheidungen erfahren ihre Legitimation eben nicht mehr aus dem angewandten Recht, welches diese ja gerade offen lässt. Hier kann parlamentarische *Kontrolle möglicherweise legitimationskompensierende Wirkung* entfalten: Was nicht gesteuert ist, ist dann deshalb legitimiert, weil es kontrolliert oder zumindest kontrollierbar ist.[30]

3.   Sonderfragen im Nachrichtendienstrecht

Verfassungsrechtlich gesprochen bedeutet dies: Parlamentarische Kontrolle der Nachrichtendienste ist ein Gebot des Grundgesetzes, welches allgemein gilt und im Einzelfall nicht näher begründungsbedürftig ist. Durch sie werden die Nachrichtendienste nicht schlechter gestellt als andere Behörden, sondern im Gegenteil genauso gut oder schlecht behandelt wie andere auch. Doch bleibt die Frage, ob die spezifische Aufgabenstellung der Dienste Besonderheiten auch auf dem Kontroll-

---

[29] Dazu Überblick bei *Gusy*, JA 2002, 610.
[30] Zu den Instrumenten parlamentarischer Kontrolle Überblick bei *Gusy*, JA 2005, 395.

sektor bedingen kann. Zwar können Tatsachen Rechtsnormen weder beschränken noch außer Kraft setzen. Doch können Besonderheiten gelten, wenn diese Fakten im Recht Anerkennung gefunden haben oder finden können und diese sodann spezielle Anordnungen treffen können. Verfassungsrechtlich gesprochen stellt sich die Frage nach dem *Legitimationsniveau*[31] und einem ggf. dadurch mitgeprägten *Kontrollniveau.*

Einerseits ist nicht zu verkennen: Ein transparenter Geheimdienst wäre ein Widerspruch in sich. Doch enthält das Grundgesetz keinen ausdrücklichen Auftrag für einen Geheimdienst oder die absolute Geheimheit der Tätigkeit bestimmter Behörden. Andererseits ist aber auch feststellbar: Schon dem Grundgesetz selbst ist eine gewisse Rücksichtnahme auf bestimmte Sicherheitsbelange namentlich im Recht der parlamentarischen Kontrolle nicht fremd. Bekanntester Ausdruck dieses Gedankens ist Art. 45a Abs. 2, 3 GG, welcher im Verteidigungsbereich nicht nur die Untersuchungszuständigkeit regelt, sondern zugleich die grundsätzliche Nicht-Öffentlichkeit der Untersuchung zulässt.[32] Zugleich zeigt dieses Beispiel: Bei der Berücksichtigung mit der parlamentarischen Kontrolle kollidierender Interessen geht es selbst im Verteidigungsangelegenheiten weniger um das „Ob" als vielmehr um das „Wie" der Kontrolle. Es gilt das *Prinzip der abgestuften Öffentlichkeit.* Dieses ist allerdings geeignet, die Wirksamkeit parlamentarischer Kontrolle erheblich einzuschränken, denn die Öffentlichkeit ist ihre Funktionsvoraussetzung und ihr wichtigstes Instrument. Jene abgestufte Öffentlichkeit lässt sich wie folgt skizzieren:[33]

- Wo keine besonderen rechtlichen Informationshindernisse bestehen, ist parlamentarische Kontrolle grundsätzlich zulässig. Umgekehrt bedeutet dies aber auch: Je eher die Kontrolle einen Einzelfall, einzelne Personen oder Aktionen betrifft, desto eher können Grenzen von Auskunftsverlangen entstehen. Dies ermöglicht einerseits grundsätzlich die Kontrolle, bedeutet aber zugleich eine wichtige Einschränkung: Denn gerade im Bereich der Sicherheitsbehörden entstehen Kontrollbedürfnisse am ehesten bei einzelnen Aktionen oder Skandalen.[34]
- Sofern die Übermittlung bestimmter Informationen verweigert werden darf, stellt sich sodann die Frage, ob die entsprechenden parlamentarischen Kon-

---

[31] Hierzu in jüngerer Zeit näher und gründlich *J. Schmidt*, Die demokratische Legitimationsfunktion der parlamentarischen Kontrolle, 2007.
[32] So etwa *Magiera*, in Sachs, GG, 5. A., 2009, Art. 45a Rn 8, s. a. *Morlock*, in: Dreier, GG II, 2. A., 2006, Art. 45a Rn 7.
[33] Nach *Gusy*, JA 2005, 395, 398 f.
[34] Interessantes Beispiel einer solchen Kontrolle mit ihren Vorzügen und Nachteilen sind die Ermittlungen des niedersächsischen Untersuchungsausschusses zum Fall Maus; s. dazu Niedersächsischer Landtag, Drs. 11/4380.

trollansprüche auf andere Weise befriedigt werden können; ob also andere
Auskünfte erteilt werden können oder müssen, welche die Kontrollinteressen
der Parlamente auf vergleichbare Weise befriedigen können.

■ Sofern hingegen nicht die Übermittlung der Information an einzelne Ab-
geordnete, sondern nur deren mögliche öffentliche Diskussion schutzwürdige
Belange der Sicherheitsbehörden beeinträchtigen kann, stellt sich die Frage
nach den Möglichkeiten vertraulicher Kontrolle. Sie ist im Grundgesetz insoweit angelegt, als zwar das Plenum des Bundestages öffentlich tagt (Art. 42
Abs. 1 GG), hingegen Ausschüsse auch nicht-öffentlich tagen können und dies
regelmäßig auch tun.[35] Die Verlagerung der Kontrolle in einen Ausschuss
kann also zumindest eine Minderung öffentlicher Kontrolle zur Folge haben.
Das gilt aber grundsätzlich nicht für Untersuchungsausschüsse, die regelmäßig öffentlich verhandeln (Art. 44 Abs. 1 GG).[36]

III. Konsequenzen: Effektivierung parlamentarischer Kontrolle bei Wahrung der notwendigen rechtlichen Grenzen

1. Grundlagen

Rechtsnormen, welche ein Verhalten binden, sind so viel wert wie diejenigen
Mechanismen, welche die Einhaltung dieser Rechtsbindung sichern.[37] Für un-
ser Thema bedeutet dies: Will das Grundgesetz sowohl Schutz von Rechtsgütern
durch heimliche Aufklärungsmaßnahmen als auch wirksame Kontrolle derjenigen
Stellen, welche diese Maßnahmen vornehmen, so gilt: Es geht nicht um das „Ob",
sondern um das „Wie" der Ausgestaltung nötiger und gebotener Kontrollmechanismen. Auf dem Gebiet der Nachrichtendienstkontrolle stellen sich dabei zwei
Problemkreise: Einerseits die Frage nach der Ermöglichung parlamentarischer
Kontrolle durch ausreichende Informationen; andererseits nach der Realisierung
ihrer Kontrolle durch ausreichende Instrumente. Bislang hat sich – trotz aller Änderungen – an der Feststellung grundsätzlich wenig geändert: *Die parlamentarischen Kontrollinstanzen sind nicht nur blinde Wächter; sie sind auch Wächter
ohne Schwert.*[38]

---

[35] Dazu näher *Zeh*, Das Ausschußsystem im Bundestag, in: Schneider/Zeh (Hg.), Parlamentsrecht und
Parlamentspraxis, S. 1098 ff.; zum Grundsatz der Ausschussöffentlichkeit in Rheinland-Pfalz s. a. a.
Edinger, in: Grimm/Caesar (Hg.), Verfassung für Rheinland-Pfalz, Art. 86 Rn 4 ff.
[36] Sonderregelungen gelten insoweit für den Bereich des Militärs, wo (nur) der Verteidigungsausschuss
des Bundestages als Untersuchungsausschuss fungieren darf; s. dazu Art. 45 a Abs. 2 GG.
[37] Dies ist der richtige Ansatz in BVerfGE 30, 1, 27 ff.
[38] Zum Folgenden *Gusy*, Die Stellung des Verfassungsschutzes im Rahmen der Rechtsordnung der
Bundesrepublik Deutschland, in: BMI (Hg.), Aufgaben und Kontrolle des Verfassungsschutzes, 1990,

Gegenwärtig[39] folgt die parlamentarische Kontrolle nahezu überall dem Prinzip: multa, non multum. Während Bundestag und Landtage als Plenum von den Kontrollrechten faktisch und rechtlich nahezu ausgeschlossen sind, findet sich ein im Detail unterschiedlich ausgestaltetes Gestrüpp von Gremien, Ausschüssen und Kommissionen, welche je unterschiedliche Aspekte geheimdienstlicher Tätigkeit zu kontrollieren versuchen, wobei parlamentarische und rechtliche Kontrolle hier z. T. nur ansatzweise getrennt sind. Ihnen gemeinsam ist der nur begrenzte Zugang zu Informationen, die Vertraulichkeit der Beratungen und dadurch eine weitgehende Abschottung nicht nur vom Plenum und den Fraktionen, sondern auch voneinander. Eine Vernetzung der Instanzen findet sich am ehesten auf der Bundesebene, insgesamt aber (auch hier) erst teilweise und in Ansätzen. Dies alles stärkt weder die Kontrolle noch die Legitimation nachrichtendienstlicher Tätigkeit. Hier ist es geboten, über eine bessere Organisation, Zusammenführung ähnlicher Kontrollaufgaben in übergreifenden Kontrollgremien und einen neuen, sinnvolleren Aufgabenzuschnitt nachzudenken, welcher eine effizientere Wahrnehmung notwendiger Kotrollaufgaben ermöglicht.[40]

Inzwischen dürfte auch konsentiert sein: An der Ausübung parlamentarischer Kontrolle sind grundsätzlich alle in der jeweiligen Volksvertretung mitwirkenden Fraktionen zu beteiligen.[41] Anderes kann allenfalls aus zwingenden, rechtlich anerkannten Gründen gelten, wenn etwa eine Fraktion von einer Partei gestellt wird, die selbst Objekt der Beobachtung ist, oder aber die Abgeordneten einer Partei die für alle geltenden Rechtsnormen hinsichtlich der Ausübung ihrer Rechte nicht einzuhalten bereit sind.[42]

S. 25, 40 ff. Zitat ebd., S. 46. Rechtsvergleichend *Smidt* u. a. (Hg.), Geheimhaltung und Transparenz, 2007. Ältere Überblicke bei *Schelter*, Die parlamentarische Kontrolle des Verfassungsschutzes, in: BMI (Hg.), Verfassungsschutz: Bestandsaufnahme und Perspektiven, 1998, S. 146; *Miltner*, Die parlamentarische Kontrolle des Verfassungsschutzes, in: BfV (Hg.), Verfassungsschutz in der Demokratie, 1990, S. 53. Aus jüngerer Zeit *Hansalek*, Die parlamentarische Kontrolle der Bundesregierung im Bereich des Nachrichtendienste, 2006.

[39] Zur Entstehung nach Gründung der Bundesrepublik *Schiffers*, Verfassungsschutz und parlamentarische Kontrolle in der Bundesrepublik Deutschland 1959–1957, 1997.

[40] Diese Aufgabe stellt sich, wegen der partiell etwas abweichenden Organisationen der jeweiligen Stellen in Bund und Ländern, für die einzelnen Körperschaften unterschiedlich.

[41] Richtig BVerfGE (abw. Votum *Mahrenholz*) 70, 324, 366, 371 ff.; (abw. Votum *Böckenförde*) 70, 380, 381; Nachw. bei *Gusy*, ZfP 1989, 264, 284.

[42] Dies ist wohl auch der Hintergrund der – allerdings in ihrer Begründung deutlich zu weit geratenen – BVerfGE 70, 324, 362 ff.

2. Informationserhebung

Jede Kontrolle reicht höchstens so weit wie die Informationen der kontrollierenden Instanz. Wer nichts weiß, kann auch nichts fragen bzw. Auskünfte nicht bewerten. Daher haben die Kontrollgremien Auskunftsansprüche gegen die Regierung bzw. die Regierung. Doch dessen ungeachtet bleibt es beim Informationsgefälle zwischen Legislative und Exekutive. Die Kontrolleure sind zur Ausübung ihrer Aufgaben ganz wesentlich auf die Informationen derjenigen angewiesen, welche sie zu überwachen haben. Darin liegt eine Besonderheit der hier behandelten Materien. Zwar spielen Auskünfte der Regierungen, auch der parlamentarischen Kontrolle in anderen Bereichen eine wichtige Rolle. Doch gilt dort regelmäßig: Einerseits gibt es vielfach informelle, allerdings durchaus unterschiedliche Informationsmöglichkeiten außerhalb der „offiziellen" bzw. „formellen" Wege. Sie entstammen entweder aus informellen Quellen von Regierungen, Behörden[43] oder über Parteikanäle. Mindestens ebenso wichtig sind daneben aber auch öffentliche Quellen aus der Presse, von Betroffenen oder Interessenten. Letztere finden sich allerdings namentlich bei Nachrichtendiensten fast nur bei Erfolgsmeldungen oder aber bei einzelnen publizitätsträchtigen Skandalen. Ansonsten sind die „Geheim"-dienste eben auch für die Presse und die übrige Öffentlichkeit geheim. Mangels alternativer Informationsmöglichkeiten über deren Handeln und nur äußerst spärlicher informeller Informationswege gilt namentlich für Oppositionsabgeordnete nicht selten: In den Kontrollgremien erfahren sie kaum mehr als das, was gestern in der Zeitung stand.

Hier ist eine Verbesserung der Informationszugangsmöglichkeiten dringend geboten. Da aber die Abgeordneten selbst diese bei den Diensten bzw. der Regierung nicht erheben können – ihnen fehlt dafür sowohl die Zeit als auch die Fachkenntnis –, bedürfen sie dazu eigener Unterstützung. Schon mehrfach ist hierzu die Einrichtung eines entsprechenden Hilfsorgans, etwa eines permanenten Sachverständigen des Parlaments, gefordert worden. Hierum kreist namentlich die Diskussion um den sog. „Nachrichtendienstbeauftragten". Was unter einem „Beauftragten" zu verstehen ist, ist von Auftrags- zu Auftragsverhältnis überaus unterschiedlich.[44] Der Wehrbeauftragte (Art. 45 b GG) kann als ein Beispiel dienen, würde allerdings eine Änderung des GG voraussetzen. Zudem nimmt er eine gegenüber dem Bundestag schon vergleichsweise stark verselbständigte Stellung ein. Im Nachrichtendienstbereich geht es aber weniger um eine zusätzliche als vielmehr um eine Hilfsinstanz, welche vorhandene parlamentarische Instanzen

---

[43] Dabei verfügen regelmäßig die Abgeordneten der Mehrheitsparteien über bessere Informationszugänge als diejenigen der Opposition.
[44] Systematisierungsansätze bei *Kruse*, Der öffentlich-rechtliche Beauftragte. Ein Beitrag zur Systematisierung der deutschen Variante des Ombudsmanns, 2007.

effektiviert.[45] Solche punktuellen und personalen Auftragsverhältnisse könnten und müssten institutionalisiert und permanentisiert werden. Er könnte geeignet sein, die blinden Wächter sehender zu machen.

3. Kontrollinstrumente

Typische Kontrollinstrumente des Parlaments sind die Herstellung von Öffentlichkeit und – gleichsam als ultima ratio – Beschlüsse. Diese Instrumente fehlen den Gremien zur Überwachung der Nachrichtendienste. Sie dienen gerade dem Ausschluss der Öffentlichkeit.[46] Und Beschlüsse werden dort regelmäßig nicht gefasst. Da die Mitglieder über ihre Tätigkeit Verschwiegenheit wahren müssen, ist es ihnen aber auch verwehrt, das Plenum zu informieren und dessen Rechte zu aktivieren. Nachrichtendienstkontrolle kommt so in das Odium einer gewissen Folgenlosigkeit – und damit Erfolgslosigkeit. In der bereits zitierten Metapher fehlt den Wächtern also auch das Schwert.

Hier Abhilfe zu schaffen ist schwierig, da es bislang an geeigneten Vorbildern fehlt. Es gibt keinen Kompromiss zwischen Öffentlichkeit und Nicht-Öffentlichkeit, sondern allenfalls die Möglichkeit eines Ausgleichs durch Verfahren. Hier könnte daran gedacht werden, den Ausschussmitgliedern zu gestatten, unter bestimmten verfahrensrechtlichen Voraussetzungen ihre Fraktionsvorsitzenden oder andere geeignet erscheinende Fraktionsmitglieder über Missstände oder Kontrolldefizite zu informieren, um diesen zu ermöglichen, ihrerseits nach Abhilfe zu suchen. Dies könnte etwa geschehen durch die Befassung anderer Gremien – zuständige Ausschüsse u. ä. – oder aber durch die Einsetzung von Untersuchungsausschüssen.[47]

Parlamentarische Kontrolle darf also weder blind noch folgenlos sein. Doch hier ist die denkbare Formvielfalt nahezu grenzenlos. Und hier ist das Gespräch zwischen Theoretikern und Praktikern gefragt.

IV. Zusammenfassung

Aufgaben und Befugnisse der Nachrichtendienste haben sich seit ihrer Gründung erheblich verändert. Zu den ursprünglichen, wesentlich auf Spionageaufklärung

---

[45] Schon in der Vergangenheit wurden hierzu vereinzelt Sachverständige – namentlich der Vorsitzende Richter am BGH a. D. Dr. Schaefer – eingesetzt.

[46] Als einziges Medium der Herstellung von Öffentlichkeit bleibt der Untersuchungsausschuss gem. Art. 44 Abs. 1 S. 1 GG.

[47] Zu deren Rechtsstellung im Nachrichtendienstbereich jüngst BVerfG, B. v. 17.6.2009, 2 BvE 3/07; schon früher Waechter, Jura 1991, 520, 526.

und -abwehr gerichteten Zuständigkeiten sind weitere hinzugetreten. Inzwischen haben sich nachrichtendienstliche und polizeiliche Aufgaben und Befugnisse einander angenähert. Die Überschneidungsbereiche sind größer geworden, die Mittel nahezu deckungsgleich. An die Stelle von Abgrenzung und nicht selten Abschottung sind bereichsspezifisch Arbeitsteilung, Kooperation und Unterstützungsleistungen getreten.

Diese Entwicklung stellt erhöhte Anforderungen an die Legitimation der nachrichtendienstlichen Tätigkeit. Wenn ihre Aufgaben und Befugnisse denen der Polizei vergleichbar sind, liegt es nahe, nach der Vergleichbarkeit der Kontrollinstrumente zu fragen. Das betrifft nicht allein die Rechtskontrolle, sondern daneben auch die parlamentarische Kontrolle.

Will das Grundgesetz sowohl Schutz von Rechtsgütern durch heimliche Aufklärungsmaßnahmen als auch wirksame Kontrolle derjenigen Stellen, welche diese Maßnahmen vornehmen, so gilt: Es geht nicht um das „Ob", sondern um das „Wie" der Ausgestaltung nötiger und gebotener Kontrollmechanismen. Viele Kontrollgremien bedeuten weder besonders viel noch besonders intensive Kontrolle. Kontrollgremien müssen hinsichtlich ihres Aufgabenzuschnitts effektiv und sinnvoll voneinander abgegrenzt sein. In ihnen müssen alle parlamentarischen Fraktionen mitwirkungsberechtigt sein.

Parlamentarische Kontrolle bedarf eines wirksamen Informationszugangs der Kontrollgremien. Der ganz überwiegende Verweis auf Informationen seitens der kontrollierten Stellen ist unzureichend. Denkbar ist ein eigenes Hilfsorgan zur Informationsbeschaffung, etwa ein institutionalisierter Sachverständiger des Parlaments.

Parlamentarische Kontrolle bedarf aber auch wirksamer Kontrollinstrumente. Dazu bietet sich die Einschaltung der Fraktionsvorsitzenden oder anderer geeigneter Abgeordneter und ggf. die Befassung weiterer parlamentarischer Gremien durch diese an.

Anhang:
Quellen-/Fundstellenverzeichnis der Originalbeiträge

Kapitel 1:
Vortrag bei der Friedrich-Ebert-Stiftung (2002)
unter dem Titel: *Geheimdienstliche Aufklärung und Verfassungsschutz*
dokumentiert in: Friedrich-Ebert-Stiftung (Hg.), Terrorismus – Rechtsfragen der äußeren
und inneren Sicherheit, 2002, S. 93–119.

Kapitel 2:
Unveröffentlichtes Rechtsgutachten (2006).

Kapitel 3:
Unveröffentlichtes Rechtsgutachten (2005).

Kapitel 4:
Erstveröffentlichung unter dem Titel:
„Die richterliche Kontrolle des Verfassungsschutzes"
in: Bundesministerium des Innern (Hg.), Verfassungsschutz: Bestandsaufnahme und Perspektiven, Halle, 1998 (revidiert 2009).

Kapitel 5:
Vortrag bei der Konrad-Adenauer-Stiftung (2007)
unter dem Titel: *Parlamentarische Kontrolle der Geheimdienste im demokratischen Rechtsstaat – Die Aufgabenverschiebung der Nachrichtendienste*
dokumentiert in: Röttgen/Wolff (Hg.), Parlamentarische Kontrolle der Nachrichtendienste
im demokratischen Rechtsstaat, 2008, S. 13–29.

Studien zur Inneren Sicherheit
Im VS Verlag für Sozialwissenschaften, Wiesbaden

Bisher erschienen:

Karlhans Liebl (Hrsg.)
Polizei und Fremde –
Fremde in der Polizei
2009. Band 12
246 S. Br. EUR 49,90
ISBN 978-3-531-15987-4

Peter Nitschke (Hrsg.)
Globaler Terrorismus und Europa
2008. Band 11
219 S. Br. EUR 39,90
ISBN 978-3-531-15520-3

Karlhans Liebl (Hrsg.)
Kriminologie im 21. Jahrhundert
2007. Band 10
228 S. Br. EUR 42,00
ISBN 978-3-531-15355-1

Hans-Jürgen Lange (Hrsg.)
Kriminalpolitik
2008. Band 9
469 S. Br. EUR 59,90
ISBN 978-3-531-14449-8

Philippe Robert
Bürger, Kriminalität und Staat
2005. Band 8
265 S. Br. EUR 59,90
ISBN 978-3-531-14688-1

Gisbert van Elsbergen (Hrsg.)
Wachen, kontrollieren, patrouillieren
Kustodialisierung der Inneren Sicherheit
2004. Band 7
300 S. Br. EUR 49,90
ISBN 978-3-8100-4158-6

Hans-Jürgen Lange · Jean-Claude Schenck
Polizei im kooperativen Staat
Verwaltungsreform und Neue Steuerung
in der Sicherheitsverwaltung
2004. Band 6
462 S. Br. EUR 39,90
ISBN 987-3-531-14243-2

Jo Reichertz · Norbert Schröer (Hrsg.)
Hermeneutische Polizeiforschung
2003. Band 5
238 S. Br. EUR 25,90
ISBN 978-3-531-3662-9

Hans-Jürgen Lange (Hrsg.)
Die Polizei der Gesellschaft
Zur Soziologie der Inneren Sicherheit
2003. Band 4
472 S. Br. EUR 41,90
ISBN 987-3-531-2879-2

Hubert Beste
Morphologie der Macht
2000. Band 3
528 S. Br. EUR 45,00
ISBN 978-3-8100-2710-8

Hans-Jürgen Lange
Innere Sicherheit im Politischen System
der Bundesrepublik Deutschland
1999. Band 2
477 S. Br. EUR 49,90
ISBN 978-3-8100-2214-1

Hans-Jürgen Lange (Hrsg.)
Staat, Demokratie und Innere Sicherheit
in Deutschland
2000. Band 1
436 S. Br. EUR 34,90
ISBN 978-3-531-2267-7

Erhältlich im Buchhandel oder beim Verlag.
Änderungen vorbehalten.
Stand: Februar 2011

www.vs-verlag.de

VS VERLAG

VS Verlag für Sozialwissenschaften
Abraham-Lincoln-Straße 46
65189 Wiesbaden

Neu im Programm Politikwissenschaft

Elemente der Politik

Hrsg. von Bernhard Frevel / Klaus Schubert / Suzanne S. Schüttemeyer / Hans-Georg Ehrhart

Aden, Umweltpolitik
2011. ca. 120 S. Br. ca. EUR 12,95
ISBN 978-3-531-14765-9

Blum / Schubert, Politikfeldanalyse
2., akt. Aufl. 2011. 195 S. Br. ca. EUR 16,95
ISBN 978-3-531-17276-7

Dehling / Schubert,
Ökonomische Theorien der Politik
2011. ca. 120 S. Br. ca. EUR 12,95
ISBN 978-3-531-17113-5

Dittberner, Liberalismus
2011. ca. 120 S. Br. ca. EUR 14,95
ISBN 978-3-531-14771-0

Dobner, Neue Soziale Frage und Sozialpolitik
2007. 158 S. Br. EUR 12,90
ISBN 978-3-531-15241-7

Frantz / Martens, Nichtregierungs-
organisationen (NGOs)
2006. 159 S. Br. EUR 14,90
ISBN 978-3-531-15191-5

Frevel, Demokratie
Entwicklung - Gestaltung - Problematisierung
2., überarb. Aufl. 2009. 177 S. Br. EUR 12,90
ISBN 978-3-531-16402-1

Fuchs, Kulturpolitik
2007. 133 S. Br. EUR 14,90
ISBN 978-3-531-15448-0

Gareis, Internationaler Menschenrechtsschutz
2011. ca. 150 S. Br. ca. EUR 13,95
ISBN 978-3-531-15474-9

Gawrich, Das politische System der BRD
2011. ca. 120 S. Br. ca. EUR 12,95
ISBN 978-3-531-16407-6

Holtmann / Reiser, Kommunalpolitik
2011. ca. 120 S. Br. ca. EUR 12,95
ISBN 978-3-531-14799-4

Jahn, Vergleichende Politikwissenschaft
2011. ca. 120 S. Br. ca. EUR 12,95
ISBN 978-3-531-15209-7

Jahn, Frieden und Konflikt
2011. ca. 120 S. Br. ca. EUR 14,95
ISBN 978-3-531-16490-8

Jaschke, Politischer Extremismus
2006. 147 S. Br. EUR 14,95
ISBN 978-3-531-14747-5

Johannsen, Der Nahost-Konflikt
2., akt. Aufl. 2009. 167 S. Br. EUR 16,95
ISBN 978-3-531-16690-2

Kevenhörster / v.d. Boom, Entwicklungspolitik
2009. 112 S. Br. EUR 12,90
ISBN 978-3-531-15239-4

Kost, Direkte Demokratie
2008. 116 S. Br. EUR 12,90
ISBN 978-3-531-15190-8

Meyer, Sozialismus
2008. 153 S. Br. EUR 12,90
ISBN 978-3-531-15445-9

Piazolo, Die Europäische Union
2011. ca. 120 S. Br. ca. EUR 12,95
ISBN 978-3-531-15446-6

Schmitz, Konservativismus
2009. 170 S. Br. EUR 16,90
ISBN 978-3-531-15303-2

Schröter, Verwaltung
2011. ca. 120 S. Br. ca. EUR 14,95
ISBN 978-3-531-16474-8

Erhältlich im Buchhandel oder beim Verlag.
Änderungen vorbehalten. Stand: Juli 2010.

www.vs-verlag.de

VS VERLAG

Abraham-Lincoln-Straße 46
65189 Wiesbaden
Tel. 0611.7878 - 722
Fax 0611.7878 - 400

MIX
Papier aus verantwortungsvollen Quellen
Paper from responsible sources
FSC® C105338

If you have any concerns about our products,
you can contact us on
ProductSafety@springernature.com

In case Publisher is established outside the EU,
the EU authorized representative is:
Springer Nature Customer Service Center GmbH
Europaplatz 3, 69115 Heidelberg, Germany

Printed by Libri Plureos GmbH
in Hamburg, Germany